OS ESCANDINAVOS

COLEÇÃO POVOS & CIVILIZAÇÕES

Coordenação Jaime Pinsky

OS ALEMÃES *Vinícius Liebel*
OS AMERICANOS *Antonio Pedro Tota*
OS ARGENTINOS *Ariel Palacios*
OS CANADENSES *João Fábio Bertonha*
OS CHINESES *Cláudia Trevisan*
OS COLOMBIANOS *Andrew Traumann*
OS ESCANDINAVOS *Paulo Guimarães*
OS ESPANHÓIS *Josep M. Buades*
OS FRANCESES *Ricardo Corrêa Coelho*
OS INDIANOS *Florência Costa*
OS INGLESES *Peter Burke e Maria Lúcia Pallares-Burke*
OS IRANIANOS *Samy Adghirni*
OS ITALIANOS *João Fábio Bertonha*
OS JAPONESES *Célia Sakurai*
OS LIBANESES *Murilo Meihy*
OS MEXICANOS *Sergio Florencio*
O MUNDO MUÇULMANO *Peter Demant*
OS PORTUGUESES *Ana Silvia Scott*
OS RUSSOS *Angelo Segrillo*

Proibida a reprodução total ou parcial em qualquer mídia sem a autorização escrita da editora.
Os infratores estão sujeitos às penas da lei.

A Editora não é responsável pelo conteúdo deste livro.
O Autor conhece os fatos narrados, pelos quais é responsável, assim como se responsabiliza pelos juízos emitidos.

Consulte nosso catálogo completo e últimos lançamentos em **www.editoracontexto.com.br**.

Paulo Guimarães

OS ESCANDINAVOS

Copyright © 2016 do Autor

Todos os direitos desta edição reservados à
Editora Contexto (Editora Pinsky Ltda.)

Foto de capa
Frankie Fouganthin (CC BY-SA 4.0)

Montagem de capa e diagramação
Gustavo S. Vilas Boas

Coordenação de textos
Luciana Pinsky

Preparação de textos
Lilian Aquino

Revisão
Mariana Carvalho Teixeira

Dados Internacionais de Catalogação na Publicação (CIP)
Angélica Ilacqua CRB-8/7057

Guimarães, Paulo
Os escandinavos / Paulo Guimarães ;
[coordenação de Jaime Pinsky]. – 1. ed., 2ª reimpressão. –
São Paulo : Contexto, 2023.
240 p. : il. (Povos e Civilizações)

Bibliografia.
ISBN 978-85-7244-968-7

1. Escandinávia – História 2. Escandinávia – Cultura
3. Escandinávia – Política e governo I. Título II. Pinsky, Jaime
III. Série

16-0615   CDD 948

Índices para catálogo sistemático:
1. Escandinávia

2023

EDITORA CONTEXTO
Diretor editorial: *Jaime Pinsky*

Rua Dr. José Elias, 520 – Alto da Lapa
05083-030 – São Paulo – SP
PABX: (11) 3832 5838
contato@editoracontexto.com.br
www.editoracontexto.com.br

Dedico este livro ao meu avô Acyr Miranda (atualmente com 101 anos e muita saúde), que com muita paciência e carinho me ensinou a redigir as primeiras cartas na sua antiga máquina de escrever Hermes Paillard de 1932.

Agradeço de coração a meus pais, Paulo e Luiza, que me deram a feliz oportunidade de viver no norte da Europa, e a Geraldine, minha esposa e paixão escandinava.

SUMÁRIO

INTRODUÇÃO	11
O HOMEM, NÃO... A MULHER ESCANDINAVA	15
O mito da "sueca"	16
O pecado da revista *Time*	18
Verão com Mônica	19
Atração pelos opostos	21
Toda nudez será... natural	22
Casa de bonecas	27
Estado de bem-estar sexual	31
O fim da "dona de casa"	33
E o homem, nessa equação?	34
Empate técnico dos sexos	37
Nem tudo são flores	39
Paradoxos	41
SETE MESES DE INVERNO, DOIS MESES DE VERÃO	43
Altas latitudes e baixas temperaturas	45
Um tipo de *blues*	48
À luz de velas	49
Carnaval no céu	50
Não existe tempo ruim...	51
O bebê não vai congelar?	52
Lã nórdica	54
Depressão e suicídio	55
Álcool: monopólio do Estado	56
Eclosão lírica da primavera	59

DIVERSIDADE NA FAMÍLIA NÓRDICA	63
Sámis: indígenas do norte	66
Idiomas nórdicos	68
Os nórdicos por eles mesmos	71
Encontros de fronteira	73
O MILAGRE NÓRDICO	75
Não começaram do zero	76
Migração para a América	77
Políticas de consenso	78
Prioridade para a educação	79
Inovação tecnológica	81
Sentido de coletividade	83
Comércio	84
Erupção da crise na Islândia	87
NEM OITO NEM OITENTA	89
Igualdade	89
Social-democracia	95
O "lar do povo"	96
Altos impostos	98
O modelo continua vigente?	99
Conformistas ou precavidos?	101
Desafios atuais	103
Estado religioso, sociedade laica	105
A HERANÇA VIKING	107
"Salve-nos da ira dos nórdicos!"	108
As embarcações vikings	110
Londres... Paris...	113
Comerciantes e colonizadores	115
Descobridores da América?	116
Um novo país	117
Escrito sobre pedra	121

As sagas	123
Mitologia	124
Capacetes com chifres?	127

DA DINAMITE À PAZ — 129

Rivalidades fratricidas	130
Noruega, entre Dinamarca e Suécia	131
Finlândia, entre Suécia e Rússia	132
Segunda Guerra Mundial	133
Guerra Fria	139
Prêmio Nobel	142

A AVENTURA MARÍTIMA — 145

Terras entrecortadas de fiordes	147
Mares salpicados de ilhas	149
O Vasa	152
Aventureiros polares	154
Pesca	158
Futuro do Ártico	160

FESTIVIDADES — 163

Vappu	163
17 de Maio	165
Midsommar	167
Dia de Santa Luzia	168
O Natal na Escandinávia	170

LAZER E CULTURA — 177

O direito de caminhar	178
A casa de campo	180
Velejar é viver	181
Nascidos com os esquis nos pés	183
Faça você mesmo	187
Infância ao ar livre	189
Natureza e literatura	190
Cultura	193

GASTRONOMIA NÓRDICA	205
Salmão	207
Smörgåsbord	208
Bacalhau	208
Arenque	209
Lagostins	210
A pausa-café	211
Cerveja	213
Saúde! *Skål!*	214
Comida no dia a dia	214
ESCANDINÁVIA E BRASIL	217
Escandinavos no Brasil	217
Naturalistas	218
Imigrantes	219
Monarcas no Brasil	220
Brasileiros na Escandinávia	222
O modelo escandinavo pode ser exportado?	227
CRONOLOGIA	233
BIBLIOGRAFIA	237
O AUTOR	239

# INTRODUÇÃO

Da janela do DC-9 da SAS só se via uma imensidão de pinheiros carregados de neve, até o pouso no aeroporto de Arlanda, em Estocolmo. Era fevereiro e o termômetro marcava -19°C. No saguão do desembarque, nas paredes próximas às cabines de controle de passaportes, alguns cartazes mostravam o mapa estilizado e a cores do país escandinavo e enunciavam:

Sverige är fantastiskt
Sweden is fantastic

"A Suécia é fantástica". À primeira vista, um anúncio de promoção do turismo; numa segunda leitura, a propaganda autoconsciente de uma utopia. Afinal, a Escandinávia dos anos 1970 parecia haver tornado concreta uma fantasia, uma visão idealizada da civilização, que até então parecia irrealizável. O termo *utopia*, do grego *ou-tópos*, "lugar que não existe", é usado para denominar a construção imaginária de uma sociedade perfeita. Para qualquer estrangeiro, sobretudo aqueles originários de regiões com enormes disparidades sociais, os países escandinavos haviam finalmente "chegado lá".

- Como pôde uma região periférica do norte da Europa alcançar tão avançados níveis de desenvolvimento humano e social?
- Que fatores fizeram as economias nórdicas passarem da relativa pobreza, no contexto europeu, para a liderança mundial em termos de riqueza e de bem-estar para sua população?
- Como é possível a convivência da monarquia, supostamente uma forma antidemocrática de organização política, com sociedades que pregam a igualdade, não apenas na esfera política como também no trabalho e no núcleo familiar, entre homem e mulher?
- De que maneira comunidades puritanas lograram romper, pela primeira vez, as convenções do amor e da sexualidade?
- Que influência ainda terá a religião luterana, de Estado, sobre o modo de vida e a expressão cultural de uma comunidade amplamente majoritária de descrentes e agnósticos?

Mitos, realidades, paradoxos e experiências alimentam nossa curiosidade brasileira sobre a Escandinávia. Uma pesquisa realizada em vários países revelou que a região nórdica é "quase desconhecida" pela imensa maioria dos brasileiros que viajam ao exterior. Basicamente, a Escandinávia é percebida como um grupo de países extremamente ricos, muito semelhantes entre si, onde "tudo funciona", não há pobreza, a sociedade atingiu níveis inigualáveis de bem-estar e de igualdade, em que as mulheres são belas e louras – enfim, a sociedade perfeita, não fosse pelo frio, o escuro e a solidão.

Vistos de mais perto, os nórdicos não são todos iguais. Há uma diversidade de tipos físicos, de idiomas e de hábitos culturais por trás da unidade histórica e climática. Os escandinavos possuem uma história comum, marcada por períodos de guerra e de união, de domínio das nações vizinhas pelos reinos concorrentes da Dinamarca e da Suécia e, nos últimos duzentos anos, de intensa cooperação regional. Há muito tempo, os nórdicos estudam, trabalham e vivem em qualquer país da região sem necessidade de passaporte ou outra permissão especial. Os idiomas dinamarquês, norueguês e sueco são muito próximos; o islandês se baseia no antigo *norse* falado pelos vikings; apenas o finlandês se diferencia totalmente das demais línguas escandinavas (além das línguas dos povos sámi, do norte da Escandinávia, e inuit, da Groenlândia). Uma herança cultural comum, feita de lendas, costumes, religiosidade luterana, vocação marítima e da experiência dos rigores do clima, confere aos escandinavos certa uniformidade, sempre temperada por variações locais.

Todos esses países desenvolveram uma vertente própria do Estado de bem-estar social, "do berço ao túmulo", cujos ingredientes principais os unem entre si, tanto em termos de realizações quanto de desafios, e também lhes conferem uma imagem característica para o mundo. Entre capitalismo e comunismo, os nórdicos optaram pela via pragmática e reformista da social-democracia, com base em generosos benefícios de proteção social financiados por elevadíssimos impostos, serviços públicos universais e uma efetiva redistribuição de renda. Em menos de um século, as sociedades dinamarquesa, finlandesa, islandesa, norueguesa e sueca escaparam do êxodo migratório e da pobreza relativa para ocupar as mais altas posições nos *rankings* mundiais de nível de vida, renda pessoal, educação, saúde, produtividade do trabalho, transparência etc.

Alguns estereótipos não se sustentam a uma análise mais detida. A impressão de liberalidade amorosa e sexual data de uma época em que os escandinavos foram pioneiros na descriminalização do aborto, no reconhecimento da união estável fora do casamento e nas campanhas feministas. A nudez tem muito mais a ver com a naturalidade do que com o erotismo. Os índices de suicídio são altos, mas estão longe de ser os mais altos do mundo. O consumo do álcool não destoa da média de muitos outros países, avançados ou em desenvolvimento, e, sobretudo, nem de longe causa as tragédias de que padece o trânsito brasileiro. Neutralidade e pacifismo são políticas normalmente associadas aos países nórdicos, mas sua história foi feita de guerras e de episódios de resistência durante a Segunda Guerra Mundial e a Guerra Fria. Já se foi o tempo em que a cozinha escandinava era pouco apreciada fora de suas fronteiras: desde 1991, um ou mais chefs da região têm ocupado as primeiras colocações no renomado Concurso Bocuse d'Or.

As nações nórdicas também têm os seus problemas. As benesses próprias do Estado-providência parecem ter desgastado a ética luterana do trabalho, da simplicidade e da moderação. Os governos buscam incentivos para tirar as pessoas do seguro-desemprego; as empresas lutam contra os altos índices de absenteísmo da mão de obra. O fluxo de imigração de origem não europeia começa a dar sinais de tensão crescente no seio da sociedade e da política nórdicas: à opção pelo multiculturalismo imposto pela abertura dos países escandinavos aos fenômenos da União Europeia e da globalização insurgem-se novos partidos e agrupamentos xenófobos, de extrema-direita. E quem diria: a primeira vítima internacional da profunda crise do mercado financeiro norte-americano, em 2008, foi a economia da remota e até então próspera Islândia.

Coloca-se, então, a questão sobre a possibilidade de a bem-sucedida experiência nórdica ser transplantada e reproduzida em outras paragens. Será o modelo escandinavo exportável? Haveria alguma chance de o Brasil absorver o seu receituário, ao menos em parte? Em muitos aspectos, a Constituição e o sistema social-previdenciário brasileiros seguem uma inspiração social-democrata. Por outro lado, as sociedades escandinavas evoluíram dentro de circunstâncias geográficas, climáticas, históricas, religiosas e sociais muito distantes das nossas.

Pouco se sabe dos vínculos entre o Brasil e os países nórdicos e, no entanto, alguns escandinavos que desembarcaram em terras brasileiras desempenharam papel de relevo na ciência, na arte e na indústria nacionais, e até lutaram pela pátria. No sentido oposto, personagens ilustres do passado, exilados e artistas tomaram a direção da Escandinávia, movidos pela curiosidade, profissão ou revezes políticos no tempo da ditadura. De lá, trouxeram para o país ideias inovadoras, além, é claro, da primeira vitória em Copas do Mundo, em Estocolmo, em 1958.

Neste ponto, é importante fazer um esclarecimento inicial: os termos "escandinavo" e "nórdico" são utilizados neste livro para designar, sem distinção, o conjunto da Dinamarca, Finlândia, Islândia, Noruega e Suécia, além dos territórios autônomos da Groenlândia e das ilhas Faroé (vinculados à coroa dinamarquesa) e de Åland (pertencente à república finlandesa).

Agradeço o interesse e convido o leitor e a leitora a conhecer um canto do mundo que fascina e instiga a nossa curiosidade.

* * *

Agradeço a contribuição das famílias Wadstrand, Carler, Meling, Sandberg, Wichstrøm e Johannessen pelas histórias e imagens compartilhadas, bem como a Gustavo S. Vilas Boas, Esko Varho, Ghadi Boustani e Luciana Pinsky por fotos gentilmente cedidas para ilustração desta obra.

À equipe da Editora Contexto, em especial à Luciana Pinsky, quero expressar minha gratidão pelo interesse demonstrado em meu projeto e no trabalho dedicado e colaborativo para seu aperfeiçoamento e publicação em formato de livro, como parte da rica coleção Povos e Civilizações.

O HOMEM, NÃO...
A MULHER ESCANDINAVA

Se a grande maioria dos textos escritos sobre civilizações, povos, países ou regiões começam pela apresentação do *homem* típico, seja ele egípcio, romano, chinês ou árabe, este livro sobre os escandinavos deve, ao contrário, ter início necessariamente com uma exposição sobre a *mulher* nórdica.

Ao menos três gerações durante o século XX forjaram sua percepção da sociedade escandinava através das imagens projetadas em *Cinemascope* das estrelas de cinema da magnitude de Greta Garbo, Anita Ekberg, Ingrid Bergman, Bibi Andersson, Liv Ullmann, Britt Ekland e Ann-Margret, entre outras.

Quem não se recorda da efígie, em tons de preto e branco, de Greta Garbo em *Mata Hari*, *Anna Karenina* e *A Dama das Camélias*, sempre altiva, sedutora e cheia de mistério? Ou, mais perto de nós, na década de 1960, de uma das inesquecíveis sequências da história do cinema, em que a deslumbrante Anita Ekberg adentra as águas da Fontana di Trevi com Marcello Mastroianni, na noite romana de *La Dolce Vita*? De Ingrid Bergman, em permanente tensão romântica com Humphrey Bogart, vivendo uma história de amor e separação em *Casablanca*? De Bibi Andersson e Liv Ullmann, em suas viagens intimistas de sombra, ansiedade e neurose, sob a direção sufocante do genial Ingmar Bergman de *Persona*, *O sétimo selo* e *Segredos de um casamento*? Da *Bond girl* Britt Ekland em *007 contra o Homem da Pistola de Ouro*? E da atriz e dançarina tórrida, parceira de Elvis Presley, o *Anjo do Diabo* Ann-Margret?

Enigmática e independente, exuberante, liberal e liberada, fria e distante, sedutora e sofisticada ou puro objeto sexual – a mulher nórdica, seja nas telas de Hollywood seja através da câmera do próprio diretor sueco Ingmar Bergman, passou a caracterizar e a influenciar nossa visão sobre o mundo nórdico, sua vanguarda e sua estranheza, em relação a todas as demais sociedades ocidentais.

Muito em função do poder da cinematografia, que nos enleva e nos faz viver intensamente o que é projetado na tela, tais imagens foram e, em certa medida, ainda são consideradas retratos da realidade vivida naqueles países. Estão, porém,

O MITO DA "SUECA"

> Por uma razão ou por outra, não há quem desconheça a fama da Suécia e, em especial, da mulher sueca. A mulher sueca é o que você sabe melhor do que eu. Para ela, desde os 11 anos, a vida não tem segredos. Mas também não tem calor tropical. Extremamente realista, segue os seus impulsos naturais. Mas o coração joga sempre na reserva.

Com este primeiro e curto parágrafo, o editor do caderno de Turismo de 1968 do jornal *O Estado de São Paulo* buscou sintetizar, de maneira pouco disfarçada, a percepção então vigente na sociedade brasileira da precocidade, da sensualidade e do distanciamento emocional da mulher nórdica.

Sueca, aliás, refletia, à época, a origem comum de todas as mulheres escandinavas, uma vez que a Suécia era considerada o país líder na economia, na construção do Estado de bem-estar social e na revolução dos costumes. A "sueca" tornou-se, ainda, um novo conceito *passe-partout* de mulher loura, atraente e aventurosa, que foi explorado, sobretudo, pelo cinema "B" espanhol, nos estertores do regime franquista. Filmes em que a maioria das atrizes nem era nórdica, mas de origem espanhola e argentina.

Esse estereótipo também ganhou força com a intensificação do turismo no continente europeu, entre os anos 1950 e 1970, sobretudo em direção ao sul, das capitais invernais da Escandinávia para a costa e as praias banhadas pelo benfazejo sol mediterrâneo da Espanha, da Itália e da Riviera Francesa.

As mesmas anedotas e os mesmos clichês nos alcançaram, no Brasil, graças à cobertura das revistas semanais ilustradas, como *O Cruzeiro* e *Manchete*, e, para os rapazes da jovem guarda, também nas "fitas europeias" projetadas em salas do centro da cidade que somente exibiam filmes "proibidos", de conotação erótica – forte, para a época; ingênua, hoje em dia –, mas não pornográficos.

A vida das grandes estrelas do cinema sempre fomentou boatos e escândalos, e não foi diferente no caso de Ingrid Bergman, talvez o que melhor ilustra a conturbada conexão entre mito e realidade sobre a mulher escandinava.

Após atingir a fama, cansada e sentindo-se sob pressão em Hollywood, Ingrid foi trabalhar na Itália com o diretor Roberto Rossellini. Em 1949, os dois fizeram um primeiro filme juntos, *Stromboli*, se apaixonaram e Ingrid ficou grávida, antes

O homem, não... a mulher escandinava | 17

Anita Ekberg (1931-2015), ao lado, e Ingrid Bergman (1915-1982), abaixo, duas estrelas da Era de Ouro do cinema hollywoodiano e europeu, que nos anos 1950-60 simbolizaram nas telas e na vida real a mulher escandinava naturalmente bela e independente.

que pudesse obter o divórcio de Petter Lindström, com quem havia tido sua primeira filha, Pia. O caso de amor entre Ingrid e Rossellini, enquanto ambos ainda estavam casados, nos Estados Unidos e na Itália, provocou indignação na imprensa norte-americana, ainda mais pelo fato de a atriz sueca ter deixado a guarda da filha com o ex-marido. Segundo relato de sua segunda filha, a atriz Isabella Rossellini, o escândalo forçou Ingrid a deixar os Estados Unidos porque ela ficou com o sentimento de que era vista como uma pessoa imoral e um mau exemplo para as gerações mais jovens. Anos mais tarde, Ingrid voltou a filmar em Hollywood. Recebeu seu segundo Oscar por *Anastácia* (1956) e o terceiro por *Morte no Orient Express* (1974), na categoria de melhor atriz coadjuvante.

Em Cannes, em 2015, para a celebração do centenário do nascimento de Ingrid Bergman, Isabella fez questão de reverter o mito de "predadora sexual" da estrela e, num olhar mais contemporâneo, a defendeu dizendo que "ela mostrou que as mulheres são independentes, que as mulheres querem contar a sua própria história, querem tomar a iniciativa, mas às vezes elas não podem, porque a nossa cultura social não permite que as mulheres rompam com determinadas regras".

O PECADO DA REVISTA *TIME*

Foi a revista norte-americana *Time* que, em 1955, no artigo intitulado "O pecado sueco", deu a partida para a massificação da reputação nórdica, e sueca em particular, de falta de decoro e de uma sexualidade aberta. A *Time* lamentou a marginalização da Igreja, o desaparecimento dos valores morais cristãos e a introdução da educação sexual obrigatória no currículo de todas as escolas secundárias. Argumentou que a "promiscuidade entre adolescentes" e o sexo pré-marital haviam se tornado a norma entre a jovem geração e concluiu que, na esfera pública, "a sociologia havia tomado o lugar da religião" e que "o controle da natalidade e o aborto passaram a ser vistos como direitos inalienáveis" da cidadã sueca.

Não obstante o carregado tom moralista do artigo, outra preocupação bastante enraizada no pensamento político norte-americano guiava os impropérios da publicação contra o país nórdico: a crítica às "políticas socialistas" que deram nascimento ao Estado de bem-estar social (*welfare state*), percebido em partes da Europa Ocidental e até mesmo dentro dos Estados Unidos como alternativa viável e concorrente ao modelo norte-americano de capitalismo.

Segundo a matéria da *Time*, a situação de permissividade moral na Suécia estaria diretamente relacionada com o Estado de bem-estar e com o modelo nórdico de sociedade, dele derivado. O chamado "caminho do meio" entre o socialismo e o capitalismo, que tanto foi objeto de admiração durante o período entreguerras, em especial depois da Crise de 1929, passou, durante as décadas de 1950 e 1960 da Guerra Fria, a ser duramente criticado pelos seus impactos, reais e imaginados, sobre o tecido social dos países escandinavos, sob a ótica das crenças e padrões morais do observador estrangeiro. Nessa reportagem, voltada para o leitor médio norte-americano, o Estado de bem-estar teria contribuído para a expressiva melhoria do padrão geral de vida de toda uma região da Europa, mas era culpado da infelicidade de sua população e de sua fuga para um mundo "depravado", pelas vias do alcoolismo e da sexualidade ou pelo suicídio.

Na ânsia de defender o capitalismo norte-americano, em junho de 1960, em discurso para o Comitê Nacional Republicano dos Estados Unidos, reunido em Chicago, o presidente Dwight Eisenhower chegou a criticar "um país amigo" – entenda-se, a Suécia – por seguir "uma doutrina socialista cujos resultados sinalizam um aumento inacreditável da taxa de suicídio [...] e do alcoolismo" e onde "a falta de ambição é generalizada" na sociedade.

Não é de se admirar que, desde então, a Suécia se insurja contra esse tipo de retórica, chocante, veiculada no mais alto nível político em países como os Estados Unidos. Uma década mais tarde, quando a revolução sexual havia se espalhado por toda a América do Norte e nas democracias da Europa Ocidental, a Suécia passou a ser percebida como modelo e guia. A historiadora das ideias Lena Lennerhed comenta que, até hoje, essa imagem transmitida pela imprensa estrangeira tem incomodado bastante os escandinavos. O Instituto Sueco, "aborrecido pelos muitos equívocos e estereótipos negativos ao longo dos anos", chegou a publicar um folheto (*Imagens da Suécia no exterior*), complementado por uma série de programas de rádio em inglês (*Mitos sobre a Suécia*), com fatos e estatísticas reais sobre suicídio, depressão, nudez, ateísmo etc. no país. Por exemplo, a idade média da primeira relação sexual não difere muito entre a juventude nórdica (16,5 anos) e os adolescentes alemães (16,1 anos), britânicos (16,7 anos) ou franceses (17,1 anos). Os números relativos ao suicídio serão vistos no capítulo "Sete meses de inverno, dois de verão".

VERÃO COM MÔNICA

Com o avanço da secularização na sociedade nórdica, foram sendo flexibilizados, em ritmo mais acelerado do que nos demais países ocidentais, os parâmetros da censura sobre a produção artística. O erotismo passou a ter expressão visual, em revistas e, sobretudo, no cinema, com a liberação do nu feminino.

20 | Os escandinavos

Em 1953, *Verão com Mônica*, do diretor sueco Ingmar Bergman, impressionou o público com a exibição de cenas sensuais dos corpos nus do seu jovem casal de protagonistas.

Pela primeira vez, em 1951, em *A última felicidade* (*Hon Dansade en Sommar*), de Arne Mattsson, o público pôde ver seios desnudos na tela do cinema. O filme conta a história de amor entre Göran, de 19 anos, que viaja para o campo e lá encontra Kerstin (Ulla Jacobsson), de 17. Os dois pouco a pouco se enamoram, sem o consentimento dos pais da jovem e do pastor local, e consumam sua paixão numa noite idílica de verão, à beira de um lago. Mal chega o outono, Kerstin sofre um acidente e falece.

Dois anos depois, o próprio Ingmar Bergman, então com mais de dez filmes em sua crescente cinegrafia, lançava *Verão com Mônica*, dentro dos moldes inaugurados por Mattsson. Também aqui, o jovem rapaz Harry se apaixona por uma moça simples e romântica, Mônica, personagem de Harriet Andersson. O par resolve escapar da cidade durante as férias de verão e faz uma viagem, no barco que Harry toma de seu pai, pelo belo arquipélago de Estocolmo. Numa das ilhas, a câmera mostra Mônica tirando sua roupa e ficando de sutiã e calcinha; Harry acaricia os ombros de Mônica, que lhe expõe (também aos olhos do espectador) os seus seios nus; por fim, vemos Mônica caminhar para o seu banho de mar, inteiramente nua, porém de costas. O crítico Inácio Araújo, do jornal *Folha de S.Paulo*, resumiu bem o espírito da personagem principal: "ela é viva, inquieta, contraditória, animal, carnal. Ela é plena, e dessa plenitude Harriet Andersson dá conta com tanta desenvoltura que não é de estranhar que Ingmar Bergman tenha feito dela sua musa quase ao primeiro olhar".

Esses filmes da década de 1950 continham apenas algumas passagens atrevidas, que hoje nos parecem absolutamente ingênuas. Para os entendidos, classificam-se como meros "afrodisíacos cinematográficos".

Contudo, uma década mais tarde, *Sou curiosa*, do diretor Vilgot Sjöman (1967) consolidará a reputação liberal dos países escandinavos e o estereótipo de mulher nórdica como uma bela loura adepta do amor livre. A nudez dos atores e o conteúdo sexual da trama tornam-se explícitos, mesclando sonhos eróticos e realidade, o que pode ser interpretado tanto como um retrato quanto uma crítica à sociedade sueca. No melhor estilo da *Nouvelle Vague*, o filme discute temas ardentes da política internacional – como o pacifismo, a ditadura franquista e o racismo – e inclui, por exemplo, uma entrevista com Martin Luther King Jr. (de passagem por Estocolmo, durante as filmagens), um debate sobre a existência da luta de classes com o poeta russo Ievgeni Ievtuchenko e uma entrevista com o ministro dos transportes Olof Palme, futuro primeiro-ministro da Suécia.

Não por acaso, as autoridades alfandegárias dos Estados Unidos apreenderam cópias do filme, que foi rotulado de material obsceno e pornográfico. *Sou curiosa* foi finalmente lançado nos cinemas após decisão da Suprema Corte norte-americana. Foi o filme estrangeiro de maior sucesso de público na história dos Estados Unidos, até então!

ATRAÇÃO PELOS OPOSTOS

Ultrapassadas as fronteiras dos países nórdicos, a incipiente liberdade sexual virou sinônimo de fome de amor. Repare nesta anotação feita em 1971 pelo escritor português Fernando Namora em seu caderno de viagem pela Escandinávia, publicado sob o título evocativo de *Os adoradores do sol*: "esta mulher serena que aqui vedes, dinamarquesa ou sueca, tanto faz [...] bateu-se com o homem e arrebatou-lhe a emancipação. Conseguiu mesmo o direito de compartilhar dos seus erros. Mas, ao mesmo tempo, sonha com toureiros castigadores, com árabes ciumentos". Estava já em fase avançada o deslumbramento pelos opostos, do latino pelo nórdico – e vice-versa. A exposição *Blandbarn* (*Crianças Mistas*), realizada em Estocolmo, em 2007, revelou que "nas décadas de 1950 e 1960 já se viam filhos de mães suecas e pais originários da Europa mediterrânea, do norte da África e do Oriente Médio". Em novembro de 1960, a atriz sueca May Britt casou-se com o cantor e dançarino negro Sammy Davis Jr. Em vinte anos, entre 1970 a 1980, o percentual de casamentos com maridos sul-americanos pulou de 0,1% para 2,8%, em função do afluxo de exilados políticos (o famoso episódio envolvendo Garrincha, nos idos de 1958, será relatado mais adiante, no capítulo final do livro).Em 1963, uma comédia italiana com o título original de *Il Diavolo* cria a "metáfora perfeita" para o mito escandinavo. Conta a história de um pequeno empresário de um vilarejo da Itália que viaja para a Suécia com a expectativa de realizar seus sonhos de encontros sexuais com louras altas e lascivas. Escuta de um amigo:

> As jovens não vão querer saber quem você é, quantos anos tem, se tem esposa ou filhos, não vão fazer-lhe perguntas bobas. Uma delas vai levá-lo pela mão e você será levado para o seu quarto, à luz de velas, você irá olhar nos seus olhos em silêncio... E naquele olhar profundo e misterioso, vai entender que, até aquele momento, você nunca havia sido um homem feliz.

Mas o protagonista logo se decepciona com o comportamento recatado das beldades com quem trava conhecimento, ou com sua "falta de sorte".

Esta talvez seja uma das histórias mais repetidas – em surdina – entre os homens latinos que algum dia se deslocaram aos países escandinavos, a trabalho, em viagem de estudos ou a turismo. Esperam que o sexo e as mulheres estejam prontamente disponíveis. Todos os brasileiros residentes nos países escandinavos conhecem este refrão e esta ansiedade. Geralmente, nossos concidadãos retornam ao Brasil desiludidos, sem nenhum namoro com uma sueca ou norueguesa, ou finlandesa, ou dinamarquesa!

TODA NUDEZ SERÁ... NATURAL

Os nórdicos mantêm uma atitude relativamente mais tolerante e descontraída com relação à nudez. Os questionamentos surgem, no mais das vezes, de fora. Afinal, os estereótipos brotam a partir das *diferenças* percebidas entre culturas.

Como teremos oportunidade de comentar mais adiante, um dos traços fundadores do perfil escandinavo é o sentimento de proximidade com a natureza. Um fenômeno, à primeira vista, paradoxal, em se tratando de populações que por séculos margearam os limites da sobrevivência humana, durante longos e

O homem, não... a mulher escandinava | 23

Arquivo pessoal da família Wadstrand

Sem exibicionismo, mas de maneira natural e singela, a nudez está plenamente integrada ao comportamento escandinavo, como no mar ou na sauna.

escuros invernos, numa das regiões menos acolhedoras e férteis da Europa. Mas a experiência, ano a ano renovada, dos curtos meses de primavera e verão, alivia o fardo do inverno, reaviva os ânimos e desperta o corpo. Se, nos trópicos, a natureza é farta, intensa e exuberante, no norte ela se torna suave, serena e idílica. Bela, não pela sua efervescência, mas por sua frágil transitoriedade.

Todos os momentos de luz solar devem ser aproveitados. Até venerados. Basta observar a multidão sentada na grama dos parques, nos bancos das praças, na borda das marinas, nos balcões dos apartamentos, pés descalços, camisas abertas, blusas desabotoadas, todos incrivelmente fixos, numa pose simétrica, imitada até onde se perde a vista, com a fronte rija na direção do sol, como centenas de girassóis humanos. Quase ninguém se abriga sob a copa das árvores, à exceção de um ou outro estrangeiro; os piqueniques são organizados no meio do gramado.

24 | Os escandinavos

Neste contexto, dois grandes hábitos dos escandinavos acabaram sendo percebidos como os principais responsáveis da conexão entre sexualidade e permissividade em terras nórdicas: o banho de mar e a sauna.

O mar Báltico tem um dos menores teores de salinidade e os escandinavos têm o costume de tomar banho em suas águas de corpo nu, naturalmente, sobretudo aqueles que velejam ou são donos de casas de lazer na costa ou em uma de suas centenas de ilhas. Antes do jantar, ao cair da tarde – o que pode significar oito ou nove horas da noite no verão – homens e mulheres descem para o banho na água do mar, em turnos ou em locais separados, envoltos em toalhas ou roupões. Note-se, para os curiosos, que o sabão é tradicionalmente atado por uma corda a uma pequena boia de modo a poder flutuar na superfície.

Algo singelo e cotidiano, mas nada comparável à prática da sauna! Seguramente, a única palavra de origem finlandesa a entrar no vocabulário português. Sua fama já evoca um generalizado lugar-comum sobre o erotismo *à la Scandinave*, enfaticamente negado por eles. A sauna não tem nada a ver com sexo. Essa ligação foi culpa dos clubes privados que proliferaram pelo mundo afora nos anos 1970. Para se ter uma ideia da seriedade do assunto, hoje a Finlândia conta com 5,3 milhões de habitantes e 3,3 milhões de saunas.

Na sauna, não se costuma usar, além de uma toalha, peças de roupa, calções de banho, maiôs ou biquínis. Não se trata de um passatempo, mas de um exercício de limpeza corporal. Toda parte do corpo deve estar exposta ao calor. Homens e mulheres se instalam em ambientes separados (ou mistos, quando em família). No passado, os homens de uma determinada fazenda ou pequena comunidade acendiam o forno a lenha da sauna uma vez por semana, numa operação trabalhosa que podia levar o dia inteiro, até que a temperatura atingisse o nível ideal. Em seguida, esses homens entravam na sauna primeiro, para seu asseio, com vigorosos golpes de ramos de folhas de bétula. Só depois a sauna era aberta para as mulheres e crianças. O tempo passado a transpirar na sauna costumava servir para a transmissão de histórias e conhecimentos entre gerações, e até para a composição de versos e canções.

Não obstante existirem em locais públicos, inclusive em empresas do porte da Nokia, a sauna finlandesa é, hoje em dia, sobretudo um ambiente caseiro ou particular, diferente de nossa experiência de sauna em clubes. Praticamente toda casa no campo possui uma sauna, desde um espaço de madeira de 2x2x2 metros no porão, com aquecedor elétrico de 6kW, até as mais tradicionais cabines para cerca de dez pessoas e grande forno de pedra alimentado a lenha de pinheiros. Cada vez mais raras e apreciadas pelos puristas são as saunas a fumaça, que têm que

Há mais saunas que habitações na Finlândia. A sauna típica é construída como uma cabana de madeira, com forno a lenha capaz de elevar a temperatura a 80°-100°C. Dentro, um pequeno balde com água serve para borrifar as pedras ferventes criando vapor (*löyly*).

ser aquecidas durante horas apenas pela emanação dos vapores da lenha mantida úmida no forno, sem chaminé. Antes do uso, a cabine é ventilada para dissipar a fumaça. O resultado é um calor menos ardente e, para o usuário, uma transpiração imediata e acelerada.

Em função do temperamento de cada um, há os que preferem o silêncio durante a sauna e aqueles que cultivam o momento de clausura para uma boa conversa. Nos mais altos níveis, inclusive! Dois ex-presidentes da Finlândia, Uhro Kekkonen e Martti Ahtisaari, tinham o costume de convidar para uma sauna representantes estrangeiros com os quais tratavam de negociações delicadas, como o relacionamento com o vizinho soviético ou a mediação da independência da Namíbia. Essa prática ficou conhecida nos meios internacionais como a "diplomacia da sauna". O hábito da sauna está também muito presente em toda a Escandinávia. Na Islândia, o costume foi adaptado ao banho em fontes termais de origem vulcânica, espalhadas pela ilha.

Até as residências das embaixadas finlandesas possuem suas saunas. Desse hábito nasceu a tradição da "diplomacia da sauna". Na foto, o detalhe do interfone de uma dessas residências em Copenhague exibe um botão para ligar diretamente para esse recinto.

Dentro da melhor tradição, depois da sauna o esfriamento do corpo deve se dar com um mergulho no lago mais próximo ou no mar. Água não falta, pois há quase 200 mil lagos na Finlândia. Isso deve ser feito também sem nenhuma roupa. É claro que dependendo de seu *timing* de saída da sauna, será aguardado (e visto) pelos seus colegas do sexo oposto que já se encontrarão dentro d'água.

Como se isso fosse pouco, imagine o pânico narrado por um convidado brasileiro ao se deparar com o desafio de atravessar o jardim da casa de seu amigo finlandês e de ser observado nu por todo um conjunto de convivas, que bebiam alegremente seus drinques na varanda, antes do almoço em grupo. O que causou estranheza a ele é perfeitamente normal lá. Pessoalmente, lembro-me da tarde do verão setentrional de 1979 em que minha turma na escola passava o dia livre na praia nos arredores de Estocolmo. Tínhamos todos por volta de 15 anos e já vários dávamos início a nossos primeiros namoros adolescentes. Não esquecerei que uma de nossas colegas resolveu tomar sol fazendo *topless*. Deitada sobre a toalha, ao lado do grupo e, como se diz, na maior *naturalidade*, dela e nossa, outras moças e os rapazes.

Além de natural, ficar sem roupa, para os nórdicos, é saudável. Como diz uma amiga minha: "faz bem, para homens e mulheres, ver outros tipos de seios e bumbuns verdadeiros – daqueles que não estão nas revistas".

CASA DE BONECAS

O tema da emancipação feminina e o mito da mulher que luta por sua independência têm fortes raízes na arte naturalista e modernista da Escandinávia. O dramaturgo norueguês Henrik Ibsen (1828-1906), seu compatriota e pintor Edvard Munch (1863-1944) e o escritor sueco August Strindberg (1849-1912) são considerados três grandes intérpretes da transformação pela qual passava a sociedade patriarcal e burguesa no final do século XIX. Os três produziram obras centradas em personagens femininos que questionaram as convenções sociais da época e que influenciaram os movimentos latentes pela maior participação da mulher na esfera pública.

Casa de bonecas (*Et Dukkehjem*), de Ibsen, encenada em 1879, ocupa uma posição de destaque pelo ineditismo revolucionário de sua personagem feminina principal, Nora, que, ao longo de três atos, se transforma de esposa dedicada ao lar e à família em rebelde protofeminista. A peça é preenchida de diálogos que colocam em evidência o contraste entre o mundo masculino e a esfera feminina, entre a moral patriarcal e a condição da esposa no casamento, entre a autoridade do homem e a fragilidade da mulher na sociedade. No início, Nora encarna a "perfeita" dona de casa, cujo único lapso (relacionado com um empréstimo de dinheiro para tratamento de saúde do marido) fora cometido com a intenção de fazer o bem para sua família. Mas Torvald não perdoa Nora e trata sua esposa com desprezo, pois não admite que sua reputação seja destruída caso o comportamento de Nora venha a ser descoberto. Uma vez resolvido de maneira favorável o impasse, Nora, decepcionada com a hipocrisia de seu marido, se recusa a aceitar o perdão de Torvald e desiste de se submeter a sua proteção, a seus deveres de obediência, a suas obrigações de esposa e de mãe. Ao final da peça, Nora abandona lar, marido e filhos, com o propósito de encontrar sua liberdade pessoal.

A censura a *Casa de bonecas* foi dura em toda a Europa, tanto pela tese da denúncia do conformismo e da dupla moral existente à época, como pela cena final de abandono físico do lar pela esposa. Consta, no entanto, que Henrik Ibsen baseou sua obra na história real de uma conhecida sua, que terminou em divórcio. Como vimos, mais de cinco décadas mais tarde, Ingrid Bergman passaria por semelhante situação e pelo mesmo tipo de reprovação.

Outra protagonista, a *Senhorita Julie* (*Fröken Julie*), criada por Strindberg, em 1889, muito contribuiu para representação da mulher escandinava como "um vulcão por dentro da branda monotonia", como disse o escritor português Fernando Namora. A peça do dramaturgo sueco expõe o amor atormentado, e afinal consumado, da filha de um conde, Julie, com seu lacaio, Jean, durante a noite, clara e mística, do solstício de verão (*midsommarafton*). O final é trágico, com o suicídio de Julie, uma vez que os amantes não veem possibilidade de fugir da Suécia e de viver uma nova vida, por cima das diferenças de classe social.

Marcante, contudo, durante todo o drama, é o conflito interior de Julie, que almeja algo que não lhe é permitido pela moral conformista então vigente. Julie tenta ser forte, impetuosa e insinuante em suas investidas junto a Jean. Expressa, ao mesmo tempo, desejo e desprezo pelo seu criado e amante, como se fosse uma *femme fatale*. Mas Julie se perde na sua impulsividade e, sem ver saída de sua condição biológica e hereditária, num mundo de desigualdades entre homens e mulheres, decide autodestruir-se e, por fim, comete suicídio.

A alma nórdica conta, ainda, com a representação da figura feminina nas telas de Munch. O artista norueguês, famoso mundialmente pelo *Grito*, foi um prolífico criador de mais de mil pinturas a óleo e desenhos, muitos dos quais dedicados a personagens femininas. Edvard Munch trouxe para a tela os seus sentimentos atormentados pela perda de sua mãe, de duas irmãs e um bom número de ligações amorosas infrutíferas. Ele quis pintar "pessoas que respiram e sentem e sofrem e amam", mas suas representações do amor nunca foram felizes. Com suas pinceladas espessas, em fundo escuro, retratou o amor em toda sua diversidade: o beijo, o namoro, o encontro carnal, a inveja, a traição, o desespero. Suas mulheres exalam um ar de angústia e de mistério, independentemente do cenário: *Mulher em três momentos* (a menina virgem de branco e longos cabelos louros, a mulher madura exibindo o corpo nu, a senhora de preto), *O dia seguinte* (deitada na cama, com a garrafa de absinto à mesa), *Jovem na praia* (de costas, mirando o além), *Vampira*, *Madonna* e *Meninas na ponte*, entre outras.

Edvard Munch, *Vampira* (1893-4), óleo sobre tela.

Edvard Munch, *Madonna* (1894-5), óleo sobre tela.

O pintor norueguês Edvard Munch (1863-1944), mundialmente famoso pelo *Grito*, representou em suas telas a dicotomia da figura feminina entre santa e mulher fatal.

O clichê das mulheres escandinavas receptivas ao amor livre perdeu sua atualidade. Ele teve seu apogeu nos anos 1970 quando cerca de dois terços das mulheres nórdicas casadas se distinguiam de suas homólogas europeias, norte-americanas e latinas por exercer uma atividade profissional fora do lar. Durante os anos 1980, o matrimônio civil e religioso sofreu uma forte queda em popularidade. Ainda hoje, os países nórdicos apresentam as mais elevadas proporções de uniões estáveis que não constituem casamento: basicamente um terço dos casais na Escandinávia escolhem esse tipo de relacionamento para sua vida familiar. Pelo menos nos países ocidentais, a autonomia da jovem solteira, o trabalho da mulher casada e o sexo antes do casamento são atitudes já plenamente integradas aos costumes preponderantes em nossas sociedades.

Nesse debate sobre os avanços da sexualidade nos países escandinavos, ainda poucos se dão conta de que o cotidiano de sonhos e inquietudes das nórdicas também espelhava outro modelo de relacionamento, muito mais próximo do chamado modelo tradicional.

Por exemplo, um estudo sobre o semanário *Veckorevyn* (*Revista da Semana*, de maior público leitor feminino entre 18 e 25 anos, na Suécia), no período de 1965 a 1995, ilustra um pouco da evolução da vida privada da mulher sueca num ritmo bem mais conservador do que seria esperado à luz dos famosos estereótipos. Segundo a análise acadêmica, os artigos principais escritos em 1965 induziam as jovens a se concentrar inteiramente no cuidado de sua aparência e em como se portar em relação ao homem. O local de trabalho era retratado como um lugar onde se pode encontrar um marido, e, nesse ambiente, o comportamento modesto e subordinado devia prevalecer. No ano de 1970, a ênfase foi colocada na atenção com a casa e com a família. Em 1975, sob a influência do movimento feminista, a revista tomou certa distância dos temas exclusivamente relacionados com o lar e passou a tratar de questões da vida da mulher, independentemente de sua situação conjugal. Já nos anos 1990, essa consciência política teria desaparecido; voltaram à baila os ditames sobre a melhoria contínua do corpo e da aparência, e de como estas "ferramentas" podiam ser úteis para atrair o homem, que novamente foi retratado como um alvo para as leitoras.

O que parece insólito é que, nas edições recentes de 2010, os artigos da *Veckorevyn* ainda apresentem soluções para qualquer relacionamento segundo a fórmula: "como descobrir o que seu cara gosta sexualmente, e como fazê-lo". Os títulos se distribuem entre as categorias de "Vocês se conhecem um ao outro realmente?", "Por que ele está com medo de propor?", "Como garantir sua vida sexual" ou "40 caras revelam o que é quente".

O mito da mulher sueca liberada teve fundamento na realidade quando, do período do pós-guerra até a década de 1980, a Suécia era um país muito mais aberto em relação ao casamento e à sexualidade do que as demais nações da Europa e das Américas. Desde então, a força da bandeira política dos direitos da mulher, na grande maioria dos países do Ocidente, aplainou as diferenças. Contracepção, sexo antes do casamento, trabalho profissional feminino e divórcio constituem fatos comuns em nossas sociedades contemporâneas. Mas também é verdade que o alto valor atribuído à independência pessoal na sociedade sueca tem sido causa generalizada de problemas de natureza emocional, sobretudo para a população com idade acima dos 50 anos. Quase a metade (48%) dos lares suecos são habitados por um único indivíduo.

ESTADO DE BEM-ESTAR SEXUAL

A pessoa que esteve no centro da maior admiração e também das piores controvérsias na Escandinávia não foi nenhuma estrela de cinema ou personagem de ficção. Quase desconhecida fora da região e dos meios acadêmicos especializados, ela teve uma história de vida das mais interessantes e participou dos grandes movimentos do século XX como jornalista, ativista feminista, militante socialista (de tendência anarquista) e pioneira da educação sexual. À semelhança do que observamos nas fotografias em preto e branco das mulheres que se distinguiram na primeira metade do século passado – Marie Curie, Simone de Beauvoir, Hannah Arendt, Margaret Mead –, as imagens mais difundidas de Elise Ottesen-Jensen retratam uma senhora idosa e sorridente – a figura de uma *avó* que não nos transmite, à primeira vista, a efervescência de seu pensamento e de suas ações inovadoras.

Elise Ottensen-Jensen nasceu na Noruega em 1886, décima sétima filha de um pastor luterano. Cedo na adolescência, desvencilhou-se do rígido conformismo religioso do lar e, após sua formatura no ensino médio, foi estudar odontologia na cidade de Stavanger, na costa leste do país, em 1903. Mas um acidente no laboratório da faculdade, em 1905, causou-lhe a perda de vários dedos, impondo uma parada abrupta aos seus planos de se tornar dentista. Encontrou emprego, primeiro, como secretária de uma empresa comercial e, em seguida, como jornalista, nas cidades de Trondheim (a dois dias de barco rumo ao norte) e de Bergen (segunda maior cidade do país).

Elise teria ficado muito abalada com a experiência trágica da partida de sua irmã de 15 anos, solteira e grávida, para a Dinamarca, onde o bebê foi adotado. Juntou-se a um grupo de mulheres que militavam por um tratamento mais tolerante para as mães solteiras e participou das primeiras campanhas a favor da educação sexual obrigatória nas escolas e da descriminalização do aborto. Em 1914, conheceu o sindicalista sueco e agitador anarquista Albert Jensen e com ele começou um relacionamento que duraria 22 anos. Três anos mais tarde, na Suécia, em companhia de seu marido, perdeu seu primeiro e único filho depois de um parto difícil. A partir de 1922, sob a alcunha de Ottar, foi editora da página feminina do *Jornal do Trabalho*, na qual escrevia sobre temas como educação sexual, planejamento familiar, direitos das crianças, o aborto e eugenia. No contato direto com a classe operária, tomou conhecimento dos problemas que eram causados pela quase total ignorância sobre assuntos relacionados à vida sexual e à reprodução.

Chegou, então, o ano de 1933 e Elise Ottesen-Jensen – ou Ottar, como passou a ser mais conhecida – criou a Associação Sueca para a Educação Sexual (Riksförbundet för Sexuell Upplysning – RFSU). Como presidente da agremiação, que dirigiu até 1959, viajou por todo o país, proferindo até 300 palestras por ano e residindo junto a famílias da classe operária, às quais ministrava suas aulas sobre sexualidade e contracepção.

Cedo na construção do Estado de bem-estar social nórdico, inaugurado com os socialistas no poder a partir de 1932, o direito da mulher de tomar decisões sobre o próprio corpo foi alçado a princípio basilar do direito à saúde e à reprodução. Os serviços médicos durante a gestação e o parto passaram a ser gratuitos. Em 1938, foi autorizada a divulgação de informações sobre métodos contraceptivos. Na vanguarda das ações de esclarecimento e de orientação sobre as questões da reprodução e do planejamento familiar, Elise Ottesen-Jensen ganhou reconhecimento nacional e além das fronteiras da Escandinávia. Quando, em 1941, fez campanha de arrecadação para a construção de um primeiro abrigo para mães solteiras, logo chamados de "sítios da Ottar", logrou obter o apoio do rei Gustavo V e do primeiro-ministro social-democrata Per Albin Hansson.

Cartaz convocando para a "passeata dos carrinhos de bebê", que a RFSU (Associação Sueca para a Educação Sexual) promoveu em 2016 para dar maior visibilidade à questão das mulheres grávidas em situação de guerra. Antes uma ONG com foco local, aos poucos volta suas campanhas para o exterior.

Em 1942, Ottar conseguiu fazer da Suécia o primeiro país no mundo a introduzir a educação sexual nas escolas públicas, o que, por si só, demonstra o vanguardismo do país nórdico para o diálogo aberto, instruído e generalizado sobre as questões da sexualidade e das responsabilidades compartilhadas por mulheres e por homens.

Uma das primeiras campanhas nacionais de informação veiculadas pela RFSU, em 1965, tinha o lema de "Filhos? Claro, mas quando chegar a hora!" e alertava que o bebê deve ser um acontecimento positivo e não um risco. Em paralelo à campanha publicitária, a associação distribuiu nacionalmente uma brochura sobre os vários métodos disponíveis de contracepção. A RFSU existe até hoje, como entidade sem fins lucrativos destinada à promoção de políticas públicas e de programas de educação sobre questões relacionadas com a saúde e os direitos sexuais e reprodutivos (SDSR). Na Suécia, dispõe de clínica especializada e de uma rede de médicos, psicólogos e consultores. Comercializa os diversos tipos de contraceptivos, sob sua própria marca. Tem atuado cada vez mais no exterior, como organização não governamental em prol da educação sexual e em defesa dos direitos reprodutivos da mulher em países menos desenvolvidos.

O FIM DA "DONA DE CASA"

Em 2013, um jornal local de Bergen decretou em manchete: "*A dona de casa morreu*". A articulista baseava sua afirmação em dados numéricos insuspeitos. Segundo recenseamento realizado pelo serviço nacional de estatísticas, somente 2% das mulheres casadas ou em união estável na Noruega ainda trabalhavam exclusivamente nos seus próprios lares. Ainda que fossem incluídas as mulheres que trabalhavam em tempo parcial por um máximo de 20 horas por semana, este valor não ultrapassava 9% de donas de casa. Independentemente da definição utilizada, a função tradicional de dona de casa é claramente uma prática bastante minoritária na sociedade escandinava.

O matrimônio nórdico é, hoje, sustentado pela soma aritmética de duas fontes de renda (nem sempre equivalentes, mas cada vez mais semelhantes). Essa terá sido, desde os primórdios da social-democracia nórdica, a ambição dominante e o propósito das políticas de igualdade de gênero implementadas ao longo do século XX e ainda em curso neste século. Trabalho remunerado e participação no mercado de trabalho sempre foram percebidos como condições prévias para a realização do bem-estar universal da população.

No pós-guerra, o número de donas de casa em tempo integral já diminuíra de maneira significativa, com o ingresso das mulheres no mercado de trabalho durante fases cada vez mais longas de suas vidas adultas. Era uma época de recuperação e de crescimento econômicos, que provocaram aumento e diversificação dos postos de trabalho disponíveis, para a mão de obra tanto masculina quanto feminina.

A partir dos anos 1970, ocorreram as grandes mudanças em relação ao papel social e econômico das mulheres. Para além do princípio da igualdade, os países nórdicos também se deram conta da racionalidade econômica por trás da promoção plena do trabalho profissional feminino. Afinal, para a manutenção de seus invejáveis níveis de afluência, esses países dispõem de uma população bastante limitada (25 milhões, em toda a região, ainda hoje) e com acelerado grau de envelhecimento (relação entre idosos e pessoas em idade de trabalho). A capacidade de aproveitar mais 50% de sua força de trabalho, tanto em número como em termos de talentos e afinidades, pode ser não apenas desejável, mas também indispensável para o crescimento econômico. De forma bastante objetiva, as nações escandinavas não podem se dar ao luxo de ter adultos saudáveis e capazes que não aproveitem sua força de trabalho, e que não contribuam para o bem-estar de toda a sociedade. Em 2013, a relação entre mulheres e homens empregados, em tempo integral ou parcial, na faixa de 15 a 64 anos, era de aproximadamente 0,9 no conjunto dos países escandinavos. Na Alemanha, essa relação era de 0,8 e, no Brasil, de 0,7.

O (quase) pleno emprego das mulheres escandinavas não teria sido alcançado sem a implantação de uma política persistente de criação de uma extensa rede de creches e de pré-escolas, que funcionam em tempo integral (de 6h30 a 17h30) e são subsidiadas pelo governo. Em 1970, apenas 13 mil crianças norueguesas estavam matriculadas em creches. Atualmente, esse número é de cerca de 280 mil, o que representa uma cobertura de quase 90% de todas as crianças de 1 a 5 anos, ou 98% de todas as crianças na idade de 3 a 5 anos. O número é semelhante em outros países da região: 95% no caso das crianças suecas e 94% para as dinamarquesas de 3 a 5 anos.

E O HOMEM, NESSA EQUAÇÃO?

Como em tantas outras políticas sociais, os escandinavos também foram pioneiros na introdução das licenças maternidade, paternidade e do casal (ou parental; ou seja, a ser repartida entre a mãe e o pai). Hoje em dia, esta é uma das características do Estado de bem-estar social mais comentadas fora da região, pela sua inusitada generosidade. Afinal, essa política não apenas busca auxiliar a colocação e a permanência da mulher no mercado de trabalho em relativa igualdade com o homem; ela também visa inserir o pai nos cuidados da criança recém-nascida e, em última instância, na divisão equitativa do trabalho doméstico.

A professora Tine Rostgaard, da Universidade de Aalborg, Dinamarca, explicita de maneira clara este objetivo:

> Uma coisa que todos os países nórdicos têm em comum é que eles tentam tornar mais fácil para os pais participar ativamente da vida em família [...] a Suécia tem trabalhado por muitos anos para promover a igualdade de gênero e a paternidade ativa através de leis e de políticas sociais. A Islândia tem sido extremamente progressista quando se trata de licença-parental. Em 2013, a Islândia aprovou uma lei que reserva cinco meses para a mãe, cinco meses para o pai e dois meses a serem repartidos entre os dois, da maneira que eles bem entenderem. Isso colocou aquele país na vanguarda nesta matéria.

Para que fiquem claros os conceitos, basta ter presente que o moderno conceito de licença-parental (ou licença do casal) é composto de três períodos somados de afastamento do trabalho: o período de gozo exclusivo pela mãe do recém-nascido, o intervalo reservado ao pai e o tempo que pode ser distribuídos entre o casal, segundo critérios da lei e o interesse de ambos.

Historicamente, o direito do pai a um período de ausência remunerada do trabalho só começou a ser desenvolvido na década de 1970, quando o benefício da licença-parental (isto é, do casal) foi introduzido pela primeira vez no mundo, na Suécia, em 1974. Até então, existia apenas a licença-maternidade e o pai se permitia alguns poucos dias longe do trabalho. Os outros países nórdicos seguiram o exemplo: Noruega em 1977, Finlândia em 1978, Islândia em 1981 e Dinamarca em 1984. Desde então, os prazos dedicados exclusivamente à licença-paternidade têm sido aos poucos ampliados. Em 1993, metade dos pais não havia tirado um único dia de licença, o que motivou o governo sueco a instituir a licença-paternidade como uma "cota exclusiva do pai" de um mês. Em 2002, mais um passo foi dado: os *pappadagar* passaram a ter dois meses de duração.

A licença-paternidade (lembre-se, só do pai) é hoje, por exemplo, de 8 semanas na Suécia e de 14 semanas na Noruega. Porém, deve-se somar a esse período a alternativa de os pais dividirem entre si o tempo de licença-parental, bem mais longo, conforme o quadro abaixo. As diferenças entre os cinco países nórdicos denotam opções políticas pelo *mix* ideal de licenças maternidade, paternidade e parental, com distintas cotas exclusivas à mãe ou ao pai.

Licença-parental (do casal), remunerada, em países nórdicos

	Período exclusivo da mãe	Período exclusivo do pai	Período restante a ser definido pelo casal
Dinamarca	14 semanas	2 semanas	32 semanas
Finlândia	30 dias úteis	54 dias úteis	158 dias úteis
Islândia	5 meses	5 meses	2 meses
Noruega	10 semanas	8-14 semanas	30-36 semanas
Suécia	100 dias	60 dias	320 dias

Em todos os países nórdicos, o casal que faz uso dos três tipos de licença recebe da caixa de previdência pública um benefício relativamente elevado, correspondente a cerca de 80% do seu salário ou o equivalente à perda de rendimento durante o período de licença.

Os resultados da extensão dos períodos de licença são evidentes. Em 2014, mais de 90% dos pais (homens) gozaram das licenças paternidade e parental. Na opinião de Gøsta Esping-Andersen, conceituado pesquisador do Estado de bem-estar nórdico, "tais esquemas e, especialmente a licença-paternidade, são exemplos da intervenção do Estado não só no quadro geral do emprego, mas também na organização interna da família. O cotidiano da família se transformou numa arena para a promoção da igualdade de gênero na sociedade". Do ponto de vista das relações trabalhistas, os empregadores logo perceberam que os homens passariam a ter a mesma probabilidade de tirar uma licença do emprego quanto suas esposas e "as empresas teriam de se adaptar a isso". Obrigar o pai a tirar cerca de dois meses de licença, permitir que a mulher retorne ao seu trabalho neste período em que o pai está em casa cuidando do bebê, e ainda facultar a distribuição de outros três a seis meses de licença entre pai e mãe, faz com que o homem tenha reduzida sua "imprescindibilidade" ou "vantagem comparativa" em relação à mulher no emprego. Dentro do possível, é claro. É um processo.

Não obstante, o caminho para a igualdade no lar e no emprego é ainda cheio de percalços, mesmo na Escandinávia. De fato, as estatísticas comprovam que o trabalho doméstico do homem aumentou em todos os países nórdicos, entre 1990 e 2010. Mas há um problema. O Estado supôs que, com o aumento do trabalho feminino fora de casa, os maridos automaticamente assumiriam mais responsabilidades dentro do lar. Até certo ponto, esse fenômeno ocorreu: em média, os noruegueses dedicam 50 minutos do dia a tarefas do lar enquanto suas companheiras destinam cerca de 2 horas ao serviço doméstico. No entanto, tomando por base o ano de 1990, elas conseguiram reduzir em cerca de uma hora por dia o seu trabalho em casa, enquanto eles passaram a dedicar às atividades domésticas mais… oito minutos.

A história do movimento pela igualdade dos sexos contempla episódios muito curiosos, como o que levou, na sexta-feira, 24 de outubro de 1975, as mulheres a entrarem em greve na Islândia. Entre oito horas da manhã e meia-noite, 90% da população feminina do país deixaram seus postos de trabalho ou seus afazeres domésticos em protesto contra a discriminação salarial (calculava-se, então, que a mulher islandesa recebia, em média, um salário 30% inferior ao dos homens).

Na capital, Reykjavík, mais de 25 mil mulheres se reuniram na praça Lækjar, para protestar em frente à Casa de Governo. O número é mais expressivo se considerarmos que a Islândia contava, à época, com apenas 220 mil habitantes. Praticamente todo o país parou por um dia: escolas, lojas, repartições públicas, teatros não tiveram condições de funcionar. Sobretudo, a indústria pesqueira suspendeu sua produção diária. Pais e maridos tiveram que lidar com todas as tarefas familiares de cuidado com os filhos, limpeza e cozinha. Para a porta-voz do movimento feminista que liderou a manifestação, Gárdur Steinthorsdóttir, o "dia livre" das mulheres mostrou "o quanto somos indispensáveis para nosso país. Foi especialmente importante mostrar aos homens o que o nosso trabalho realmente significa". Apenas cinco anos mais tarde, Vigdís Finnbogadóttir rompia a longa tradição do patriarcado político e se tornava a primeira mulher presidente da República da Islândia.

EMPATE TÉCNICO DOS SEXOS

Passados cinquenta anos, ou o tempo de duas gerações, os programas nórdicos de atenuação das distorções existentes no mercado de trabalho, na esfera política e no lar tiveram um impacto significativo sobre a situação das mulheres. O *Relatório Anual das Diferenças de Gênero*, elaborado em 2014 pelo Fórum Econômico Mundial, que calcula os índices de igualdade entre mulheres e homens, em 142 países, com base em critérios econômicos, políticos, de educação, saúde e de bem-estar familiar, situa os cinco países nórdicos na liderança do *ranking*: Islândia (1º), Finlândia (2º), Noruega (3º), Suécia (4º) e Dinamarca (5º). A título de comparação, os Estados Unidos estão em 20º lugar, o Brasil em 71º, a Rússia em 75º, a China em 87º e a Índia em 114º. Os principais quesitos responsáveis pelo movimento dos países na tabela de classificação são os níveis de participação da mulher no mercado de trabalho formal e nas diferentes instâncias políticas de cada nação.

Enquanto no Brasil as detentoras de mandato popular somam 10% da Câmara e 16% no Senado, nos países nórdicos, a presença parlamentar feminina se situa na faixa dos 40% (Suécia 44%, Finlândia 41%, Islândia 41%, Noruega 40% e Dinamarca 38%, contra a média de 23% no resto da Europa). A participação feminina nos gabinetes dos governos nórdicos alcança 50% dos cargos de ministro (12 mulheres e 12 homens na Suécia, 9 e 9 na Noruega, 4 e 6 na Islândia, 5 e 9 na Finlândia, 5 e 12 na Dinamarca). No Brasil, a composição do primeiro escalão do governo era de apenas 4 mulheres para 27 homens em dezembro de 2015.

Surpreendentemente, na avaliação dos estudiosos do assunto, essa quase igualdade de gêneros no governo e no parlamento não tem causado necessariamente a proposição de leis específicas e de políticas feministas. Na prática, essas mulheres estariam gerando "massa crítica" capaz de fazer a diferença no debate parlamentar em geral, sobre toda a gama de temas da arena política, às vezes alterando linhas partidárias, outras vezes incluindo novas matérias na agenda.

Ao tomar posse, em outubro de 2013, o primeiro-ministro sueco Stefan Löfvén, do Partido Social-Democrata, declarou que o seu seria "o primeiro governo feminista do país", no qual todos os ministérios deveriam sempre levar em conta nas suas políticas públicas a questão da igualdade de gênero. Por sua vez, o ministro norueguês das finanças, Sigbjørn Johnsen, afirma estar convencido de que o emprego feminino traz grandes benefícios ao propiciar maior número de trabalhadores e de talentos com importantes ganhos de produtividade para a economia do país. Ainda mais porque há mais mulheres do que homens saindo das universidades nórdicas (e também nas brasileiras, diga-se de passagem) com diplomas de curso superior.

Retomando a argumentação puramente econômica da igualdade, é claro que a maior utilização do trabalho feminino significa maior renda fiscal para o Estado, que, assim, pode oferecer serviços públicos mais abrangentes. Ao mesmo tempo, tais serviços demandam maior quantidade de trabalhadores para o seu funcionamento, sendo que muitos desses serviços, por sua vez, absorverão maior parcela de mão de obra feminina, como a educação e o cuidado de crianças e de idosos. A consequência disso é que diversas obrigações tradicionalmente atribuídas à da família passaram a ser da responsabilidade do setor público.

Por esse ângulo, a questão tradicionalmente colocada pelos latinos intrigados com a "sobrevivência" do núcleo familiar nos países escandinavos obtém uma resposta convincente. A acusação vem de longe, dos anos 1970, como se depreende deste julgamento do escritor português Fernando Namora: "E a família, a família nórdica? Os seus membros parecem independentes, respeitadores do que cada um possa sentir, desejar, pensar – ou serão apenas desinteressados uns dos outros?" Nas palavras da ministra sueca para a igualdade, Åsa Regnér, a resposta está dada no fato de que, hoje em dia, na Escandinávia, "homens e mulheres estudam, trabalham e também têm mais filhos do que nos países do sul da Europa, que se dizem orientados para a família".

Se na década de 1960 aqueles países apresentavam as menores taxas de natalidade da Europa, hoje eles têm algumas das mais elevadas: entre 1,7 filho por mulher, para a Dinamarca, e 2,0 para a Islândia, acima da média europeia (1,6). A do Brasil, por exemplo, é de 1,8 filho por mulher. Nos cinco países nórdicos, entre 27% e 40% dos casais têm filhos. E, por motivo da mais ampla formação acadêmica e participação no mercado de trabalho, a idade média das mães quando do nascimento de seu primeiro filho é de aproximadamente 29 anos.

NEM TUDO SÃO FLORES

"Há discriminação; há diferenças salariais; há violência doméstica. Não! Isto aqui não é o paraíso da igualdade." Assim se expressa enfaticamente Gudrun Schyman, secretária-geral do partido Iniciativa Feminina, que disputou as eleições suecas em outubro de 2014, mas não logrou obter o número mínimo de votos para assumir uma cadeira no Parlamento. Contudo deu o que falar e chegou a lançar uma agremiação irmã na vizinha Noruega.

Para os padrões almejados de igualdade, as estatísticas ainda revelam a divisão dos mercados de trabalho nórdicos conforme o gênero, em que persistem as noções estereotipadas de "empregos para mulheres" e "empregos para homens". Geralmente, as mulheres são maioria nos ofícios de enfermagem, cuidados da saúde, educação pré-escolar, comércio varejista e limpeza. No entanto, começam a se aplainar as diferenças nas profissões médicas, de professor em universidades e institutos superiores de ensino e de pesquisador. O desafio é grande, mesmo na Escandinávia: 72% das trabalhadoras desempenham suas funções em áreas dominadas por mulheres; 68% dos homens trabalham em profissões onde há maioria masculina. Os primeiros passos estão sendo dados na direção certa: esse fenômeno da "segregação" do mercado de trabalho diminuiu 6 pontos percentuais entre os anos 2000 e 2010, na Suécia, em favor das mulheres. Por sua vez, torna-se bastante comum a figura de pelo menos um educador do sexo masculino nas creches e pré-escolas escandinavas. Também cresce o número de meninas que se alistam no serviço militar ou seguem carreira nas forças armadas. Na polícia sueca, um terço dos efetivos é formado por mulheres com funções de patrulhamento nas ruas.

Outro foco de atenção dos governos nórdicos tem sido o rompimento da barreira sexista que estaria limitando a participação feminina nos mais elevados postos de uma carreira empresarial. O fenômeno, conhecido no mundo todo pela expressão inglesa de *glass-ceiling*, também afeta a profissional do norte da Europa. A Noruega vem tentando resolver esta deficiência através da imposição de uma cota mínima obrigatória de 40% de diretorias para mulheres, o que lhe vale a posição de liderança mundial neste quesito. O governo de Stefan Löfvén seguiu o exemplo e anunciou medidas para que as companhias suecas listadas na bolsa garantam pelo menos 40% de mulheres em seus conselhos de administração. Segundo pesquisa do Instituto Ethos de 2010, as profissionais brasileiras ocupavam 13,7% dos postos de diretoria das empresas e eram raras nos respectivos conselhos de administração.

A diferença salarial, para funções equivalentes, também tem sido objeto de medidas públicas. Estudo da Escola de Comércio da Noruega calcula que, mesmo partindo de salários-base idênticos, o conjunto da mão de obra feminina nos países nórdicos é remunerado a um nível 15-20% inferior à força de trabalho masculina. Isso porque persiste uma grande variação de gênero entre setores, profissões e tempos de serviço entre gêneros, além da preponderância do trabalho em tempo parcial das mulheres na Escandinávia, como no restante do mundo.

Fora da esfera econômica, duas questões adicionais despertam nossa curiosidade brasileira: a propalada frequência do divórcio e a violência contra a mulher numa sociedade de tão grande tolerância e com políticas vanguardistas de educação social.

Na Suécia, desde 1920, nenhuma diferenciação jurídica é feita entre os direitos do homem e os da mulher no matrimônio, no sentido de que a esposa não deve estar submetida à autoridade do marido, à dependência financeira ou a preceitos masculinos de ordem moral. Cinquenta anos depois, na década de 1970, as estatísticas eram surpreendentes: um casamento em cada seis ou sete terminava em divórcio, sendo que, na capital, Estocolmo, essa média aumentava para um divórcio em cada quatro casamentos. As razões para a mais frequente dissolução da família explicava-se, em primeiro lugar, pela independência econômica das mulheres, tendo em vista que mais de 60% das casadas já exerciam uma atividade profissional fora do lar; em segundo lugar, pela crescente garantia oferecida pelo sistema de assistência social, que colocava as pessoas ao abrigo de imprevistos; em terceiro lugar, pela maior igualdade dos sexos nas oportunidades de educação superior e de habilitação profissional, de forma gratuita ou subvencionada pelo Estado; e finalmente, pela ampla difusão do uso de métodos anticoncepcionais. Neste início do século XXI, as diferenças nas taxas de divórcio entre as sociedades nórdicas e o restante do mundo ocidental são bem menos dramáticas. Os casais britânicos, franceses, espanhóis e portugueses se separam praticamente na mesma frequência do que os escandinavos. Em 2009, o IBGE revelou que houve um divórcio para cada cinco casamentos no Brasil.

A violência contra a mulher tem sido sinalizada como a ponta do *iceberg* de desejos reprimidos da sociedade pós-industrial, pós-moderna, "pós-tudo" que se identifica com o Estado de bem-estar nórdico ou, como se expressam os mais críticos, o "Estado-babá" (*nanny state*). O que se pode afirmar, no momento, é que as mulheres escandinavas reportam, com muito mais frequência do que a média europeia e mundial, os casos de violência, entendidos, *lato sensu*, como situações de constrangimento físico ou moral exercido sobre elas. Portanto, esse comportamento indica, em primeiro lugar, a existência de um ambiente social e policial propício à manifestação da mulher nos casos de queixas ou crimes de gênero. Em segundo lugar, a variedade das denúncias revela grande sensibilidade e intolerância da sociedade nórdica com relação a atitudes contra as mulheres.

Os que lamentam nos dias de hoje o esgarçamento do tecido da sociedade escandinava, urdido ao longo de décadas e décadas por políticas de *bem-estar* e de "engenharia social", ressaltam a constância do abuso sexual entre jovens sob a influência do álcool. Os casos de relações não consentidas normalmente acontecem em festas ou casa de amigos, entre amigos, mas num ambiente de forte ingestão de bebidas alcoólicas e das modernas drogas sintéticas.

Outro importante desafio para as políticas de igualdade na Escandinávia está relacionado à integração dos imigrantes não europeus e suas maneiras distintas de conceber os papéis do homem e da mulher dentro da família. Por exemplo, dois terços das crianças de 1 a 2 anos de idade em famílias de imigrantes não vão à creche e são cuidados em casa. Cada vez mais mulheres de origem imigrante trabalham em tempo parcial e dedicam mais horas ao trabalho doméstico. E a distância entre valores de remuneração masculina e feminina é, neste grupo, muito mais acentuada. Atualmente, os governos nórdicos incentivam as famílias de imigrantes a matricular os filhos nas creches, para que as mães tenham oportunidade de aprender o idioma, socializar-se e exercer uma profissão fora de casa.

PARADOXOS

O poderoso mito da mulher escandinava se construiu e se desenvolveu fora das sociedades nórdicas. Como vimos, numa época em que, na maior parte do mundo ocidental, tanto a lei quanto a moral e os bons costumes submetiam a mulher à autoridade do pai ou do marido e aquelas que optavam por uma vida autônoma e uma carreira profissional eram vistas com certa maledicência, as escandinavas já começavam a romper os moldes que lhes impunham papéis pré-determinados na família e na sociedade. Duas gerações atrás, elas começaram a adquirir independência financeira, oportunidades para evoluir no mercado de trabalho e a liberdade de levar uma vida sexual independentemente do casamento, desafiando as "leis naturais" até então impostas ao "sexo frágil".

Inversamente, dentro dessas mesmas sociedades, o mito da "mulher nórdica" era visto muito mais como um paradoxo do que como um espelho da realidade. Na prática, os escandinavos nunca foram extraordinariamente fixados em sexo e nudez; o mundo lhes retratou assim. Como em todos os outros países do hemisfério ocidental, antes de 1950 a nudez também não era aceita na esfera pública, na Escandinávia, sem fortes reações contrárias. Quando a educação sexual foi introduzida nas escolas e os primeiros filmes sobre contracepção e aborto foram exibidos, muitas vozes se opuseram a esse desenvolvimento, incluindo as Igrejas Protestante e Católica, lideranças parlamentares e associações.

Para os observadores estrangeiros, a impressão que fica é de que a liberdade sexual esconde, em igual medida, um conservadorismo das sociedades nórdicas, que é resultado de décadas e décadas de disciplina social e de controle racional pelo Estado de bem-estar. A ensaísta norte-americana Susan Sontag viajou para a Estocolmo em 1968 – por coincidência, ano de importantes revoltas políticas e sociais – com o objetivo de estudar a "nova" sexualidade escandinava e lá teria ficado decepcionada. Encontrou uma "imagem enganosa sobre a liberação sexual dos suecos", os quais, segundo ela, estavam mais obcecados pelo álcool e o alcoolismo.

O paradoxo entre liberdade e disciplina, tipicamente escandinavo, foi apresentado de maneira instigante pelos historiadores Nikolas Glover e Carl Marklund, das universidades de Uppsala e de Helsinque, num estudo com o título sugestivo de *Arabian Nights in the Midnight Sun* (*Noites da Arábia sob o sol da meia-noite*). Basicamente, eles introduzem uma comparação entre os estereótipos construídos por Hollywood – e disseminados ao redor do mundo no pós-Segunda Guerra – sobre a sensualidade no Oriente e na Suécia. Segundo Glover e Marklund, a sexualidade apresentada no Oriente hollywoodiano é não apenas remota como, também, retrógrada. Dançarinas exóticas em haréns no meio do deserto e miragens de orgias sob tendas árabes atiçam a imaginação dos espectadores, mas não chegam a representar um modelo de sexualidade para a juventude nos Estados Unidos ou na Europa. Por sua vez, a "democracia sexual" escandinava representa uma utopia passível de realização pela geração jovem do resto do mundo ocidental.

Ao serem indagadas sobre o assunto, as nórdicas respondem que estavam certas o tempo todo e que, agora, muito mais próximas de suas conquistas, a grande maioria das demais mulheres do mundo também lhes dá razão.

SETE MESES DE INVERNO, DOIS MESES DE VERÃO

"Nascido nos jardins da Touraine [...] agora vou ter que viver no país dos ursos, entre rochedos e geleiras." O lamento de René Descartes, um dos pensadores mais influentes da história ocidental e pai da filosofia moderna, pesou extraordinariamente sobre a imagem, em princípio fascinante, dos países nórdicos. Em 1649, o autor do *Discurso do método* aceitou o convite da rainha Cristina da Suécia para servir-lhe de tutor e estimular a produção intelectual na sua corte. Ao chegar a Estocolmo, no outono daquele ano, o filósofo francês deparou-se com uma rotina inclemente: audiências com a monarca todos os dias às 5 horas da manhã, apesar dos rigores do clima e da escuridão nas primeiras horas da madrugada. Sua saúde não aguentou muito tempo o frio invernal e Descartes logo faleceu de pneumonia em fevereiro de 1650.

Com frequência, a primeira indagação de um latino sobre a Escandinávia recairá sobre os mesmos temas: como se pode viver num lugar tão frio e escuro? Como disse o poeta Tomas Tranströmer, Nobel de Literatura de 2011:

> Noite às três da tarde, no inverno: isto não é de jeito nenhum adequado às exigências do corpo e da mente humana. A solidão, no escuro e no silêncio de uma noite de 18 horas... isso também é a Suécia! Velas acesas em todas as janelas. O dom da claridade feito aos vizinhos e aos transeuntes para lutar contra a ansiedade, contra a inospitalidade fundamental da natureza, quando tudo se torna escuro. Neste ambiente, a solidariedade é essencial para a sobrevivência, tanto mental quanto física.

Não se pode negar que há mais inverno do que verão nos países nórdicos. Algumas das maiores expressões da arte e do pensamento escandinavos tendem para a penumbra, a introspecção e a melancolia, como o teatro de August Strindberg, a pintura de Edvard Munch, o cinema de Ingmar Bergman, a música de Jean Sibelius ou a filosofia de Søren Kierkegaard, uma das fontes do existencialismo sartriano, que tão bem interpretou a angústia do ser humano diante do vazio radical da vida

44 | Os escandinavos

Oslo acumula entre 1 m e 1,50 m de neve a cada inverno, de dezembro a março, tornando uma necessidade cotidiana a limpeza de entradas das casas e das garagens com pás, máquinas ou tratores.

humana. No entanto, o sol e a claridade do verão boreal contribuem de igual maneira para a definição da "alma nórdica", na explosão lírica da sua poesia e das suas canções, no exercício de um hedonismo efêmero, numa sensação, enfim, de comunhão com a natureza.

A ideia de que o inverno é algo para ser desfrutado não encontra muitos adeptos no mundo. A maioria das pessoas associa as temperaturas negativas ao frio inclemente, às rajadas de vento gelado, às caminhadas mais curtas possíveis entre dois locais abrigados e ao volume de roupas, casaco, cachecol e luvas grossas.

Para os nórdicos, ao contrário, o inverno sempre foi encarado como um momento de intimidade, de serenidade e de convivência entre amigos. O prazer, por exemplo, de reunir-se ao redor da lareira, num cômodo suavemente iluminado por pequenas velas, nas mesas de canto e nos parapeitos, de abrigar-se em cobertores de lã ou peles de rena, de sentir o aroma de bolinhos de canela saindo do forno, do café bem encorpado ou do vinho quente enquanto, do lado de fora, os flocos de neve se acumulam nos parapeitos das janelas.

A "sensação de aconchego" é o que temos de mais próximo, em português, do conceito verdadeiro de *hygge*, em dinamarquês, *koselig*, em norueguês, e *mysig*, em sueco. Esses termos traduzem uma relação reconfortante, harmônica e satisfatória entre a pessoa e o seu entorno imediato, sem luxo ou ostentação. Um sentimento bem nórdico de se sentir protegido das tribulações do mundo exterior.

ALTAS LATITUDES E BAIXAS TEMPERATURAS

As capitais dos países nórdicos se situam na faixa entre 55° (Copenhague) e 64° (Reykjavík) de latitude Norte. Em comparação, Nova York está localizada a 40°N, Paris a 48°N e Anchorage, a maior cidade do Alaska, a 61°N. No hemisfério Sul, essas altas latitudes colocariam as principais cidades escandinavas além de Ushuaia, na Terra do Fogo argentina (54°S). A cidade do Chuí, no extremo sul do Brasil, atinge somente 33°S.

O Círculo Polar Ártico traça uma linha imaginária ao redor do planeta, no paralelo Norte 66º33'44", a partir da qual há pelo menos um dia por ano de noite absoluta no inverno boreal e pelo menos um dia inteiro de luz no verão ("sol da meia-noite").

As temperaturas médias variam entre 14°C no verão e -3°C no inverno na capital islandesa, entre 18°C e -8°C em Estocolmo e entre 15°C e -17°C no norte da Noruega. As mínimas chegam regularmente a -20°C na faixa de Oslo, Estocolmo e Helsinque; e a -30°C na Lapônia.

Na metade sul da Escandinávia, nos meses de novembro, dezembro e janeiro, o sol se levanta entre 7h e 9h da manhã e se põe entre 3h e 4h da tarde. Nas escolas, o horário de almoço é reservado ao momento de máxima claridade, a fim de permitir aos jovens maior exposição à luz solar. Já nos meses mais quentes do ano, de junho a agosto, a alvorada começa entre 3h e 4h da manhã e o ocaso entre 9h e 10h da noite. Nos dias de tempo bom, a iluminação do sol dura 17 a 19 horas. Ocorre uma lenta transição da luz para a penumbra, com fortes tons laranja e róseo na linha do horizonte, sem que o céu jamais escureça totalmente.

Nas regiões do norte, acima do Círculo Polar Ártico, o sol nunca se põe e permanece continuamente acima do horizonte nos meses de verão, criando o fenômeno do "sol da meia-noite". Em contrapartida, no inverno, dia e noite se confundem na escuridão.

O mar Báltico congela total ou parcialmente nos meses de outubro a março, apesar de seus 380 mil km² de extensão. O historiador romano Tácito já se referia à região escandinava como possuindo um "mar sólido". A bordo do *ferry* que liga

46 | Os escandinavos

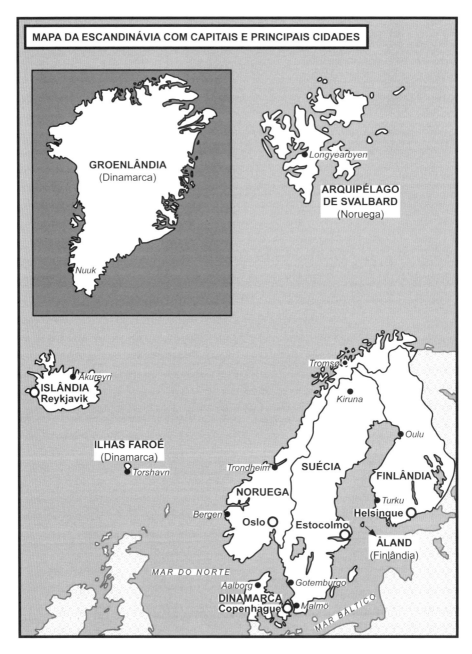

Com 1,2 milhão de km², a extensão continental de Dinamarca, Finlândia, Noruega e Suécia equivale à do estado do Pará. A Islândia está localizada a meio caminho entre a Europa e a América do Norte. As ilhas Faroé e a Groenlândia – maior ilha do mundo – são territórios autônomos do reino dinamarquês.

os portos de Estocolmo e Helsinque, é comum ter esta experiência de navegação sobre um manto branco de gelo, de ambos os lados da embarcação.

Para os nativos, o mar gelado se transforma em *playground* ou em via de comunicação: materiais de construção e equipamentos podem ser transportados por caminhão do litoral para algumas das centenas de ilhas costeiras; patinadores fazem longos passeios sobre o gelo. Mais do que isso, o mar gelado já foi no passado um aliado estratégico das tropas do rei Carlos Gustavo: uma decisão temerária que poderia ter terminado numa catástrofe.

O mar entre as ilhas do arquipélago de Estocolmo congela a ponto de permitir a prática de esportes de inverno, como hóquei no gelo, patinação a distância e patinação a vela, como na foto.

Em 1657, o monarca sueco liderava seu exército no território da Polônia quando a Dinamarca declarou guerra à Suécia. Carlos Gustavo decidiu, então, marchar de volta contra a Dinamarca. No início do inverno, as tropas suecas já tinham tomado a maior parte da península da Jutlândia, aquela área do país que está ligada diretamente à Alemanha. A questão que se colocava a seguir para o exército sueco era a de como atacar Copenhague, sem a ajuda de uma frota naval (a capital dinamarquesa está situada sobre a ilha da Zelândia e separada do continente por dois estreitos, o

Pequeno Bælt e o Grande Bælt). Havia registros de que o mar tinha congelado várias vezes, durante invernos particularmente rigorosos nos anos anteriores. O rei Carlos Gustavo ordenou que fossem medidas a solidez e a espessura da camada de gelo nos estreitos e, em janeiro de 1658, liderou seu exército em marcha sobre o mar congelado.

Conta o jornalista e historiador Herman Lindqvist que o embaixador francês, que estava sendo escoltado pelas tropas suecas, apresentou um relato dramático quando de seu retorno a Paris:

> Foi algo assustador atravessar o mar gelado à noite, com os cavalos marchando sobre a neve e a água a meio metro de altura, sentindo a cada instante o pavor de, em qualquer ponto, encontrar o mar aberto [...] o frio era tão intenso que você tinha que abrir com machados os tonéis de vinho e partir o pão, para engolir pedaços pequenos que eram aquecidos na própria boca.

A sorte estava do lado do rei sueco, que pôs em risco seu trono, a vida de milhares de soldados e o principal de seu exército. Carlos Gustavo chegou às proximidades de Copenhague em fevereiro de 1658 e negociou um acordo de paz. Como resultado, as províncias de Skåne, Blekinge e Halland hoje integram a região sul da Suécia.

UM TIPO DE *BLUES*

Pode parecer uma contradição, mas ainda nos meses de maior escuridão, o inverno está repleto de uma luminosidade suave, indireta, que parece irradiar-se do extenso cobertor de neve. Os minúsculos cristais de gelo que formam a neve constituem uma das substâncias mais refletivas da natureza. Uma pequena quantidade de luz pode ser muitas vezes ampliada à medida que reverbera nas reentrâncias geladas desses cristais, como num jogo de milhares de ínfimos espelhos. A combinação da neve branca com o luar, em noites de céu limpo, é capaz de clarear os caminhos de maneira muito mais efetiva do que a iluminação artificial das cidades. Não poderá haver melhor ambiente para a prática do esqui nórdico após o trabalho (também conhecido como esqui *cross-country*: longo passeio de vários quilômetros ou maratona sobre esquis leves e delgados, em que o praticante se move com a ajuda de bastões).

Fenômeno mais encantador ocorre ao cair da tarde, ou quando o sol de inverno cruza pouco acima do horizonte, e grandes superfícies nevadas refletem a luz azulada do céu, em tons cada vez mais profundos, como a emanação de uma lâmpada fluorescente de neon. É a chamada "hora azul", que causa aquele efeito nostálgico característico também da musicalidade do *blues* e do *jazz*, aliás, muito bem representados na Escandinávia pelo baixista dinamarquês Niels-Henning Ørsted Pedersen, pela cantora sueca Alice Babs e pelo compositor norueguês Bugge Wesseltoft, entre tantos outros.

À LUZ DE VELAS

*Quando a escuridão é densa
E quase nada vemos
Apenas percebemos
A presença e a afinidade com a terra...
Então é maravilhoso acender uma vela.*

De maneira tão simples, o poeta Erik Granvik expressou a sensação de dependência extrema e de atração da alma escandinava pela luminosidade natural, rarefeita no inverno, e pela chama despretensiosa de uma vela acesa.

Um dos costumes que mais chamam a atenção dos que visitavam países do norte da Europa é a profusão de velas acesas dentro e fora das casas, restaurantes, bares, cafeterias e até escritórios: à mesa, nos parapeitos das janelas de todos os aposentos, no hall de entrada, nos banheiros, nos lustres e candelabros, no portão do jardim, nos caminhos de pedra ou em luminárias transparentes penduradas dos galhos das árvores. Todo e qualquer cômodo ostenta uma coleção de porta-velas, sobretudo pratinhos e cristais de suporte para as *mysljus* ou *tea-lights* (pequenas vasilhas de alumínio que retêm a cera derretida com o calor da chama). No exterior, casas, bares e restaurantes acolhem visitas e clientes com uma vereda de potes ou tochas com substância inflamável e resistente ao vento, fincados na neve.

Um olhar panorâmico por qualquer cidade nórdica oferece uma constelação de minúsculos pontos de luz trêmulos como estrelas, as quais raramente podem ser observadas no céu encoberto dos meses de inverno. Sua função principal não é iluminar, ou mesmo produzir um efeito romântico, mas gerar um foco de luz viva, natural, quente, aconchegante.

Não existe uma casa nórdica sem luz de vela. Em qualquer lugar do mundo. Antes de fazer minha mudança de Londres para Montevidéu, no final dos anos 1990, fui à compra de grandes quantidades de *mysljus* na IKEA de Brent Cross. Vendidas em pacotes de cem unidades, creio que cheguei ao caixa com cerca de vinte sacos. Uma "razoável" reserva de velinhas para passar algum tempo na América Latina, onde eram, à época, inexistentes. O caixa perguntou à minha esposa se íamos abrir um restaurante. "Não, é que eu sou sueca". "Ah, entendi...".

CARNAVAL NO CÉU

A Universidade de Tromsø, a 69°N e 1.150 km em linha reta a partir de Oslo, detém o título de principal instituição de ensino superior no "topo do mundo". Com sete faculdades nas áreas de Ciências Sociais, Exatas e Medicina, situa-se na faixa da Federal do Rio de Janeiro pelo *ranking* QS das melhores universidades do mundo. Empenha-se, com especial dedicação, no estudo sobre o Ártico, zona que vem sendo afetada sobremaneira pela mudança do clima global e pelo aquecimento da atmosfera por motivo da crescente emissão de gases de efeito estufa. Visitei a UIT em quatro ocasiões, para palestras e encontros sobre o clima, sendo que duas vezes em pleno inverno, quando a noite dura de 21 de novembro a meados de janeiro. A certa distância da cidade, pode-se avistar um dos mais belos fenômenos da natureza: a aurora boreal (*nordlys*).

A visão da *nordlys* requer um espírito aventureiro e uma boa dose de sorte. A escuridão total é imprescindível à percepção das sutis tonalidades de verde, vermelho e violeta, que se mesclam numa espécie de chuva de cores ou atravessam o domo celeste em rajadas repentinas. O trajeto da cidade até os locais de observação pode ser tradicionalmente feito em trenós puxados por renas ou por cães huskies ou, ainda, sobre *snowscooters*. De todas as formas, a proteção contra o vento e o frio deve ser a melhor possível, não somente em função do trajeto, mas também pelo tempo de espera no ermo, sobre um terreno elevado ou um lago congelado. Afinal, o sucesso da empreitada depende de uma combinação de fatores pouco previsíveis: céu descoberto, baixa claridade lunar e, sobretudo, um ciclo de atividade solar que atinja mais intensamente o campo magnético da Terra.

Dentre as maravilhas do mundo natural, curiosamente a *nordlys* é o único fenômeno que *quase* não pertence ao nosso mundo. A aurora polar espelha a manifestação visível do impacto das partículas carregadas expelidas pelo Sol sobre o campo magnético que protege a Terra da radiação do espaço. Ao entrar em contato com esse campo magnético, as partículas são direcionadas para os polos terrestres – que funcionam como os de um ímã – e entram em colisão com as moléculas de gás da alta atmosfera. Em função da altitude e da quantidade de oxigênio e azoto na atmosfera, os reflexos brilhantes dessas colisões aparecem aos nossos olhos numa mescla de cores vivas de verde, azul e amarelo. O mesmo fenômeno ótico ocorre no hemisfério Sul (aurora austral).

A beleza da aurora boreal cativou o imaginário dos povos nórdicos antigos, tendo sido interpretada como reflexos no céu das chamas que ardiam além dos oceanos que circundavam as terras conhecidas; ou a manifestação de espíritos do além; ou o brilho dos escudos das valquírias; ou ainda, na antiga Finlândia, as faíscas que soltavam os pelos das raposas quando elas corriam às centenas nas montanhas do norte.

NÃO EXISTE TEMPO RUIM...

...somente roupas inadequadas!

Este provérbio se aplica cotidianamente na Escandinávia, tanto no verão como, sobretudo, nas estações intermediárias e no frio do inverno. O "vestir-se em camadas" faz parte da educação de pais e filhos, assume níveis profissionais na prática de esportes e leva todos os estrangeiros originários de países quentes a compenetrados estudos de guias, catálogos e etiquetas nas lojas de roupas.

Basicamente, a "estratificação" de vestimentas busca assegurar uma regulação eficaz da temperatura e da umidade natural do corpo com relação ao meio externo. Mais ou menos peças de roupa podem ser utilizadas durante o passeio ao ar livre ou dentro de um ambiente fechado.

A primeira camada deve ser fina e estar bem ajustada ao corpo, a fim de poder conduzir o excesso de calor e de suor da pele para a camada de roupa imediatamente superior. Ceroulas e camisetas de manga longa feitas de lã ou de novas fibras sintéticas com propriedades antialérgicas são recomendadas. Roupas íntimas de algodão devem ser evitadas, pois absorvem e acumulam a umidade do corpo.

A camada mediana, mais espessa e um pouco menos justa ao corpo, serve à proteção em caso de frio moderado. Geralmente, as peças de roupa que fornecem este tipo de isolamento são fabricadas em lã ou *fleece*, um tipo cada vez mais comum de tecido de flanela sintética, leve, macio e suave ao tato.

Por último, a camada externa – a "casca" – será composta por um casaco ou macacão peça única que proteja o usuário do impacto do frio, do vento e da umidade exterior. Alguns detalhes são importantes, como o tamanho dos bolsos (grandes, para caber as mãos com luvas), zíper ou velcro ao invés de botões (muito mais práticos de abrir e fechar no frio, com luvas) e a possibilidade de regular a abertura nas axilas (para fins de ventilação).

Os chamados acessórios – necessários, diga-se de passagem – compõem o departamento mais diversificado da moda inverno: meias (sempre de lã, nunca de algodão; fina ou grossa, mas nunca uma em cima da outra), bonés (com protetor de ouvidos), cachecóis, luvas (de dedos ou *mitten*) e eventualmente um gorro ou balaclava, que protege cabeça e rosto.

Para evitar escorregões e quedas nas calçadas geladas e nos passeios, instalam-se solados de borracha e pregos nas botas de inverno.

Botas impermeáveis da melhor qualidade são absolutamente essenciais. Os pés estão permanentemente em quase contato com o frio intenso, a não mais do que a dois ou três centímetros do chão congelado. As novas membranas sintéticas permitem a confecção de modelos relativamente mais elegantes do que os volumosos *moonboots* de espuma que eram usuais nos anos 1980.

Nos períodos em que a temperatura varia em torno de 0°C, as calçadas se tornam escorregadias como verdadeiros rinques de patinação no gelo. Nesses casos, a única maneira segura de caminhar, mesmo assim com bastante cuidado, para evitar quedas doloridas e perigosas, implica na instalação de mais um acessório, que os noruegueses chamam de *brodder*, em ambas as solas dos sapatos e botas. Trata-se de um apetrecho de borracha resistente, mas elástica, que se ajusta ao formato da sola e que incorpora um conjunto de "pregos", como nos sapatos de golfe ou como uma chuteira mortífera!

O BEBÊ NÃO VAI CONGELAR?

Cena: inverno, -5°C. Dentro da *delicatessen*, uma dúzia de mães bebendo chocolate quente e comendo bolinhos de canela, enquanto conversam animadamente. Do lado de fora, uma dúzia de carrinhos, alguns duplos, com os respectivos bebês, dormindo.

Se sua reação foi "essas mães não têm coração" ou "esses vikings são mesmo loucos", você ainda precisa passar um período de férias na Escandinávia; no inverno, não no verão. Aquela cena é tão comum que a exposição das crianças ao ar

Desde pequenas, as crianças escandinavas se habituam a vestimentas em três camadas de lã e com cobertura contra vento, frio e umidade. Além disso, os bebês são protegidos por cobertores de lã de cordeiro (*voksipose*) quando passeiam no carrinho ou de trenó.

livre – com as necessárias proteções – faz parte do aprendizado do "*Nordic way of life*". Afinal, eles vêm fazendo isso há dois milênios.

A tese por trás do "soninho" ao ar livre, seja em julho seja em dezembro, é que as crianças pequenas estarão menos propensas a pegar resfriados do lado de fora do que num ambiente fechado e repleto de pessoas. Essas crianças estão bem protegidas em seus carrinhos e não estão sentindo frio. Muitos pais (brasileiros residentes nos países nórdicos, inclusive) juram que seus filhos dormem melhor e por mais tempo ao ar livre. As precauções básicas são as seguintes: temperatura acima de -10°C; um bom saco de dormir para bebês (de lã de ovelha macia e quente por dentro, com material isolante por fora); cabeça, mãos e pés dos bebês protegidos por peças de lã; e, claro, o uso do aparelho de monitoramento remoto do tipo babá eletrônica. Atenção: nunca cobrir o carrinho com um cobertor de lã, que impede a ventilação da criança.

No dia seguinte ao parto de nosso terceiro filho, no Rikshospitalet de Oslo, em fevereiro de 2008, eu e minha esposa ouvimos com atenção a explicação rotineira dada pela enfermeira sobre como proteger o bebê nas primeiras caminhadas após a saída da sala de parto. Entre outras coisas, a enfermeira recomendou aguardar cinco dias após o parto para esquiar com o neném (esqui nórdico, a passeio; não alpino, suscetível a quedas), em saídas curtas, para a criança ir se acostumando!

LÃ NÓRDICA

Os nórdicos têm uma relação histórica com a lã como elemento fundamental de sobrevivência em suas próprias terras e mares. É a matéria-prima natural mais adaptada às condições de vida locais.

Na Islândia, o tricô goza do *status* de passatempo nacional e, até a industrialização do país, a lã em novelos foi o segundo produto de exportação, após o pescado. O *lópi* (novelo de lã) islandês é composto de duas fibras diferentes, resultantes da tosa da ovelha islandesa, cujos velos têm duas camadas, uma de fibras longas e duras (impermeáveis) e outra de fibras macias (isolantes). Com a combinação desses dois tipos de velos, os islandeses fabricam o seu tradicional *lópaleysa*, um suéter de lã quente e impermeável, tanto assim que eram usados pelos pescadores em alto mar.

Os padrões dos suéteres são muito variados e, como na tradição escocesa, podem estar vinculados historicamente a um determinado povoado ou família. O clássico *suéter Marius* leva o nome do norueguês Marius Eriksen, piloto de *Spitfires* na Segunda Guerra, prisioneiro num *stalag* alemão, campeão de esqui e ator. O suéter que ele vestiu num de seus filmes tornou-se o modelo mais popular do país, tão identificado com a imagem da Noruega quanto o calçadão de Copacabana em relação ao Rio de Janeiro.

DEPRESSÃO E SUICÍDIO

Um dos mitos mais persistentes com relação à Escandinávia, e à Suécia em particular, é o de que essas sociedades apresentam os mais altos índices de suicídio do mundo. Os argumentos são geralmente buscados no clima rude e na falta de luz durante os meses de inverno, com a agravante da "monotonia" causada pela generosidade dos benefícios concedidos pelo Estado-providência "do berço ao túmulo". Os pesquisadores escandinavos são rápidos em apresentar-nos os respectivos esclarecimentos.

Com efeito, na década de 1980, a taxa de suicídio na Suécia era alta (16 por 100 mil habitantes), mas ainda assim inferior aos índices apresentados por alguns países asiáticos, como o Japão (20 por 100 mil habitantes). Já em 2014, a Suécia se situava abaixo da média europeia, com taxa anual próxima a 12 suicídios por 100 mil habitantes. A queda na taxa de suicídio resulta, em grande medida, da disseminação de informação e da melhor formação de profissionais com vistas à detecção preventiva de sintomas de depressão e de tendências suicidas no ambiente escolar, de trabalho e nos centros médicos. Uma comparação com outros países desenvolvidos: Japão e Coreia do Sul exibem taxas ao redor de 30 suicídios por 100 mil habitantes; em seguida, vem um grupo no qual Finlândia, Islândia e Suécia ocupam junto com, por exemplo, Chile e Estados Unidos, a faixa de 12 a 15/100.000; mais abaixo, Noruega, Dinamarca, Austrália e Portugal, com 8 a 11/100.000. No Brasil, a taxa de suicídio se situa em aproximadamente 6/100.000 habitantes/ano.

Note-se que esse levantamento ainda sofre distorções em função das práticas relacionadas com a definição, em cada país, da morte por comportamento suicida (antes ou depois do ingresso no hospital, se derivado ou não de uma enfermidade etc.), inclusive por motivos religiosos. Um dos grandes desafios estatísticos é levar em conta as maneiras com que os diferentes sistemas médico-hospitalares diagnosticam a doença mental e o estado depressivo de um paciente.

O suicídio continua sendo uma grande preocupação na Suécia (e nos países nórdicos em geral) porque ele é a principal causa das mortes entre homens de 15 a 55 anos, contabilizando 30,1% dos casos. Trata-se de um país em que os homicídios causam somente 1,8% das mortes de pessoas do sexo masculino nesta mesma faixa etária e os acidentes de trânsito provocam 8,8% dos casos fatais.

Contrariamente ao juízo popular, a taxa de suicídios é menor no inverno. Levantamento publicado em 2012 pela *Revista Psiquiátrica da Escandinávia* concluiu que o número de suicídios é mais elevado na primavera do hemisfério Norte, entre maio e junho. No entanto, no inverno muitos nórdicos sofrem do chamado transtorno afetivo sazonal (SAD), um tipo de depressão que tem a ver com a insuficiência de luz solar, e que atinge mais as populações do norte dos países escandinavos. Os sintomas estão normalmente relacionados com preguiça e perda de disposição para o trabalho e para atividades sociais, irritação, falta de atenção e abatimento. Para combater esse tipo de depressão, a medicina tem recomendado uma terapia de luz, um método de exposição a lâmpadas artificiais que emitem luminosidade equivalente à luz do sol, em um dia de verão. O uso desses aparelhos portáteis, do tamanho de um tablet, já se tornou comum nas residências (para uma sessão matinal de 20 minutos de banho de luz) e nas mesas dos escritórios (para outra sessão na hora do almoço).

Algumas compensações financeiras facultam a esses moradores investir em períodos de folga no Mediterrâneo ou no Caribe. Por exemplo, os noruegueses que vivem nas províncias setentrionais de Troms e Finnmarka pagam menos imposto de renda (alíquota 3,5% inferior), menos taxas (por kWh de eletricidade), recebem adicional de R$ 1.800 por ano de salário-família, obtêm desconto de R$ 12.000 no empréstimo estudantil e podem levantar mais R$ 50.000 de crédito bancário com as mesmas garantias do restante da população. Para terminar a conversa, aludem os colegas nórdicos às posições dos seus países na classificação do famoso Relatório Mundial da Felicidade da ONU/Universidade de Columbia, que procura medir a "satisfação com a vida" de cada população. O *ranking* de 2016, encabeçado pela Dinamarca, tem em 2° Suíça, 3° Islândia, 4° Noruega, 5° Finlândia, 6° Canadá, 7° Holanda, 8° Nova Zelândia, 9° Austrália e 10° Suécia. O Brasil, com todos os problemas que nosso povo enfrenta, ocupa a 17ª colocação.

ÁLCOOL: MONOPÓLIO DO ESTADO

Os países nórdicos, à exceção da Dinamarca, mantêm rígido controle da comercialização avulsa de bebidas alcoólicas por intermédio de empresas estatais relativamente antigas: Systembolaget (Suécia), Vinmonopolet (Noruega), Alko (Finlândia), Vínbudín (Islândia). Esta política monopolista se baseia na percepção da sociedade de que o álcool é um produto com impacto negativo na saúde e segurança públicas e que o aumento de seu consumo tem consequências diretas sobre comportamentos antissociais. Mesmo sob a pressão da União Europeia, os nórdicos lograram conservar seu sistema à margem dos princípios do livre mercado.

A restrição ao consumo do álcool na Escandinávia esteve historicamente vinculada aos movimentos sociais, religiosos ou não, em favor da educação das famílias e dos trabalhadores. A impossibilidade de produzir vinho em terras escandinavas levou a população (9 milhões, por volta de 1830) a consumir maiores quantidades

Sete meses de inverno, dois meses de verão | 57

Finlândia (acima), Noruega (ao lado) e Suécia (ao lado e abaixo) mantêm estrito controle da venda de bebidas alcoólicas à população através de uma rede limitada de lojas operadas pelo Estado.

de aguardentes: *brennevin*, *akvavit*, *sprit*, *vodka* etc. Ao término da Primeira Guerra Mundial, a Noruega realizou referendo sobre a proibição da venda de destilados no país e, em 1922, o governo fundou o Vinmonopol, até hoje distribuidor único de bebidas alcoólicas no varejo. Na Finlândia, a distribuição e o consumo de bebidas alcoólicas foram proibidos entre os anos 1919 e 1932. Em 1915, a Islândia votou pela proibição da venda e do consumo de álcool. Consta que esse embargo começou a ceder, por volta de 1921, pela pressão dos espanhóis e portugueses, grandes compradores do bacalhau pescado pelos islandeses, que queriam, em troca, mercado para seus vinhos. A cerveja voltou a ser consumida na ilha somente após março de 1989 – uma "queda do muro", antecipada, para a grande maioria da população. Nas ilhas Faroé, território autônomo vinculado à Coroa dinamarquesa, todo consumo de álcool foi interditado até 1992. Alguns anos antes, uma família de amigos suecos, os Carler, chegou de barco a vela na capital Tórshavn no dia de verão em que os feroeses festejavam a Vigília de Santo Olavo (Ólavsøka), única data em que a ingestão de bebida alcoólica era, ostensivamente, permitida, e viram com certo espanto: velhinhas embriagadas empurrando o carrinho de seus netos, gente dormindo pelos caminhos, alegres bandos sem direção – toda uma cidade, um país ébrio por um dia!

Tomemos como exemplo o Systembolag sueco para ver como funciona na prática o monopólio estatal do álcool. Essa rede nacional de 400 lojas monopoliza a venda avulsa (fora de bares e restaurantes) de cervejas com teor alcoólico superior a 3,5% por volume e de qualquer outra bebida com gradação alcoólica acima de 2,25% por volume. Apenas as cervejas leves, de categorias I e II, podem ser vendidas em supermercados, mesmo assim só até às18h. As lojas do Systembolag ficam abertas das 10h às 18h nos dias de semana e das 10h às 14h nos sábados; não abrem aos domingos. No passado, essas lojas ficavam fechadas durante todo o fim de semana e, a partir das quatro horas da tarde de sexta-feira, só se ouvia na cidade o tilintar de garrafas em sacos plásticos carregados pelos passageiros nos ônibus, metrôs e bondes: *clink-clink-clink*... A idade mínima para compras no Systembolag é de 20 anos e, para consumo em bares e restaurantes, a idade mínima é de 18 anos.

A (má) fama dos nórdicos com relação ao alcoolismo não se reflete nas estatísticas internacionais. Dados da Organização Mundial da Saúde demonstram que o consumo de álcool puro por habitante nos países escandinavos varia de 9,8 litros por ano na Islândia a 17,5 na Finlândia. Em média, ele é inferior ao da Rússia (23,9), Portugal (18,7), França (17,8), Alemanha (16,8) e se assemelha muito ao do Brasil (13,6). A grande diferença, porém, está no fato de que na França, por exemplo, a ingestão do álcool é distribuída durante toda a semana ao passo que, na Escandinávia, quase toda a bebida é consumida entre sexta e domingo.

Segundo projeções da rede de institutos suecos de saúde pública, o fim do monopólio poderia aumentar o consumo de álcool de 14% a 29%. Até o impacto sobre as taxas de acidentes e de criminalidade foram estimados, na hipótese de comercialização por supermercados e outros varejistas: mais 1.580 mortes por ano relacionadas à ingestão de bebidas alcoólicas, mais 250 acidentes fatais, mais 290 suicídios, mais 40 homicídios e mais 40% de dias não trabalhados – sendo que os maiores prejudicados seriam os grupos de consumidores jovens e daqueles que já consomem álcool em grandes quantidades.

Consultados recentemente, 90% dos finlandeses defenderam a manutenção da venda exclusiva pela Alko das bebidas de alto teor alcoólico. Contudo, uma fração bem menor, de 60% dos entrevistados, ainda se mostrava de acordo com o monopólio estatal no comércio de vinhos e cervejas.

O que mais causa espanto aos visitantes é o preço salgado da bebida alcoólica na Escandinávia. Uma garrafa de vinho que custa cerca de 3 euros na França é vendida pelo equivalente a 100 coroas na Suécia ou na Noruega, ou seja, 12 euros – um preço quatro vezes superior. Em média, dois terços do preço da bebida na Escandinávia é formado por impostos. Disso deriva a verdadeira obsessão nórdica pelos *free shops* nos portos e aeroportos, onde se formam filas infindáveis nos caixas e cada família contabiliza, distribui e redistribui os limites disponíveis para cada membro entre cervejas, vinhos, licores e uísques.

Triste, no entanto, é o costume de uma minoria, não tão pequena assim, que faz a viagem de navio entre Dinamarca, Suécia, Finlândia, Noruega e Alemanha com o propósito exclusivo de se embriagar à vontade. Os *ferries* noturnos oferecem a oportunidade para o consumo de bebidas alcoólicas isento de taxas e de maneira praticamente irrestrita a bordo. Para muitos, o interesse se restringe, infelizmente, somente às travessias de ida e de volta, na mesma embarcação.

ECLOSÃO LÍRICA DA PRIMAVERA

Não há dúvida de que a melhor experiência das estações bem definidas do ano é a emoção renovada a cada primavera com o ressurgimento da natureza em todo o seu esplendor. A cada latitude, os primeiros verdadeiros dias de primavera anunciam uma explosão de cantos dos pássaros, o rebuliço de esquilos e outros pequenos animais, a eclosão de brotos nos galhos das macieiras, pereiras e ameixeiras, o progressivo alongamento dos dias em relação às noites.

A poesia lírica e sua constante referência à sentimentalidade humana em relação à natureza constitui uma tradição essencial da literatura nórdica. Seus

versos livres, sem estrofes, refletem a exaltação dos sentidos diante do frenesi da primavera e do verão escandinavos. As mais tradicionais canções populares falam da natureza, do mar, do verão, como de um personagem e não apenas como um pano de fundo para o amor. O compositor sueco Evert Taube – de estatura semelhante aos nossos Vinicius de Moraes e Dorival Caymmi – é um clássico nesta arte (pena que a tradução reproduza mal o valor do original): "na ilha em flor / onde as ondas quebram na praia / e o mato balança ao vento / o aroma do feno ceifado / sopra às vezes na minha direção" [...] "janelas abertas na noite de verão / flores perfumadas / a água da baía reflete da lua / uma luz ruborizada / sobre a floresta de Ingarö" [...] "venha, vamos rumo ao perfume das flores / ao brilho e às nuanças / da terra dos sonhos".

    O litoral recortado da Escandinávia é também uma região de praias, muitas de areia, como no sul da Suécia e na Dinamarca, outras de rocha antiga e lisa, trabalhada ao longo das eras geológicas pelo peso e o movimento das geleiras que cobriram todo o norte da Europa. Uma das praias de Malmö, Ribban, se estende por 2,5 km de costa. O litoral dinamarquês ostenta 100 km quase ininterruptos de praias de areia branca.

    Ao contrário do Brasil, a diversão litorânea não se limita à praia. Afinal de contas, os nórdicos sempre foram um povo marítimo. Estão distribuídas pelos quatro países escandinavos dezenas de milhares de ilhas (em bem menor grau na Islândia), nas quais já foram construídas cerca de dois milhões de casas de veraneio. Dependendo do país, 30% a 50% das famílias são proprietárias desse tipo de segunda residência.

Depois de um longo inverno, os escandinavos aproveitam o sol da primavera boreal do lado de fora de cafés e restaurantes.

Nesse contexto, mais do que um esporte, a navegação a vela ou a motor faz parte natural da vida. Finlândia, Noruega, Suécia e Dinamarca possuem, em conjunto, a maior quantidade de barcos de passeio por habitante do que qualquer outra região do mundo, apenas comparável à Nova Zelândia. Enquanto as marinas brasileiras abrigam cerca de 70 mil barcos de passeio, somente a Suécia contabiliza mais de 880 mil.

Faltaria com a verdade se não recordasse o quanto aproveitei a pequena piscina de nossa casa nos arredores de Estocolmo quando era adolescente. Porém, sempre aquecida. E com o corolário de, no final do mês de setembro, esvaziar a piscina, recobri-la de dezenas de tábuas grossas, nos dois sentidos, lateral e longitudinal, antes de poder revestir toda esta armação de madeira de um toldo de lona grossa, amarrado pelas bordas da piscina. Nos anos 1970, essa era a maneira engenhosa e disponível para proteger a piscina do volume de neve acumulada no inverno e evitar rachaduras pelo efeito do congelamento das paredes. Não se tem uma piscina na Escandinávia impunemente!

Mais adiante no livro, veremos em detalhe as opções escandinavas de lazer durante o verão, suas festas e principais costumes culinários.

DIVERSIDADE NA FAMÍLIA NÓRDICA

Vistos de mais perto, os nórdicos não são todos iguais. Há uma diversidade de tipos físicos, de idiomas e de culturas por trás da unidade histórica e climática.

A geografia física dos países tem seu grau de influência sobre a relação entre os habitantes e o ambiente em que vivem. As planícies da Dinamarca e do sul da Suécia se contrapõem ao relevo montanhoso e entrecortado de fiordes da Noruega, que durante séculos determinou o isolamento de suas comunidades. As extensas florestas da Finlândia e do norte da Suécia foram fontes de uma atividade produtiva que nunca esteve disponível aos islandeses, inteiramente voltados para o oceano.

O tamanho dos cinco países nórdicos difere numa razão de um para dez, em território, e de um para trinta em população.

	Área (x mil km²)	População (x mil hab.)	Área (comparada)	População (comparada)
Dinamarca	43	5.659	Rio de Janeiro	Santa Catarina
Copenhague		1.990		Curitiba
Aarhus		324		Boa Vista
Finlândia	338	5.474	Maranhão	Santa Catarina
Helsinque		1.420		Goiânia
Tampere		389		Rio Branco
Islândia	103	325	Pernambuco	Roraima
Reykjavík		209		< Palmas
Akureyri		18		Lambari (MG)
Noruega	385	5.136	2x Paraná	Santa Catarina
Oslo		1.502		Porto Alegre
Bergen		403		Florianópolis
Suécia	450	9.747	2x São Paulo	Rio Grande do Sul
Estocolmo		2.198		< Belo Horizonte
Gotemburgo		970		São Luís

64 | Os escandinavos

Essas cinco populações – além dos habitantes dos territórios autônomos das ilhas Faroé, Åland e Groenlândia – se servem do conceito geográfico de *norden* (o Norte) para caracterizar a região geográfica em que vivem. *Norden* também é o nome dado à instituição de cooperação regional criada em 1952. Com efeito, a região nórdica é mais ampla do que o território da península escandinava. Contudo, a preferência neste volume pelo termo "escandinavos" advém da constatação de que o patrimônio histórico, político, econômico, religioso e cultural desses povos possui uma raiz comum, em grande medida, e evoluiu dentro de parâmetros razoavelmente uniformes ao longo do tempo. A combinação dessas características confere aos escandinavos uma identidade coletiva, apesar das particularidades locais.

Sempre existiu entre os nórdicos uma relação de antagonismo em função das rivalidades entre as coroas e das guerras territoriais. Durante longos períodos, a Dinamarca reinou sobre o sul da Suécia, a Noruega e a Islândia; e a Suécia dominou a Finlândia e também a Noruega. Todos, porém, foram rapidamente convertidos ao cristianismo entre os séculos X e XII e, trezentos anos mais tarde, adotaram uniformemente o protestantismo de confissão luterana.

A conversão dos vikings ao cristianismo ocorreu de maneira relativamente tardia no contexto europeu e foi resultado de um conjunto de fatores. Em função das viagens de pilhagem e, no momento seguinte, de ocupação de territórios nas ilhas britânicas, na costa ocidental da Europa e na proximidade do Império Bizantino, os vikings travaram conhecimento íntimo com povos e culturas cristãs. O enorme êxito – e riqueza – da religião cristã, presente do Oriente ao Ocidente da Europa (à exceção da península ibérica), impressionou os chefes vikings. O Deus cristão parecia ser mais poderoso do que as divindades pagãs. Rolão, conquistador da Normandia (911-927), se converteu ao cristianismo praticado pelos francos; Olaf Tryggvason, que lutou na Inglaterra, levou a fé cristã para a Noruega quando foi coroado rei em 995; Harald Dente-Azul converteu-se no ano 960 pela mão de um missionário germânico e introduziu o novo credo no seu reino da Dinamarca.

No plano político, a adoção do cristianismo teve o efeito colateral de facilitar a administração dos reinos nascentes e permitir a consolidação do poder em uns poucos soberanos escandinavos, incontestáveis, coroados por "direito divino". Naquela época, a religião do soberano ou do chefe de clã se transmitia obrigatoriamente a seus súditos. Naturalmente, esse processo tomava algum tempo e durante décadas a religiosidade popular mesclou práticas cristãs com hábitos e símbolos da crença antiga. O clero medieval desempenhou papel indiscutível na instrução e na organização da burocracia dos novos reinos cristãos, aproximando-os progressivamente do modelo da Igreja, centralizada, bem estruturada e alfabetizada.

Construídas com longas toras de madeira na vertical, as igrejas católicas escandinavas da Idade Média (*stavkirke*) ainda apresentavam elementos arquitetônicos e decorativos típicos da cultura viking pagã.

A cristianização da Escandinávia gerou um tipo de arquitetura religiosa singular: a *stavkirke*, igreja inteiramente construída em madeira, entre os anos 1000 e 1300, no molde cristão, mas com adornos tipicamente herdados da arte pagã dos vikings (dragões, serpentes, entalhes simétricos e intricados). Algumas dessas igrejas se mantêm em pé até hoje e são preservadas para culto e visitação, a maioria na Noruega.

Trezentos anos mais tarde, a reforma protestante também foi absorvida rapidamente pelas monarquias dinamarquesa e sueca, entre 1523 e 1537, e o luteranismo tornou-se a confissão religiosa dominante nos reinos da Dinamarca-Noruega-Islândia e Suécia-Finlândia no início do século seguinte. O luteranismo oferecia aos governantes escandinavos a grande vantagem de unificar, sob o único soberano, o poder temporal e a chefia das novas igrejas nacionais, sem interferência da cúria romana. Além disso, o confisco das terras e propriedades mantidas pela Igreja Católica rendeu uma base financeira sólida para a monarquia protestante. Estima-se que, na Suécia, mais de 20% de campos aráveis e outras riquezas antes pertencentes a bispados e monastérios católicos no país foram transferidos para o tesouro real. Rendeu, por outro lado, às comunidades nórdicas, uma mentalidade prática e uma preocupação ética com o valor da educação e do trabalho, em detrimento de manifestações externas de *status* social.

Uma comparação com a índole dos habitantes de alguns estados brasileiros ajuda a compreender os traços distintivos da personalidade de cada povo nórdico. Em termos gerais, os dinamarqueses se assemelham aos cariocas, supostamente mais alegres, descontraídos e brincalhões, por viverem no clima mais ameno da Escandinávia. Os suecos têm parentesco com os paulistas, trabalhadores, de maneiras formais e convencidos da grandeza histórica de seu país. Os noruegueses são mineiros, de origem camponesa, mais quietos e desconfiados. Os finlandeses possuem traços de caráter dos nortistas, práticos, intimamente vinculados à natureza e com fama de trabalhadores pé de boi. Por fim, os islandeses formam uma categoria à parte neste tipo de analogia, já que não temos uma grande ilha isolada e habitada no Brasil. Sozinhos no meio do Atlântico Norte, eles abraçaram um estilo de vida original, independente e muito informal.

SÁMIS: INDÍGENAS DO NORTE

Nem todos os escandinavos são louros de olhos azuis. A região norte da Finlândia, Noruega e Suécia tem sido ocupada nos últimos dois mil anos pelos povos sámis, originários de uma antiga migração humana a partir da Sibéria, na direção da Escandinávia. Os sámis, em número de 100 mil a 120 mil, são indígenas, reconhecidos como tal nos três países escandinavos e pelas Nações Unidas.

Originalmente nômades, os sámis viveram no passado em tendas, durante o verão, e em cabanas mais resistentes durante as estações frias, cuidando dos rebanhos de renas e ovelhas que lhes forneciam alimentação e matéria-prima para roupas e utensílios domésticos. Também praticavam a pesca nas zonas litorâneas. Ainda hoje, a criação de renas é reservada, por lei, aos sámis na Escandinávia, por razões políticas, culturais e ambientais.

A partir da era viking, os sámis sofreram discriminação das culturas dominantes e perderam terras no processo de estabelecimento das fronteiras nacionais dos países escandinavos. A situação só melhorou nos anos 1990, quando os governos norueguês, finlandês e sueco reconheceram direitos formais aos seus povos indígenas, os

Diversidade na família nórdica | 67

Os sámis, com línguas e costumes próprios de um povo nômade, ainda vivem principalmente da criação de renas no extremo norte da Escandinávia.

quais garantiram a preservação e o desenvolvimento de seus modo de vida, língua e cultura. Hoje, os sámis ocupam habitações modernas, exercem as mais variadas profissões, observam a religião luterana, elegem representantes para assembleias legislativas autônomas em cada país (*sámeting*), mantêm escolas bilíngues (onde são ensinados o sámi e o idioma do país em que residem) e produzem seus próprios programas de rádio e de televisão. Cerca de 70% da população de origem sámi se comunica fluentemente em um dos três principais grupos linguísticos tradicionais, falados nas regiões leste, oeste e central da Escandinávia, com numerosos empréstimos do respectivo idioma nacional.

Os trajes tradicionais, chamados de *kolt*, são tecidos em lã de diversos tons vivos de vermelho, azul e verde, geralmente com bordados em amarelo. Os desenhos e os formatos do *kolt* variam em função da origem de cada comunidade sámi; botas e luvas são confeccionadas em peles de rena. A língua sámi dispõe de mais de 300 palavras e expressões diferentes para dizer "neve" – desde "neve úmida e pegajosa" até "neve polvilhada que parece com açúcar em pó".

IDIOMAS NÓRDICOS

O idioma também une e distingue os nórdicos: dinamarqueses, noruegueses e suecos – de língua protogermânica – se entendem entre si razoavelmente bem; os finlandeses falam uma língua inteiramente distinta, pertencente ao grupo dos húngaros e dos estonianos, de onde se originou o seu primeiro povoamento; os islandeses conservaram viva a língua falada pelos colonizadores vikings há mil anos.

Os alfabetos dos três idiomas escandinavos protogermânicos e o finlandês incluem três vogais que não constam de nosso alfabeto latino. Para suecos e finlandeses, são elas: *å* (pronunciada *ô*), *ä* (*é*) e *ö* (*ê*); para dinamarqueses e noruegueses: *å* (*ô*), *æ* (*é*) e *ø* (*ê*). Por sua vez, o islandês mantém em uso outra série de vogais e consoantes, de grafia mais antiga: *á* (pronunciada *áu*), *ð* (*th* como *the* em inglês), *é* (*iê*), *ó* (*ôu*), *ú*, *þ* (*th* como *thing* em inglês), *æ* (*ái*), *ý* (*í*), *ö* (*ê*) e *au* (*êi*).

Na Dinamarca, Noruega e Suécia, há variações regionais do idioma nacional que os cidadãos dos outros dois países não conseguem compreender com facilidade. No caso da Noruega, são reconhecidas e utilizadas duas línguas oficiais norueguesas: o *bokmål* ("língua dos livros") e *nynorsk* ("neonoruguês"). Quando o Parlamento norueguês declarou independência diante da Dinamarca e adotou a Constituição de 1814, o movimento nacionalista propôs a adoção de um idioma oficial próprio, distinto do dinamarquês e próximo dos dialetos falados no país. Duas variantes

Diversidade na família nórdica | 69

O alfabeto escandinavo contém mais vogais e consoantes do que o português. No quadro da escola de Hofstad, Noruega, vemos dois exemplos: de *bjørn* = urso e *dør* = porta.

evoluíram ao longo dos anos, uma baseada no dinamarquês escrito (bokmål) e outra derivada do norueguês antigo (nynorsk). Após diversas reformas ortográficas e gramaticais, atualmente o bokmål é utilizado por 80% da população no centro-sul da Noruega enquanto o nynorsk foi sendo adotado pelas populações do norte e da costa leste do país. As duas versões são mutuamente compreensíveis, mas diferem na ortografia de muitas palavras, por exemplo, *høgre /høyre* (direita), *høg /høy* (alto), *meir /mer* (mais), *stein /sten* (pedra), *auga /øye* (olho).

Como regra geral, não existe dificuldade para ler e quase não há problemas de compreensão no diálogo entre escandinavos, digamos, cosmopolitas. Mais próximas entre si do que o português e o espanhol, as três línguas são usadas em reuniões de trabalho, e os documentos redigidos em uma delas são válidos no território do outro país.

Na prática, costuma ser mais fácil para o dinamarquês entender o norueguês e o sueco, e também mais fácil para o norueguês entender o sueco e o dinamarquês. A explicação, em parte, reside na maior produção da indústria cultural sueca, que, durante o século XX, foi a mais difundida na região escandinava, em obras de cinema, literatura e televisão (sobretudo quando a programação dos dois canais estatais suecos era facilmente captada pelas antenas de TV nos lares dos dois países vizinhos). A pronúncia dinamarquesa é considerada mais intricada para o ouvinte não habituado, com algumas consoantes que não são pronunciadas, como *b*, *d* e *g*, no meio de palavras. A situação lembra um pouco a dificuldade que os brasileiros têm com o português falado em Portugal.

Também sempre foi usual na região – e mais econômico – o acesso a livros, revistas e estudos já impressos em uma das línguas escandinavas. Na atualidade, o âncora do mais famoso programa de entrevistas da televisão sueca (semelhante ao *Programa do Jô*) é o norueguês Fredrik Skavlan. A série policial de maior sucesso na Escandinávia foi *Bron* (*A Ponte*), cujas filmagens se alternavam entre as cidades de Malmö (Suécia) e Copenhague, ligadas pela ponte de Öresund. Tinha no elenco atores suecos e dinamarqueses e era falada nos dois idiomas. No entanto, um punhado de falsos cognatos (palavras que, apesar de semelhantes em duas línguas, possuem significados diferentes) pode gerar confusão ou até indelicadezas numa conversação.

	Norueguês	**Sueco**
rolig	tranquilo	divertido
artig	divertido	gentil
rar	estranho	afetuoso
fly	voar	fugir
sinne	raiva	sentido

Uma pequena comparação do texto do artigo primeiro da Declaração Universal dos Direitos Humanos, nas versões circuladas pela ONU, dá uma ideia do grau de parentesco entre idiomas nórdicos:

> *Todos os seres humanos nascem livres e iguais em dignidade e em direitos. Dotados de razão e de consciência, devem agir uns para com os outros em espírito de fraternidade.*

> *Alle mennesker er født frie og lige i værdighed og rettigheder. De er udstyret med fornuft og samvittighed, og de bør handle mod hverandre i en broderskabets ånd.* (Dinamarquês)

> *Alle mennesker er født frie og med samme menneskeverd og menneskerettigheter. De er utstyrt med fornuft og samvittighet og bør handle mot hverandre i brorskapets ånd.* (Norueguês bokmål)

Alla människor är födda fria och lika I värde och rättigheter. De äro utrustade med förnuft och samvete och bör handla gentemot varandra I en anda av broderskap. (Sueco)

Allir eru bornir frjálsir og jafnir öðrum að virðingu og réttindum. Allir eru gæddir skynsemi og samvisku, og ber að breyta bróðurlega hverjum við annan. (Islandês)

Kaikki ihmiset syntyvät vapaina ja tasavertaisina arvoltaan ja oikeuksiltaan. Heille on annettu järki ja omatunto, ja heidän on toimittava toisiaan kohtaan veljeyden hengessä. (Finlandês)

Øll menniskju eru fødd fræls og jøvn til virðingar og mannarættindi. Tey hava skil og samvitsku og eiga at fara hvørt um annað í bróðuranda. (Feroês)

OS NÓRDICOS POR ELES MESMOS

As identidades nacionais nórdicas estão intimamente ligadas à história compartilhada da região e às línguas mutuamente inteligíveis (considerando que o idioma sueco foi de uso generalizado na Finlândia até os anos 1980; atualmente, o inglês, como segunda língua, é falado por 63% da população e o sueco por 41%). Os estereótipos vindos de fora tendem a retratar os escandinavos como pessoas bem de vida, ordeiras, racionais, igualitárias, próximas da natureza e na *avant guarde* da moralidade sexual. Mas é curioso examinar como aquelas populações vizinhas e de base sociocultural relativamente homogênea se distinguem entre si: como cada povo nórdico vê a si próprio? E como são percebidos pelos seus parentes imediatos?

Em grandes pinceladas, o dinamarquês cultiva para si a imagem de um povo alegre, relativamente despreocupado e totalmente integrado ao coração do continente europeu. Os noruegueses se definem pelo seu patriotismo pronunciado (resultado dos séculos de união forçada com a Dinamarca e com a Suécia) e sua forte tradição rural e marítima. Os suecos temperam o passado de preeminência política e econômica de seu país com o sentimento de representar o espírito nórdico, como um todo (curiosamente, o hino nacional sueco não se refere ao nome do país, mas clama "*Eu quero viver, eu quero morrer no Norte*"). O finlandês valoriza sua tradição de povo compenetrado e trabalhador. Por fim, os islandeses prezam sua independência e capacidade de sobreviver por seus próprios meios.

Comparados com os latinos, o nórdico parece um povo calado e muito cioso de seu espaço e da individualidade. Há uma anedota que ilustra bem esse comportamento. Um escandinavo sai para um longo passeio no campo. Depois de horas, cruza com outro caminhante. Os dois não se cumprimentam, mas pensam: "Nossa, não sabia que o caminho estava tão movimentado hoje..."

Também é muito comum entrar e viajar calado num elevador cheio. Todos os olhares se evitam.

Pela ótica do vizinho, algumas velhas rivalidades ressurgem e dão um sabor apimentado aos estereótipos associados a cada nacionalidade, com destaque para o triângulo Suécia-Dinamarca-Noruega. Para os suecos, o dinamarquês tem inclinação para a boa-vida (o clima é mais ameno, a cerveja é melhor e mais barata) e o norueguês parece um sujeito engraçado (em razão do sotaque) e rústico (até a descoberta do petróleo; hoje, a Noruega é, de longe, o país mais rico da região, o que é visto com certa inveja pelas duas antigas potências dominantes). No sentido oposto, para os dinamarqueses, o sueco ainda está "um pouco preso ao passado" e, para os noruegueses, ele é esnobe e presunçoso. Os finlandeses não escapam da fama de povo taciturno, silencioso, que mede as palavras, e os islandeses adquiriram uma reputação de intelectuais (possuem o maior número de livros publicados por habitante) e excêntricos.

O esporte consegue exacerbar a rivalidade amistosa que existe entre *storebror* e *lillebror*, irmão mais velho e irmão caçula, Suécia e Noruega. Os ânimos e comentários na imprensa e na TV ficam exaltados quando o atleta de um dos dois países bate seu rival imediato numa competição, sobretudo de esqui nórdico.

As muitas anedotas se baseiam nesses estereótipos e rivalidades. São inúmeras as piadas tradicionais que envolvem uma trinca de personagens – o sueco, o dinamarquês e o norueguês –, contadas numa das três variações possíveis, ao gosto do freguês. Segundo os entendidos, haveria uma ordem determinada neste tipo de pilhéria: os dinamarqueses preferem zombar dos suecos, enquanto suecos e noruegueses têm o costume de caçoar um do outro, de forma recíproca.

> Nove noruegueses e um sueco viajavam num pequeno bimotor. De repente, o piloto anunciou no alto-falante que o avião estava pesado demais e que todos os passageiros tinham que jogar suas malas para fora. Poucos minutos depois, o piloto voltou a se dirigir aos passageiros, dizendo que o avião continuava muito carregado e que todos deveriam se agarrar no teto do avião. Passado algum tempo, o piloto, ainda preocupado com o peso da aeronave, pediu que um passageiro saltasse pelo buraco. Nesse momento, todos os nove noruegueses começaram a gritar: "– O sueco! O sueco! O sueco!" Foi então que o único sueco respondeu: "– Só se vocês baterem palmas..."

> O norueguês perguntou:
> "– Sabem por que um sueco sempre leva duas portas de carro para caminhar no deserto?"
> "– Para aproveitar a corrente de ar quando fica muito quente..."

ENCONTROS DE FRONTEIRA

Até na Escandinávia, onde o nível de vida já é elevadíssimo, existe uma curiosa movimentação de pessoas entre as fronteiras seja à procura de melhores salários, seja em busca de bons preços. Há mais de 100 mil suecos trabalhando na Noruega, na maioria jovens que passam a residir temporariamente no país vizinho, onde a riqueza petrolífera induz ao pagamento de salários mais altos, em coroas norueguesas (entre 10% e 20% mais forte do que a coroa sueca).

No sentido oposto, famílias norueguesas tendem a lotar, nos finais de semana, os numerosos hipermercados suecos estrategicamente situados à proximidade da divisa comum. Esse fenômeno de "turismo de compras" tornou-se tão difundido que passou a ser conhecido como *harry-tur* – gíria com o significado de turismo cafona ou brega –, e os tabloides de Oslo divulgam semanalmente as "melhores ofertas" do comércio na fronteira.

Para os que têm disposição de enfrentar as longas filas nos postos alfandegários, a viagem compensa tanto pela diferença cambial entre as moedas sueca e norueguesa quanto pelo custo menor dos gêneros alimentícios na Suécia, sobretudo as carnes, os lácteos e os cereais. Por não integrar a União Europeia, a Noruega preserva o direito de proteger seus produtores internos mediante impostos de importação ainda mais elevados para produtos agrícolas e da agroindústria. Sintomaticamente, uma das mais recentes (e raras) disputas bilaterais foi causada pela decisão norueguesa de aumentar a tarifa do queijo importado, logo o produto mais simbólico do relacionamento comercial com a Dinamarca.

O MILAGRE NÓRDICO

A situação de riqueza e de bem-estar material é uma realidade relativamente recente na Escandinávia. Jens Stoltenberg, primeiro-ministro da Noruega, lembrou disso em seu discurso de Ano Novo em 2011: "Em 1911, éramos uma sociedade agrícola e pobre, da qual muitos emigraram. Em 2011, somos uma sociedade rica e moderna, na qual muitos querem ingressar". As estatísticas da renda média dos escandinavos no início do século XX traduzem uma realidade de pobreza, e até de miséria, para uma significativa porção de trabalhadores rurais e dos empregados na indústria. Entre 1870 e 1910, o êxodo rural mais do que duplicou a disponibilidade de mão de obra no entorno das grandes cidades. Este proletariado industrial lotou as tristes moradias de subúrbio para a classe trabalhadora ou, até mesmo, favelas! Relatos da época retratam as condições de vida nessas *kåkstäder* como "insalubres e deploráveis".

Em menos de um século, os países nórdicos passaram a ocupar as mais altas posições nos *rankings* mundiais de nível de vida, renda pessoal, bem-estar, produtividade, transparência etc. Por exemplo, Noruega, Dinamarca e Suécia ocupam os três lugares no pódio do Índice de Prosperidade. A Noruega lidera o Índice de Desenvolvimento Humano, compilado pela ONU em 2014; a Dinamarca está em 10º lugar, a Suécia em 12º, a Islândia em 13º e a Finlândia em 24º. A Suécia é vice-líder mundial em inovação, a Finlândia ocupa a 4ª posição e a Dinamarca, a 7ª.

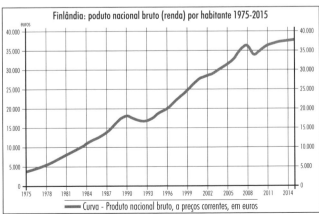

O gráfico mostra como a renda *per capita* dos finlandeses se multiplicou nos últimos 40 anos (+825%). No mesmo período, a população do país passou de 4.650.000 para 5.400.000, um aumento de somente 16%.

Fonte: Estatísticas Oficiais da Finlândia / Contas nacionais anuais

O PIB *per capita* da Noruega é de impressionantes US$ 97.353, o da Dinamarca 60 mil dólares, Suécia 59 mil dólares, Islândia 52 mil e Finlândia 50 mil. Os mesmos cálculos do Banco Mundial atribuíram, em 2014, aproximadamente 52 mil dólares para cada habitante norte-americano, 22 mil para cada português e US$ 11.612 para cada brasileiro.

O propósito deste capítulo é entender, em linhas gerais, como os nórdicos conseguiram passar da relativa pobreza, no contexto europeu, para a liderança mundial em afluência econômica e desenvolvimento humano.

Raramente, acontecimentos históricos se submetem a uma explicação simples. As causas são sempre múltiplas e complexas, ainda mais quando se trata de um processo que levou décadas para se firmar e atravessou períodos de alto risco, como duas guerras mundiais e duas crises econômicas, ao longo do século XX.

Apresentarei, a seguir, alguns dos fatores que contribuíram para o sucesso do "modelo nórdico" de prosperidade econômica. Nem todos tiveram a mesma relevância ou ocorreram de forma simultânea nos cinco países, em função de suas diferenças de história econômica, recursos naturais, lideranças, parlamentos, decisões políticas e do impacto de conflitos armados. Para o objeto deste livro, contudo, preferi oferecer ao leitor uma visão de conjunto, complementada pelos exemplos mais ilustrativos de cada argumentação.

NÃO COMEÇARAM DO ZERO

As economias escandinavas não partiram do zero. Mesmo situados na periferia da Europa e dentro de seus limites de poder e de ambição, os países do norte participaram de conflitos armados entre si e de alianças com as potências europeias. Os reinos da Dinamarca e da Suécia rivalizaram durante oitocentos anos pelo domínio do mar Báltico e de seus territórios costeiros. Paralelamente, atuaram nos grandes conflitos de formação dos Estados europeus modernos, como a Guerra dos Trinta Anos (1618-1648) e as Guerras Napoleônicas (1803-1815). Dispunham, portanto, de uma tradicional organização burocrática e militar, além de um sistema de suprimento de bens alimentícios e de produtos bélicos.

O panorama econômico na segunda metade do século XIX é de abundância de recursos naturais úteis à primeira fase de desenvolvimento da empresa capitalista moderna, a saber: minério de ferro, madeira e abundantes quedas d'água. Com o advento da geração de eletricidade de fontes hídricas, Suécia e

Noruega aceleraram de modo impressionante sua industrialização e seu crescimento econômico. Esta era a época em que se multiplicava a utilização de máquinas em serrarias, fábricas de celulose, siderúrgicas e indústrias químicas, as quais produziam bens muito requisitados pelos mercados europeus. Com a industrialização e o aumento do comércio internacional, veio a necessidade de modernizar e ampliar a imprescindível infraestrutura de transportes: estradas de ferro, portos e armazéns refrigerados.

Enquanto a produção industrial se diversificava na Suécia, a Dinamarca testemunhava um grande aumento da produtividade agrícola, pelo uso dos novos fertilizantes químicos, e a Noruega já se orgulhava, em 1880, de possuir a terceira frota de marinha mercante do mundo, atrás da Grã-Bretanha e dos Estados Unidos.

MIGRAÇÃO PARA A AMÉRICA

O processo de industrialização esteve intimamente vinculado à transferência dos trabalhadores do campo para as zonas urbanas. A introdução de máquinas agrícolas e de técnicas de cultivo mais produtivas provocou a concentração de propriedades rurais e o consequente êxodo dos camponeses que possuíam pequenos lotes de terra.

Nessas condições, a emigração para a América do Norte se tornou uma opção tentadora para essa mão de obra desocupada, sobretudo depois que o Homestead Act (1862) – que dava a propriedade de um terreno a quem o cultivasse por pelo menos cinco anos – encorajou a colonização dos vastos espaços do centro-oeste dos Estados Unidos.

Durante a segunda metade do século XIX, quase 3 milhões de migrantes deixaram Suécia (1,2 milhão), Noruega (800 mil), Dinamarca (400 mil) e Finlândia (400 mil). Segundo Sverre Mørkhagen, autor da trilogia *Adeus Noruega* (*Farvel Norge*), no período de trinta anos mais intensos da onda migratória escandinava, mais de 500 mil noruegueses deixaram o país, que, naquela época, contava com cerca de 2 milhões de habitantes. Dezessete companhias de navegação – Cunard, Hamburg-Amerika, White Star etc. – disputavam entre si esses numerosos passageiros de terceira classe, que lotavam os pisos inferiores dos transatlânticos.

Para os países escandinavos, os fluxos migratórios serviram, num primeiro momento, de válvula de escape à pressão da pobreza no campo e nas cidades. Subsequentemente, a redução da mão de obra disponível localmente conduziu, pelo mecanismo da oferta e da demanda no mercado de trabalho, ao aumento dos salários pagos pela indústria nascente.

POLÍTICAS DE CONSENSO

O duplo papel do Estado como agente regulador da economia de mercado e como árbitro dos benefícios sociais que garantam à população um padrão de vida decente foi reconhecido, nos países escandinavos, de forma embrionária, antes que o keynesianismo se tornasse uma teoria econômica influente.

A evolução histórica da representação política nos países nórdicos explica, em parte, a propensão dos governos, mesmo liberais, à execução de políticas intervencionistas em maior ou menor grau. Desde 1866, o legislativo sueco abandonara a antiga divisão por classes (nobreza, clero, burguesia e campesinato) para as eleições a um assento no Parlamento (Riksdag). Paulatinamente, os trabalhadores assalariados da indústria e os profissionais liberais urbanos passaram a representar um número significativo de pessoas com direito a voto e representação.

Ao contrário da social-democracia alemã, impregnada do socialismo de Marx, Engels, Rosa Luxemburgo e Karl Liebknecht, o Partido Social-Democrata da Suécia soube adotar, praticamente desde sua formação, uma estratégia pragmática de diálogo com os partidos agrários e conservadores, com o objetivo não de derrubar o capitalismo, mas de empreender reformas em favor da classe trabalhadora. No singular ano de 1917, quando a Rússia vivenciou uma revolução e o resto da Europa testemunhou grandes movimentos de agitação social, cerca de cem mil pessoas marcharam no dia 1º de maio em Estocolmo, as greves espraiaram um clima insurreicional na Dinamarca e o sindicalismo norueguês defendeu uma ação revolucionária de massas. Recusando-se a incentivar os tumultos, o líder socialista sueco Hjalmar Branting preferiu propor aos liberais um projeto de reforma ambicioso, mas pragmático: jornada de trabalho de oito horas diárias, voto feminino e sufrágio universal.

A tumultuada década de 1930 foi ainda mais definidora do modelo nórdico como um "caminho do meio" entre o capitalismo liberal norte-americano e o socialismo real soviético. Nem a esquerda revolucionária, nem a direita ultraconservadora obtiveram votos suficientes apesar da conjuntura favorável aos extremismos. Os atores políticos escandinavos se reuniram em torno de políticas de compromisso. O Partido Social-Democrata soube aproximar-se dos interesses agrícolas, mais tradicionais, para estabelecer uma posição dominante de centro-esquerda de oposição aos partidos conservadores de direita. Capital e trabalho – representados por associações patronais e sindicatos nacionais fortes – ousaram assentar acordos salariais amplos e dispositivos de proteção social que reduziram o ímpeto grevista com a melhora das condições sociais.

A experiência nórdica de intervenção do Estado na economia indica que as políticas governamentais podem tanto contribuir para a eficiência do funcionamento do mercado quanto corrigir as deficiências ou injustiças sociais. Só que, na Escandinávia, mesmo no caso de governos majoritários, a tradição política requer que as decisões mais importantes sejam, na medida do possível, adotadas por consenso, com a participação das principais forças partidárias de oposição. Nesse sentido, a política escandinava difere daquela praticada nos Estados Unidos e em países onde existe ferrenha oposição entre um grande partido de centro-direita e outro de centro-esquerda, como nos casos de Inglaterra, França, Espanha e Portugal. Nos parlamentos nórdicos, o jogo político tem-se caracterizado por menor retórica político-partidária e maior tendência à solução dos problemas por compromisso. Para muitos, essa característica do sistema político escandinavo constitui a principal garantia de que o Estado atue em prol dos anseios e objetivos de toda a coletividade.

PRIORIDADE PARA A EDUCAÇÃO

Nas primeiras décadas de 1800, foram instituídos na Europa os primeiros sistemas nacionais de educação fundamental. Enquanto nos países católicos as congregações consolidavam sua posição destacada na educação das elites, no caso dos países escandinavos, a Igreja Protestante, subordinada ao Estado, desempenhou o papel de agente implementador do ensino elementar para toda a população. Até 1860, a organização da educação popular estava a cargo da Igreja Luterana, em colaboração com cada relativamente pequena municipalidade campesina ou urbana.

Durante o século XIX, a modernização do cultivo agrícola e o acelerado desenvolvimento da indústria e do comércio demandavam mão de obra alfabetizada e habilitada a interagir com as instituições do mercado e do governo. Em 1842, o princípio da educação pública e obrigatória foi estabelecido em lei na Suécia e, logo em seguida, na Dinamarca. O novo ensino elementar, em tempo integral, buscava três objetivos principais: a instrução dos jovens em técnicas mais avançadas e racionais de agricultura e manufatura, a orientação cívica e a formação de futuros servidores públicos bem capacitados.

Em 1858, o governo finlandês encomendou ao educador Ugo Cygnaeus a elaboração de um plano para o sistema de ensino fundamental no país. Cygnaeus logrou implementar um novo modelo educacional com base em dois princípios pioneiros: a universalidade da escola primária e a "promoção do trabalho pelo trabalho". Esse sistema estabelecido por Cygnaeus teria contribuído em grande medida à redução das distinções de classe dentro da sociedade finlandesa, uma vez que as crianças de todas as classes sociais iam às mesmas escolas locais. Adicionalmente, a introdução no currículo geral de treinamento em ofícios manuais (à época, ainda separados para meninos e meninas) teve, digamos, um efeito de educação moral, ao reconhecer o valor do trabalho das classes menos favorecidas, como os artesãos e os operários.

A política de universalização da escolaridade básica foi acompanhada da criação de uma extensa rede de educação também para adultos. O pioneiro da "faculdade popular" (*folkehøjskole*) foi o pastor, historiador e político dinamarquês Nikolaj Grundtvig (1783-1872). Seu conceito de educação tinha por objetivo "ajudar o cidadão a se conscientizar de sua identidade e de seu valor, a tomar conta de seus próprios interesses e negócios". Numa época em que a educação superior era restrita às classes altas e as universidades ainda exigiam o domínio do latim, pode-se dizer que o movimento das escolas populares – que se espalhou por todos os países nórdicos, sobretudo entre 1850 e 1930 – operou uma democratização do ensino, em benefício das classes dos pequenos proprietários agrícolas, dos grupos intermediários dos trabalhadores da indústria e dos servidores públicos.

Um dos grandes promotores da política de educação continuada foi o ministro da Educação finlandês Mikael Soininen (1918-1920). Ele tinha presente que "ao atingir a idade adulta, cada jovem homem ou mulher deve votar sobre os destinos da nação [...]. De onde poderá ele ou ela obter uma compreensão da estrutura e das necessidades da sociedade?".

Enquanto isso, a educação acadêmica seguia o seu curso próprio, voltado para a geração de conhecimento novo e a participação dos laboratórios escandinavos nas redes internacionais de pesquisa.

Em suma, o desenvolvimento industrial e a educação pública representaram projetos paralelos na construção do modelo escandinavo. Desde o período entreguerras, os governos investiram massivamente na educação, como fator determinante do progresso industrial. Quando uma empresa automotiva altera o sistema de freios de seus veículos ou uma indústria quer produzir e comercializar um novo torno mecânico, tanto os trabalhadores da fábrica quanto os mecânicos das oficinas se ajustam facilmente às novas instruções de montagem ou de conserto. Eles sabem ler e escrever; aprenderam matemática; conhecem língua(s) estrangeira(s); entendem os manuais de instruções; leem jornais e revistas especializadas; participam de *workshops*. Isso está muito longe de ser a regra em muitas partes do mundo, inclusive no Brasil.

Entre os "mistérios" do continuado progresso dos países nórdicos, tem destaque a grande competitividade de sua economia, apesar dos altos salários pagos à força de trabalho. Noruega, Dinamarca, Suécia, Finlândia e Islândia costumam posicionar-se no topo de todos os *rankings* de remuneração (sem contar o desconto dos impostos!) e de custo da hora trabalhada, na faixa de 25% a 50% acima da média na União Europeia e nos Estados Unidos. No entanto, esses mesmos países conseguem manter seus produtos e serviços competitivos no mercado internacional: respectivamente 7º, 8º, 9º, 20º e 24º lugares no Índice de Competitividade Mundial de 2015, *ranking* elaborado anualmente pelo International Institute for Management Development (IMD), em que a Alemanha ocupa a 10ª posição e o Brasil a 56ª. Esse hiato demonstra a distância que o Brasil ainda tem que percorrer em termos de educação média do trabalhador, diminuição da burocracia e melhoria da infraestrutura rodoviária, ferroviária e portuária. Parte da explicação para a excelente colocação das economias escandinavas está na transferência para países com menor custo de mão de obra das atividades industriais básicas. Há muito tempo o processamento de matérias-primas, a fabricação de bens intermediários e a construção dos cascos de navios passaram a ser realizados na Polônia, na Romênia, na China, na Coreia do Sul, no Brasil etc. Permanecem na Escandinávia as operações "intensivas de conhecimento", como o projeto (*design*), a pesquisa, a instrumentação de ponta, a engenharia de novos materiais e os serviços de planejamento financeiro, entre outros. Nesses segmentos, qualidade e *know-how* importam mais do que o custo unitário da mão de obra.

Outro fator importante do dinamismo da economia nórdica é a alta produtividade do trabalho. A indústria escandinava produz um terço a mais por hora e por trabalhador do que a dos países ibéricos, e cerca de três vezes mais do que a brasileira, em média. As razões desse desempenho são: (a) a educação e a qualificação do trabalhador nórdico, que lhe permite realizar tarefas complexas; (b) a utilização de equipamentos e processos produtivos informatizados, que exigem avançada interação homem-máquina; (c) a eficiência da economia em geral: boa rede de infraestrutura e logística de transportes e armazenamento, instituições capacitadas para o tratamento da informação "em tempo real", regulamentações modernas e padronizadas que reduzem o risco de controvérsias e de disputas judiciais.

INOVAÇÃO TECNOLÓGICA

A tecnologia tem uma história pouco conhecida, mas muito significativa na Escandinávia. Descobertas e inovações feitas por inventores nórdicos estão na base de grandes conglomerados industriais e de várias marcas mundialmente famosas. Numa primeira fase da industrialização, predominaram as invenções nas indústrias mecânica e química. O espírito inovador teve seguimento também na fase seguinte da economia mundial, quando a produção industrial se voltou para o mercado dos bens de consumo de massa – eletrodomésticos, automóveis, aparelhos de telecomunicação etc.

Os exemplos, a contar de meados do século XIX, são esclarecedores, a começar pela fabricação dos fósforos de segurança (os corriqueiros palitos de fósforo vermelho em caixas com fita abrasiva) em 1855, pelos irmãos Johan e Carl Lundström. Na década seguinte, Alfred Nobel inventou a dinamite (entre outras 354 patentes registradas em vida).

A primeira leva de inovações proporcionou a base para a formação das grandes indústrias de engenharia: Atlas Copco (1873), L.M. Ericsson (1876), Alfa-Laval (1883), Asea (1883), AGA (1904) e SKF (1907). A segunda leva criou as condições para o surgimento de novas firmas dedicadas à fabricação de bens de consumo: Electrolux (1910), Scania-Vabis (1911), Volvo (1927) e Saab (1937).

A partir de 1878, Lars Magnus Ericsson aperfeiçoou o funcionamento do aparelho telefônico e dos comutadores de linha (hoje a companhia L.M. Ericsson está avaliada em 42 bilhões de dólares). Johann Petter Johansson patenteou em 1891 a chave de grifo e a chave de torque (chamada de "chave inglesa" no Brasil e na Europa Ocidental e de "chave sueca" na Rússia e na Europa Oriental). Carl Daniel Ekman descobriu o processo de fabricação de polpa sulfito, permitindo, assim, a produção de papel em grande escala e a baixíssimo custo. Gustaf de Laval inventou o separador de leite-creme e a máquina de ordenha em 1894, aparelhos que contribuíram para um excepcional aumento da produção e exportação de manteiga a partir dos países nórdicos (a Alfa Laval produz em 42 países e está no Brasil desde 1959). Gustaf Dalén revolucionou a iluminação dos faróis de navegação marítima e fundou, em 1904, a companhia AGA de gases industriais e medicinais.

O dinamarquês Valdemar Poulsen recebeu o Grande Prêmio da Mostra Internacional de Paris de 1900 pelo primeiro gravador magnético de som. Seu compatriota Petter Jensen, radicado nos Estados Unidos, demonstrou para 75 mil pessoas em São Francisco, em 1915, o primeiro alto-falante do mundo (Jensen ficou conhecido como "o Edison da Dinamarca").

Todo um segmento industrial foi criado a partir da invenção, em 1907, do rolamento a bilhas (conhecido como "rolimã") pelo engenheiro sueco Sven Wingquist, fundador da SKF e da Volvo. E os lares modernos muito devem aos jovens engenheiros da Electrolux, que revolucionaram a fabricação e o uso de aparelhos eletrodomésticos como, entre muitos outros, a geladeira (refrigeração a compressão de gás) e o aspirador de pó (com tubo flexível). Minha avó materna utilizou até 1972 o mesmo aspirador *Electrolux modelo Z25*, que havia ganhado de presente de casamento no Rio de Janeiro, em 1940, 32 anos antes!

Em conjunto, pesquisadores dos países nórdicos já foram agraciados com trinta Prêmios Nobel em disciplinas científicas: Física, Química, Fisiologia e Medicina (os grandes polos mundiais de pesquisa como os EUA lideram com 321, Inglaterra com 99, Alemanha 89, França 36, Japão 21). Atualmente, os cinco países escandinavos continuam a se destacar nos diversos *rankings* internacionais de inovação tecnológica, como o Índice de Inovação Global da Organização Mundial de Propriedade Intelectual (Suécia em 3º, Finlândia em 4º, Dinamarca em 8º, Noruega em 14º, Islândia em 19º).

SENTIDO DE COLETIVIDADE

A sociedade nórdica foi influenciada pelos princípios de comportamento ditados pela religião luterana e pela tradição de vida comunitária.

Não se pode desconsiderar a importância da ética protestante para a compreensão da mentalidade dos povos da Europa do norte. Nesse sentido, a lição de Max Weber, na clássica obra *A ética protestante e o espírito do capitalismo*, é clara. Ao contrário do catolicismo, no pensamento de Lutero e de Calvino o ofício do ser humano neste mundo constitui uma tarefa divina, valorizada e desejada por Deus, que contribui para a salvação da alma no juízo final. Segundo o grande sociólogo alemão, esse compromisso com a atividade profissional propiciou o desenvolvimento econômico mais avançado das nações protestantes em comparação com os países católicos.

Membros de clubes esportivos, pais de alunos e moradores de um bairro se reúnem algumas vezes por ano para ajudar na manutenção desses mesmos locais: é o *dugnad*, instituição central da cultura norueguesa e tema de pesquisas e livros.

Na Escandinávia, as condições históricas, climáticas e religiosas acabaram por gerar um grau avançado de compreensão e empatia entre grupos sociais: trabalhadores do campo e da indústria, capitalistas e proletariado.

As conquistas do Estado de bem-estar não se fizeram sem conflitos, mas desde cedo a social-democracia escandinava advogou a transformação pragmática, moderada e pacífica da sociedade burguesa herdada do século XIX. Antes uma reforma progressista do "contrato social" do que uma revolução pela luta de classes.

O termo *dugnad* se reveste de um significado muito especial na Noruega, mas não deixa de refletir o sentimento de todo o povo escandinavo de pertencer a uma comunidade e de se esforçar, de forma voluntária, pela melhoria de seu próprio entorno. Um pouco como o nosso mutirão, mas com um forte componente de "dever cívico".

Um *dugnad* típico – entre os muitos dos quais participamos, minha esposa e eu – consiste numa tarefa de monta, realizada em conjunto, voluntariamente, como a montagem de novos aparelhos no *playground*; varredura de folhas no jardim da escola, em preparação para o inverno; pintura da creche; limpeza do rinque e organização do material esportivo do clube de hóquei etc. Não existe pecado social maior do que faltar ao *dugnad*. Todos os que podem ajudar devem comparecer no dia e hora marcados (com muita antecedência) e contribuir de alguma forma para o esforço do grupo. Felizmente, o ambiente de trabalho é bastante descontraído, com diversas pausas para café com tortas e bolos.

O *dugnad* não se confunde com as tarefas que cabem regularmente aos pais ou sócios, como a responsabilidade pelo serviço de cafeteria dos clubes esportivos (dois períodos de quatro horas, a cada três meses, mais ou menos), operação do relógio e do placar nos jogos, cuidado dos uniformes e manutenção dos equipamentos (afiação dos patins de gelo, enceramento dos esquis etc.).

COMÉRCIO

A capacidade de investimento em infraestrutura e na modernização do parque produtivo é um fator indispensável ao desenvolvimento econômico. Não se pode afirmar que a Escandinávia dispunha, no início da Revolução Industrial, de um excedente de capital financeiro: as áreas férteis eram poucas; a renda da classe de proprietários era inconstante; a população e o mercado interno eram pequenos.

Mas, por força da geografia, os países nórdicos sempre estiveram próximos das economias mais desenvolvidas, sobretudo Grã-Bretanha, Alemanha, França e Holanda. Nesse contexto, o comércio pôde desempenhar um papel dos mais relevantes na geração de renda para os países escandinavos. Além de encontrar mercado para alguns insumos essenciais à industrialização europeia, os nórdicos ainda participavam com destaque no frete marítimo desses e de outros muitos bens entre portos europeus, e entre a Europa e a América do Norte. O intercâmbio comercial gerava, ao mesmo tempo, receita de exportações e renda de frete marítimo, que podiam ser aplicadas no desenvolvimento da infraestrutura local (portos, ferrovias, armazéns, hidrelétricas, redes de transmissão) e em novas máquinas.

Paulatinamente, instituições bancárias nacionais acumularam poder e passaram a gerir este fluxo de riqueza, concedendo empréstimos e financiando a formação de novas companhias – com uma particularidade do modelo escandinavo, de estreito relacionamento entre bancos e empresas. Na Suécia, quando os sociais-democratas formaram seu primeiro governo minoritário em 1920, Hjalmar Branting nomeou o diretor jurídico do banco Enskilda Banken para o cargo de ministro da Economia. As alianças entre os grandes bancos e as maiores empresas suecas eram extremamente próximas: diretores executivos e membros do comitê de administração de um banco estavam frequentemente presentes no comitê de administração de uma ou mais firmas de grande porte.

O professor Petter Högfeldt, da Escola de Economia de Estocolmo, assinala a ironia da convivência do movimento trabalhista com a pequena elite de capitães de indústrias. Ao contrário de seus homólogos europeus, os sociais-democratas nórdicos sempre se posicionaram em linha com os interesses do capitalismo industrial, sabendo que os recursos para implantação de suas políticas de bem-estar social só poderiam fluir das receitas geradas pelos grandes conglomerados industriais que mantivessem sua sede no país.

O mundo está cheio de exemplos de países com enormes riquezas minerais, mas com populações miseráveis, e de ganhadores de loteria esportiva em penúria após alguns anos de bonança. Assim, somente a sorte, sem uma boa gestão, não constitui grande vantagem. Mas não é que na véspera do Natal de 1969 foi encontrado petróleo no mar do Norte norueguês, com uma só jazida contendo reservas estimadas em 5 bilhões de barris? A descoberta do gigantesco campo de Ekofisk e a subsequente exploração da plataforma continental teve um efeito profundo na Noruega, transformando-a em 10ª exportadora mundial de petróleo e 3ª de gás. Somente as atividades relacionadas ao petróleo e gás representam um quinto do PIB da Noruega e um terço das receitas fiscais, que sustentam as despesas públicas para a manutenção dos altos padrões de bem-estar social.

A história inaugural do petróleo na Noruega é curiosa em diversos sentidos. No início dos anos 1960, o geologista-chefe de uma petroleira multinacional apostou que beberia todo óleo que um dia fosse encontrado na costa norueguesa. Em

1962, mais otimista, o diretor da norte-americana Phillips Petroleum Co. tentou adquirir os direitos sobre toda a plataforma continental norueguesa, o que levou o Parlamento a estabelecer, rapidamente, em lei, a propriedade da nação sobre os recursos ali existentes. A mesma Phillips Petroleum acabou achando seu "presente de Papai Noel" na última perfuração, do último dia de trabalho, 23 de dezembro de 1969, quando a equipe contratada deveria encerrar o serviço. E entre os três mais influentes gestores dos recursos petrolíferos da Noruega, nos primeiros vinte anos de exploração, figurava um... iraquiano, Farouk al-Kasim, que imigrou, com sua esposa norueguesa, para tratamento de saúde da filha do casal.

O ponto de partida para o modelo da Noruega foi o estabelecimento de um mecanismo para atrair as melhores companhias internacionais, os investimentos estrangeiros e os profissionais da indústria, mantendo plena soberania sobre os recursos petrolíferos. Simultaneamente, o país buscou, por intermédio de uma companhia estatal, a Statoil, controlar o desenvolvimento da prospecção e da produção na sua plataforma continental e desenvolver capacidades técnicas e operacionais autônomas. Fator considerado fundamental para o crescimento da indústria petrolífera foi a existência de consenso político com relação à importância da interação entre companhias petrolíferas (nacionais e estrangeiras), empresas fornecedoras – anteriormente dedicadas a outras atividades econômicas como a construção naval –, universidades e os centros de pesquisa e inovação industrial. Entre 1973 e 1998, a renda *per capita* cresceu à taxa de 3% ao ano, bem acima das médias da Europa Ocidental (1,7%), norte-americana (2%) e japonesa (2,3%). Não há dúvida de que o petróleo permite ao país manter seu compromisso com políticas generosas de distribuição de renda e de benefícios sociais e previdenciários. Contudo, para compreender melhor o caso norueguês, é igualmente importante ter presentes os fatores que levam o Estado a aplicar o dinheiro do petróleo com discernimento.

Desde os anos 1990, as enormes rendas auferidas da atividade petrolífera têm sido transferidas para o chamado "fundo do petróleo" ou Fundo Governamental de Pensão. Como seu próprio nome indica, essa poupança serve de reserva estratégica para compromissos futuros do Estado-providência, quando terminar a exploração de petróleo na plataforma continental norueguesa, talvez a partir de 2070. Apenas um montante próximo a 4% do lucro dos investimentos feitos pelo Fundo pode ser transferido para o orçamento anual do governo. O objetivo é que a riqueza acumulada no fundo seja transferida para as gerações futuras, e que, portanto, cada geração só deva gastar o equivalente ao retorno do investimento.

A boa gestão dos recursos, minerais e financeiros, tem sido tão relevante para o sucesso da economia norueguesa quanto a inovação tecnológica na exploração e produção do "ouro negro". A experiência norueguesa é uma história bem-sucedida de evolução da capacidade de absorção de tecnologia. Em grande medida, foi o resultado de políticas públicas direcionadas à expansão da participação de empresas e centros de pesquisa noruegueses nas atividades de exploração da plataforma continental, bem como na transferência de verbas públicas para as universidades e instituições acadêmicas norueguesas. Esse modelo vem servindo de inspiração para o desenvolvimento de nosso setor de petróleo e gás, a partir da descoberta das reservas do pré-sal.

Ao redor do mundo, a riqueza extraordinária do subsolo tem gerado excessos e fracassos quando não são tomadas as devidas precauções para sua utilização equitativa, eficiente e sustentável no tempo. Em dezembro de 2014, o fundo soberano norueguês somava US$ 850 bilhões – quase duas vezes o PIB do país ou o equivalente a cerca de 170 mil dólares por habitante!

ERUPÇÃO DA CRISE NA ISLÂNDIA

Alguns leitores se recordarão de que, em 2010, a erupção do vulcão Eyjafjallajökull (informalmente chamado de E+15, isto é, "*E* mais quinze letras") causou não apenas uma série de danos no território da Islândia, mas também provocou, durante dias, uma paralisação generalizada do transporte aéreo no continente europeu e entre a Europa e a América do Norte. Mas esse não foi o maior dos problemas recentes para o povo islandês: a contar de setembro 2008, quando o banco de investimento norte-americano Lehman Brothers quebrou, a ilha mergulhou na mais profunda crise de sua história.

Em poucas semanas, as três principais instituições financeiras islandesas – Landsbanki, Kaupthing e Glítnir – faliram e tiveram que ser resgatadas e nacionalizadas pelo Banco Central. A economia parou: a bolsa de valores perdeu 90% de seu valor, a *króna* islandesa sofreu uma desvalorização profunda e deixou de ser conversível, o mercado imobiliário implodiu, o desemprego ressurgiu, a inflação disparou, a renda das famílias desabou e até gêneros alimentícios sumiram das prateleiras dos supermercados. Uma situação das mais raras, em se tratando de uma nação com alto nível de desenvolvimento humano que, 12 meses antes, ostentava a quinta maior renda *per capita* do mundo. Praticamente, o país "quebrou".

A saga da bancarrota da Islândia é relativamente breve, mas surpreendentemente severa. As causas primeiras, apontadas pela maioria dos economistas, foram a superabundância de crédito e o extremo endividamento dos bancos islandeses, para o tamanho da economia local. Entre 2000 e 2007, o governo da Islândia deu rédea solta ao seu sistema financeiro nacional. Os bancos multiplicaram empréstimos, investimentos e aquisições, com base em complexos instrumentos financeiros (derivativos), ao ponto de acumular obrigações equivalentes a oito vezes o PIB do país! A aposta, arrogante, do economista-chefe do governo do primeiro-ministro David Oddson, era de "transformar a Islândia no país mais rico do mundo".

Uma década de efervescência econômica gerou uma nova classe de capitalistas na Islândia, nunca antes vista ou sonhada. Uma economia da ordem de 13 bilhões de dólares exibia 6 islandeses bilionários. Eram os *neovikings*, que invadiram os mercados de investimento mundiais e colecionaram patrimônios fabulosos. Um deles, Jon Asgeir Johannesson, líder do Grupo Baugur, que começou abrindo um supermercado na capital Reykjavík, reuniu em poucos anos um portfólio de grandes marcas, como as britânicas House of Fraser, Oasis, Warehouse, Whistles, Karen Millen, French Connection (vestuário), Hamleys (a mais famosa loja de brinquedos do mundo), Mappers & Webb, Watches of Switzerland e Goldsmiths (joalheria). O império desmoronou em US$ 1,1 bilhão e o pedido de falência pessoal de Jon Johannesson, no montante de US$ 760 milhões, foi de longe o maior da história da Islândia.

Com o incentivo de seu sistema bancário, a população trocou seus empréstimos em coroas para dívidas em francos suíços ou ienes japoneses, a taxas de juros significativamente menores. Por outro lado, investidores europeus, pequenos e médios, sobretudo britânicos e holandeses, passaram a ter acesso às aplicações, via internet banking, no fundo de poupança Icesave, pela qual os bancos islandeses captavam recursos em troca de uma taxa de retorno superior à dos mercados tradicionais. Uma vez chegada a crise de liquidez, os empréstimos em moeda estrangeira tornaram-se extremamente onerosos e os poupadores externos ficaram impossibilitados de resgatar seus depósitos. Os ânimos se exaltaram quando em outubro de 2008, o premiê britânico Gordon Brown congelou os ativos do Landsbanki no Reino Unido, com base na lei sobre antiterrorismo, crime e segurança do reino.

Por incrível que pareça, a relativa recuperação da economia islandesa não tardou demasiado. Apesar do doloroso impacto sobre a renda e a poupança das famílias, e três a quatro anos de isolamento do mercado financeiro mundial, a partir de 2011 a atividade econômica voltou a dar sinais de vitalidade. A acentuada desvalorização da moeda nacional tornou os produtos exportados pela Islândia mais competitivos no mercado internacional, como o alumínio, processado com a energia gerada de fontes geotérmicas (e grandes quantidades de alumina calcinada brasileira), e o pescado (notadamente, o bacalhau, do qual somos o segundo comprador mundial). Em grande medida, o povo islandês deve seu resgate, no século XXI, à atividade com a qual construíram toda sua história: a pesca oceânica, num dos mais ricos biomas marítimos do planeta.

 # NEM OITO NEM OITENTA

Entre o capitalismo liberal e o socialismo revolucionário, os países nórdicos optaram pela via pragmática e reformista da social-democracia, com características únicas e essenciais derivadas da história social e política escandinava. Sem grandes aspirações teóricas, no início dos anos 1930 a meta era basicamente pôr em prática um modelo de bem-estar social em que "alguns poderão permanecer excessivamente ricos, mas um pequeníssimo número de cidadãos ainda terá que viver com muito pouco", como aspirava o pensador dinamarquês Nicolaj Grundtvig (1783-1872).

IGUALDADE

Desde o final da década de 1980, com a queda dos regimes comunistas, os países nórdicos ostentam os índices mais baixos de desigualdade de renda do mundo. O coeficiente de Gini, que mede a disparidade de renda entre a parcela mais rica e a mais pobre da população, situa-se, na região escandinava, na faixa de 0,265 em média (quanto mais baixo o índice, que varia de 0 a 1, melhor a distribuição da renda no país). Em comparação, o Canadá tem um coeficiente de Gini de 0,393; os Estados Unidos, de 0,469; e o Brasil, de 0,495. Enquanto no nosso país os 10% mais ricos detêm quase a metade (43%) da renda nacional, nas sociedades nórdicas, esses mesmos 10% têm, em média, 21% da renda total.

Em termos práticos, o baixo coeficiente de Gini verificado nessas sociedades reflete o grau de equiparação salarial nos países nórdicos. Na Finlândia, por exemplo, os salários dos trabalhadores industriais qualificados, dos funcionários administrativos e dos profissionais de nível técnico se situam, em média, na faixa de €2.600 por mês. Entre essas categorias e a de profissionais de nível superior, o salto é de apenas €1.000 mensais. No alto da pirâmide, diretores de empresas privadas e membros superiores do poder público recebem cerca de €5.580 por mês. Na Noruega, um eletricista recebia, em média, em 2010, cerca de 314.000 coroas por ano, enquanto um dentista era remunerado em 500.000 coroas/ano e um engenheiro civil em 540.000 coroas/ano. Obviamente, outros fatores devem

90 | Os escandinavos

ser levados em conta nessa equação, como o recebimento de bônus anuais, no caso dos altos funcionários de companhias privadas, e o acesso a benefícios não contabilizados como salário mensal (*perks*).

A relativa homogeneidade e a melhor distribuição de renda reforçam o tecido social na Escandinávia. Há, sim, ricos e pobres; e existem, naturalmente, diferenças de formação e de perspectiva entre distintos níveis de trabalhadores, cargos e profissões; mas persiste na sociedade nórdica um grau de desapego generalizado (ou até desprezo) por considerações de *status* baseadas em riqueza pessoal ou numa suposta hierarquia entre classes sociais.

Durante o ano de 1973, quando o abastecimento mundial de petróleo entrou em crise, em razão do boicote da Opep, e o preço do barril quase triplicou, o rei Olavo trocou seu carro com motorista pelo trem para se deslocar todos os domingos às pistas de esqui de Holmenkollen, no entorno de Oslo. Uma foto em preto e branco retrata o rei, numa dessas ocasiões, dentro de um vagão lotado, entregando uma nota de dez coroas ao trocador em pagamento pelo seu bilhete. Governantes e grandes empresários continuam sendo frequentes usuários do transporte público. Testemunhei inúmeras vezes parlamentares fazendo seus deslocamentos a partir das estações de metrô próximas aos parlamentos em Estocolmo ou Oslo; presidentes e diretores de grandes grupos industriais no trem retornando de reuniões e conferências; sem falar dos adeptos dos deslocamentos em bicicleta.

Também é verdade que a maioria das médias e grandes empresas nórdicas mantém casas de campo que são permanentemente colocadas à disposição de seus funcionários para fins de semana ou temporadas durante o ano, de acordo com um calendário de reservas. Com a peculiaridade de que uma mesma residência de inverno ou veraneio pode ser ocupada, sucessivamente e sem distinção, por qualquer funcionário (e sua família), independentemente de seu nível hierárquico na empresa.

Temos, eu e minha família, uma coleção de experiências semelhantes, da qual relatarei apenas três.

Quando preparava minha tese, em 2010, fui entrevistar um representante histórico da social-democracia norueguesa, Thorvald Stoltenberg, em seu apartamento de três quartos no bairro de Frogner. Com 81 anos, Stoltenberg havia acumulado cargos de liderança no Partido Trabalhista, foi durante anos ministro do Exterior e da Defesa nos governos da primeira-ministra Gro Harlem Brundtland, além de alto-comissário das Nações Unidas para refugiados. Era, também, o pai do primeiro-ministro Jens Stoltenberg, então no seu terceiro mandato consecutivo. Ao toque da campainha, o senhor Stoltenberg abriu-me a porta de seu apartamento e me convidou para sentar no sofá da sala. Perguntou se eu gostaria de tomar um café. Respondi que sim, e

Nem oito nem oitenta | 91

A bicicleta é um meio
de transporte comum na
Escandinávia, usado por
estudantes, empresários
e até ministros,
que se deslocam por
toda a cidade.

meu anfitrião se dirigiu à cozinha para preparar nossas duas xícaras. Imediatamente, levantei-me do sofá e fui atrás dele, agradecendo a extrema gentileza, mas colocando-me à disposição para ajudá-lo ou para fazer o café no seu lugar. "Nada disso", foi o que me disse o senhor Stoltenberg, insistindo para que eu retornasse ao sofá da sala. Pois bem, nesse dia tomei um café preparado – e servido – por uma das lendas vivas da política norueguesa, sem empregada, sem ajudante de qualquer ordem.

A uma semana do Natal de 1981, quando morávamos em Danderyd, nos arredores de Estocolmo, meu pai aguardou a passagem do caminhão de limpeza urbana para dar de presente ao lixeiro uma garrafa de vinho. Quando o caminhão parou em frente de nossa casa, na saída da garagem, meu pai atravessou o jardim com a garrafa num embrulho de presente, em direção ao veículo. Pouco depois, retornou para dentro de casa com o mesmo embrulho: o recolhedor de lixo lhe havia dito que não podia levar a garrafa de bebida alcoólica dentro do caminhão durante seu horário de trabalho, mas que retornaria no dia de folga para buscar o presente. Foi o que ele fez, alguns dias mais tarde, dirigindo seu próprio carro, uma Mercedes. Bastante usada, sem dúvida, mas uma Mercedes.

Em 2013, à entrada da feira natalina de Bygdøy, minha esposa se surpreendeu ao avistar logo atrás dela, na longa fila para compra de ingressos, a princesa norueguesa Mette-Marit com seus filhos e cachorro. Um pouco mais tarde, outro casal comentou que Mette-Marit, casada com o príncipe herdeiro Haakon e, portanto, futura rainha da Noruega, havia chegado ao evento dirigindo seu próprio automóvel, sem batedor ou segurança, e colocado suas moedinhas, como todo mundo, no parquímetro da praça.

Parece contraditória a preservação da monarquia em países democráticos como a Dinamarca, a Noruega e a Suécia (Finlândia e Islândia adotam o sistema republicano e presidencialista de governo). O trono, a corte e as tradições de nobreza e hereditariedade não se coadunam com os mais altos índices de igualdade que foram conquistados pelo modelo nórdico de sociedade. E, no entanto, o movimento pela extinção da monarquia ainda não chegou a angariar apoio suficiente para se transformar em uma questão política atual, a ser debatida nos respectivos parlamentos. Para entender essa postura conservadora – ou pelo menos indiferente – do eleitorado escandinavo, é preciso ter presente um conjunto de fatores históricos e culturais. A contar de meados do século XIX, o regime parlamentarista de governo passou, a cada nova mudança na Constituição, a absorver a maioria dos poderes exercidos tradicionalmente pelos monarcas escandinavos e a conduzir a política nacional, ao compasso de eleições realizadas periodicamente e com participação crescente da população, até o advento do sufrágio universal entre 1898 e 1919. Esse processo antecedeu a formação dos primeiros governos liderados por partidos social-democratas – Hjalmar Branting na

Nem oito nem oitenta | 93

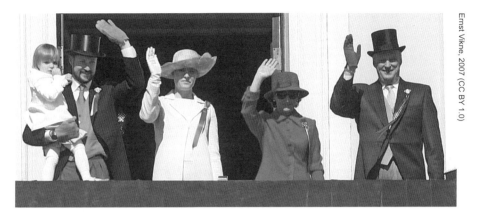

Seria paradoxal a manutenção da monarquia em países social-democratas e tão igualitários como Noruega, Suécia e Dinamarca, não fosse seu papel simbólico na sociedade.

Suécia (1920), Thorvald Stauning na Dinamarca (1924), Christopher Hornsrud na Noruega (1927) – que, em princípio, poderiam ter sido os principais adversários da monarquia e defensores dos modernos princípios republicanos. Contudo, a cautela demonstrada pelos primeiros governantes social-democratas com relação à monarquia foi determinante para a preservação dessa instituição. A figura do rei representava a continuidade do Estado, apesar das importantes – e controvertidas – modificações que os trabalhistas operavam nas esferas política e social.

No Estado democrático escandinavo, o monarca passou a desempenhar uma função cerimonial e meramente simbólica. Data de 1974 o chamado "Compromisso de Torekov", selado na cidade balneária do sul da Suécia entre os líderes partidários conservadores e da social-democracia, mediante o qual todo poder político remanescente (comando das forças armadas e direito de consulta na formação de um governo) foi retirado do monarca sueco. Assim se comportam atualmente as casas reais dinamarquesa, norueguesa e sueca, numa função de representação exercida dentro e fora de seus países. A monarquia escandinava vai se adaptando aos tempos, por exemplo ao abolir o costume da linha sucessória masculina (a primogênita Victoria será a próxima rainha da Suécia; Ingrid Alexandra herdará o trono norueguês no futuro).

Não se pode excluir, ademais, em favor da monarquia, o peso da tradição cultural, em sociedades que ainda são bastante homogêneas. A figura do rei, em momentos de celebração cívica ou de extrema gravidade, pode funcionar como símbolo de união do povo, independentemente das convicções de uns e de outros. A presença apolítica do monarca cumpre o papel que, até agora, dinamarqueses, noruegueses e suecos não quiseram outorgar a um presidente eleito, ligado a um partido.

Além da função institucional e representativa, as famílias reais da Escandinávia realizam um trabalho de promoção de seus respectivos países, muitas vezes associado a missões comerciais e culturais. Também assumiram, antes que as demais casas reais europeias, a responsabilidade de suscitar assuntos e questões relevantes no plano interno e em nível global. Nesse sentido, a realeza ajuda a dar visibilidade, fomentar o debate e defender causas humanitárias (integração de migrantes, igualdade de gênero, educação de meninas, combate ao vírus da aids) e ambientais, entre outras.

As casas reais escandinavas recebem uma verba anual, proveniente do orçamento do Estado, para custear suas despesas correntes e os gastos administrativos com a manutenção dos palácios e residências oficiais. Esse montante é objeto de exame nos respectivos parlamentos e de prestação de contas, para escrutínio público. No caso específico da Suécia, a família real está sujeita ao pagamento de impostos. O mesmo não ocorre na Dinamarca e na Noruega, onde o monarca e seus descendentes diretos permanecem isentos de tributação sobre a renda.

SOCIAL-DEMOCRACIA

Por sua localização geográfica periférica e limitações em terras férteis, a região escandinava não conheceu o feudalismo, em sua plenitude, como no restante da Europa. As atividades econômicas principais – a pesca, a pecuária ovina e o extrativismo da madeira – não se adaptavam ao regime feudal de organização da produção. Em sua maioria, os camponeses possuíam as terras que cultivavam ou então trabalhavam em uma grande propriedade sem, contudo, "pertencerem" ao senhorio. Os parlamentos nacionais mantinham a tradicional divisão em estamentos sociais – nobreza, clero e burguesia –, porém com a adição de uma quarta categoria de representantes do conjunto do campesinato proprietário de terras.

A contar de meados do século XIX, com o aumento da importância da indústria em relação à agricultura, a agenda política passou a incorporar as demandas dos movimentos sociais urbanos, sobretudo dos sindicatos de operários que tinham por missão lutar por melhores salários e condições de trabalho. Entre o abalo ao sistema liberal burguês provocado pela Primeira Guerra e o assombro causado pela revolução soviética de 1917, a social-democracia nórdica surge como força capaz de conferir estabilidade política, combater excessos, reformar o capitalismo e garantir melhora progressiva das condições de vida da população.

Já na virada do século, os sociais-democratas suecos haviam adotado uma visão não dogmática do marxismo, menos radical em relação ao instituto da propriedade privada e defensora do regime democrático de governo. As primeiras alianças do Partido Social-Democrata e dos sindicatos operários foram firmadas com os representantes do Partido Agrário e, em seguida, com a classe média urbana, com vistas à aprovação, no Parlamento, de direitos e benefícios mais amplos para os trabalhadores em geral. O contraste com as aspirações políticas da social-democracia alemã no entreguerras é contundente. Ao escolher a defesa da revolução proletária, no lugar do jogo democrático das eleições, o Partido Social-Democrata (SDP) alemão falhou em disputar o apoio de um eleitorado mais amplo, de centro-esquerda, apegado aos valores da pequena propriedade privada. A falência de República de Weimar deixou o caminho livre para Adolf Hitler e a ditadura totalitária sob a liderança do partido nazista.

O sucesso inicial da social-democracia sueca – e dos países escandinavos vizinhos – se deve, em grande medida, à orientação pragmática e reformista dos seus líderes, sustentada pelo padrão de comportamento dos eleitores, coerente com uma história de contínuas reformas sociais. Com efeito, o modelo nórdico de melhoria da condição de vida da população tem importante origem no papel essencial desempenhado pela Igreja Luterana em áreas-chave do chamado Estado de bem-estar: educação, assistência aos mais pobres e aos idosos, apoio à família etc. O clero luterano sempre esteve muito ativo nas administrações municipais e no debate público nacional. Sua influência se fez sentir em diversas legislações progressistas do século XIX a respeito da jornada de mulheres e menores, e da proteção a operários afastados por problemas de saúde ou acidentes de trabalho.

Durante a maior parte do século XX, em particular entre os anos 1920 e 1980, a social-democracia representou uma força irresistível na política escandinava (relativamente menos na Islândia). Tornou-se a principal agremiação política na Finlândia em 1907, na Suécia em 1914 (Câmara Baixa do Parlamento), na Dinamarca em 1921 e na Noruega em 1927. Em coalizão com o Partido do Centro (ou Agrário) e, mais recente, com o Partido Verde, a social-democracia se manteve no poder praticamente sem interrupções, até a crise mundial de 1973. O Partido Comunista sempre teve atuação marginal no cenário político escandinavo, com cerca de 5% a 10% dos votos.

No entanto, o domínio da esquerda social-democrata nunca excluiu a necessidade de diálogo e de composição com os dois partidos burgueses, do outro lado do espectro político. Liberais e conservadores – às vezes associados aos centristas – sempre mantiveram um capital mínimo de 30-40% do sufrágio popular e das cadeiras no Parlamento. Nesse contexto, a busca de uma solução negociada permanece sendo uma estratégia indispensável à execução (mais do que a mera aprovação por maioria simples) das leis e das políticas públicas de maior relevância. Desse exercício histórico e contínuo do consenso deriva o elevado grau de apoio político e popular às medidas adotadas pelos diferentes governos nórdicos, de esquerda ou de direita.

O "LAR DO POVO"

Na literatura de Ciência Política, a Suécia tem sido escolhida como modelo original do Estado de bem-estar nórdico e dois de seus líderes sociais-democratas, primeiros-ministros durante 34 anos, entre 1936 e 1969, se destacaram nos papéis de arquiteto e de construtor do edifício social que passou a ser conhecido como o "lar do povo" (*folkehemmet*).

Em 1928, em discurso no congresso do partido, Per Albin Hansson anunciou a ideologia que deveria guiar a nova sociedade igualitária:

> O lar ideal não faz distinções entre privilegiados e rejeitados, não há favoritos e enteados. Um não olha o outro de cima para baixo, não tenta obter vantagens às custas do outro; os fortes não se apoiam sobre os fracos e os exploram. Na comunidade ideal vige a igualdade, a compaixão, a cooperação, a solidariedade.

Note que isso foi dito um ano antes da queda da bolsa de Nova York em outubro de 1929, que marcou o início da Grande Depressão e de uma das piores crises do capitalismo. Hanssen pôs em prática durante os anos 1930 um extenso programa econômico de inspiração keynesiana, ou seja, em que o Estado tem o dever de intervir na economia e regular o mercado, com o objetivo de garantir o pleno-emprego e prover os benefícios sociais que garantam um padrão de vida mínimo à população. O socialismo pragmático sueco (e nórdico) teve, porém, a lucidez de manter a indústria – fonte de riqueza nacional e de receita fiscal indispensável à implementação dos avançados programas sociais – em mãos privadas (de algumas famílias tradicionais, inclusive).

No segundo pós-guerra, época áurea da construção do Estado de bem-estar, Tage Erlander foi primeiro-ministro sem qualquer interrupção entre 1946 e 1969 (naturalmente, pela via democrática, vencendo as eleições de 1948-52-56-58-60-64-68; no regime parlamentar não há limites ao número de reeleições possíveis). É nesse período que o modelo nórdico de bem-estar se consolida em toda a região como sistema de proteção social abrangente, "do berço ao túmulo", provido pelo Estado e financiado pelos elevados impostos sobre a renda. Algumas características marcantes desse modelo são:

- a meta do pleno-emprego (os altos índices de ocupação, masculina e feminina, além de gerar fonte de renda para as famílias, contribui, via impostos, ao custeio das políticas públicas do Estado de bem-estar);
- uma política salarial "solidária", que procura evitar grandes disparidades de renda entre as camadas da população mais ricas e pobres, por meio de um sistema centralizado e periódico de negociação salarial, por setor de atividade, onde têm assento representantes do sindicato de trabalhadores, da associação patronal e do Estado;
- universalidade do sistema de seguridade social (os benefícios sociais cobrem toda a população, independentemente do nível de renda: todo cidadão tem direito a receber uma pensão mínima de aposentadoria por idade, todos têm direito aos serviços médico-hospitalares disponíveis no seu local de residência, todas as famílias recebem subsídios para o custeio de parte das despesas com seus filhos etc.);
- sistema único de previdência para todos os trabalhadores (na ausência de instituições privadas, as aposentadorias são pagas exclusivamente pela caixa de previdência do Estado);
- quase exclusividade do setor público no provimento dos serviços de educação, de saúde e de assistência social (cerca de 90% do quadro de pessoal desses setores é composto por servidores públicos);
- altos níveis de tributação individual, a qual constitui a principal fonte de financiamento dos programas sociais e redistributivos do Estado. Isso será detalhado em seguida.

98 | Os escandinavos

Como resultado, quando todos recebem seus benefícios e aposentadorias do mesmo "caixa" do Estado e são tratados nos mesmos hospitais, os cidadãos mais ricos também se sentem igualmente interessados e responsáveis pelo bom funcionamento de todo o sistema.

ALTOS IMPOSTOS

Em termos de tributação direta – caso do nosso imposto de renda da pessoa física –, os escandinavos são imbatíveis: as alíquotas máximas variam de 49% a 60% do rendimento anual, dependendo do país, contra 27,5% no Brasil.

Há, sem dúvida, uma enorme preocupação do cidadão nórdico com o peso dos impostos. Diria até que existe uma obsessão. Raros são os almoços, jantares e encontros sociais entre amigos ou conhecidos que não se terminam com uma discussão regada a uísque ou conhaque sobre experiências passadas e métodos contábeis que possam indicar um caminho para a redução de um ou dois por cento no imposto a pagar.

Mesmo assim, os escandinavos, na sua imensa maioria, reconhecem e aceitam os elevados níveis de tributação pessoal. O argumento generalizado segue o seguinte raciocínio: "se tributos elevados sustentam uma sociedade mais justa, na qual as pessoas se sentem seguras e a criminalidade é baixa, e todos têm acesso a uma boa educação e a bons hospitais, então talvez o pagamento de altos impostos não seja uma coisa tão ruim assim". Mais do que quaisquer outros, os países nórdicos provêm serviços públicos de qualidade à população – hospitais, escolas, creches, assistência aos idosos e aos portadores de deficiência, transportes urbanos – que "compensam" a maior parcela da renda reapropriada pelo Estado.

Ademais, o "leão" da Escandinávia é um dos mais eficazes do planeta na caça aos sonegadores, o que torna a evasão fiscal muito difícil. Um amplo cruzamento de informações é factível, em âmbito nacional, entre a rede notarial, o sistema bancário e a administração tributária, com base na identidade de cada cidadão ou residente. Muito mais do que o nosso CPF, o chamado "número pessoal", atribuído desde o nascimento, identifica a pessoa em todos os seus atos e tratos durante a vida. Esta sequência formada por seis a oito dígitos da data de nascimento, mais quatro dígitos complementares, é a chave única e exclusiva do indivíduo para seus dados de nascimento, escolaridade, estado civil, conta bancária, emprego, patrimônio, compra e venda de bens imóveis, passaporte, declaração de imposto de renda, histórico médico-hospitalar e mais.

Nesse ponto, os noruegueses chegaram ao extremo da fiscalização – ou da vigilância, não pelo Estado, mas pelos seus pares. O valor total do patrimônio de uma pessoa e o imposto de renda pago anualmente são, por lei, informações públicas e acessíveis, hoje em dia via internet. Essa tradição exacerbada de transparência acabou gerando o curioso passatempo de "bisbilhotagem fiscal" entre vizinhos ou com relação a personalidades conhecidas da sociedade. Entra ano, sai ano, os jornais se comprazem em publicar reportagens sobre a enorme disparidade entre a fortuna acumulada e o ridículo montante de imposto efetivamente pago por um ou outro famoso político ou grande empresário local.

O MODELO CONTINUA VIGENTE?

No período áureo do pós-guerra, a conjuntura favorável ao crescimento da economia e do comércio mundiais forneceu aos países escandinavos recursos orçamentários crescentes que os governos social-democratas ou progressistas utilizaram para ampliar e consolidar a intervenção do Estado na economia e a construção de um sistema de seguridade social universal e abrangente, sem paralelo no resto do mundo industrializado.

Após trinta anos de prosperidade ininterrupta, em 1973 surgiram as primeiras dificuldades econômicas às quais esse conjunto de países já não estava mais acostumado. O súbito aumento do preço do petróleo abalou o ritmo do crescimento econômico e o apetite dos mercados mundiais para bens e serviços importados encolheu. Numa conjuntura inédita de déficit fiscal, pela primeira vez em três décadas os governos de esquerda tiveram reduzida sua capacidade de dar continuidade às suas políticas de concessão de benefícios sociais sempre mais amplos e generosos.

Vitórias eleitorais da coalizão de partidos de direita, relativamente instáveis, conseguem, mesmo assim, interromper o reino social-democrata na Dinamarca (1973-1975), Suécia (1976-1982) e Noruega (1981-1986). Desde então, o credo social-democrata nunca foi o mesmo e teve que se adaptar à reação negativa dos eleitores no tocante ao excessivo peso da burocracia estatal e aos altos níveis de tributação. A autora infantil Astrid Lindgren, ícone da literatura sueca e lida por gerações de crianças escandinavas, chegou a escrever uma carta aberta, publicada em jornal, na qual se queixava de ter que pagar "mais do que 100%" de imposto de renda sobre a soma da remuneração anual de sua atividade intelectual e de seu patrimônio. Pode parecer absurdo, mas o cálculo se insere na lógica da tributação progressiva. A cada faixa de renda corresponde uma alíquota, crescente, de imposto. Por exemplo: 35% de imposto sobre ganhos de até 100.000 coroas suecas; 50% de imposto entre 100.001 e 500.000 coroas; 85% entre 500.001 e 1.000.000 de coroas – e, no caso específico do elevado nível de renda da escritora *best-seller* internacional, aplicou-se uma alíquota de 100% sobre a faixa da renda superior a 1 milhão de coroas suecas. Isso não quer dizer que Lindgren chegou a pagar mais de imposto do que sua renda anual; significa, porém, que o montante acima de 1 milhão foi transferido inteiramente à receita sueca. Por esse mecanismo conhecido como tributação marginal progressiva, o Estado social-democrata nórdico conseguia limitar os ganhos pessoais considerados excessivos, desencorajando, assim, o pagamento de salários milionários e o acúmulo de grandes fortunas. No extremo oposto, acumulavam-se os casos de benefícios concedidos durante anos a desempregados que sequer faziam esforço para retornar ao mercado de trabalho.

Com a recessão dos anos 1990, que atingiu severamente a Suécia e a Finlândia, e o ingresso na União Europeia (exceto Noruega e Islândia), tem início uma época de realinhamento dos ideais políticos com a nova realidade econômica do mundo globalizado (esse espírito de reforma tardará a alcançar o Partido Trabalhista da Noruega, em razão da enorme riqueza petrolífera do país). O renovado pragmatismo dos partidos social-democratas nórdicos os conduz a rever e limitar o cabedal de benefícios, subsídios e apoios outorgados pelo Estado. Foram estabelecidos, por exemplo, limites temporais para o recebimento do seguro-desemprego, idades mais avançadas para a aposentadoria integral, reduções no valor das pensões em função da esperança de vida, reajustes dos benefícios abaixo da inflação e medidas contra o alto índice de absenteísmo do local de trabalho. A sensação era de que o modelo nórdico de bem-estar social teria chegado aos seus limites e que não mais seria possível sustentar o ritmo dos avanços conquistados pelas gerações passadas.

Por outro lado, também é verdade que o patrimônio de conquistas sociais sempre contou com um forte apoio popular e nenhum partido político de inspiração liberal pode ignorá-lo, no contexto dos países nórdicos. Todos os debates eleitorais e todas as pesquisas de opinião recentes têm dado ênfase a questões relacionadas como educação e saúde públicas, aposentadoria e assistência aos idosos (dado o envelhecimento da população), sem que, contudo, os principais partidos de centro-direita ousem propor mudanças mais profundas no sistema vigente.

O Estado de bem-estar social é o resultado de um desenvolvimento histórico muito específico à região escandinava. Ali, as correntes políticas mais radicais e revolucionárias, que queriam socializar os meios de produção, foram rapidamente marginalizadas pelos líderes moderados, defensores de um movimento reformista, que visava limitar o poder do capital e melhorar a situação do trabalhador. O importante não era destruir o capitalismo, mas buscar extrair recursos dele para financiar salários mais altos e programas de redução das desigualdades sociais e da pobreza. Nos primeiros tempos do Estado de bem-estar social, entre os anos 1930 e a Segunda Guerra, a experiência escandinava representou um bem-sucedido exercício de pacto social. Na França, a Frente Popular, aliança dos partidos Socialista, Comunista e Radical, também logrou instituir um conjunto de direitos trabalhistas (por exemplo, a semana de 48 horas e as férias remuneradas), mas seu governo, marcado por desavenças entre os partidos aliados, durou efêmeros dois anos, de 1936 e 1938.

Cabe ter presente, igualmente, que os países escandinavos tinham – e ainda têm – uma população pequena. Sem figurar no topo da lista dos países de maior riqueza absoluta, medida em termos do PIB, as economias nórdicas são suficientemente ricas para poder oferecer um nível elevado de renda e de assistência social a todos os seus (relativamente) poucos habitantes. Eram 18 milhões em 1950; chegaram a 25 milhões em 2015. Menos do que a população da Bahia somada com a do Rio Grande do Sul.

Além de pequenas, as sociedades escandinavas são relativamente homogêneas. A invejável rede de assistência social custa muito caro aos cofres públicos e só pode ser mantida através da cobrança de impostos em níveis bastante elevados. O imposto sobre a renda na Dinamarca e na Suécia, por exemplo, impõe alíquota de até 60% nas faixas mais altas de rendimento. Essa combinação de altos impostos e ampla proteção social funciona, em grande medida, porque há mais possibilidades de consenso, entre congêneres, no seio da sociedade nórdica.

CONFORMISTAS OU PRECAVIDOS?

Os escandinavos são muito obedientes e respeitam sempre as regras. Por quê? Talvez pela razão de que o não cumprimento das normas sociais, escritas e não escritas, põe em questão a confiança existente entre as pessoas e a harmonia da sociedade em geral.

A própria Psicologia Social nórdica destaca o estado de conformidade que caracteriza a comunidade escandinava, e que, para os mais críticos, beira ao conformismo. O conceito de *lagom* tem sido tradicionalmente vinculado ao modo de vida escandinavo. Em sueco, o termo *lagom* significa moderado, mediano, "nem muito nem pouco". Por exemplo, uma conhecida marca de margarina lançada em 1974 anunciava suas qualidades de menor teor de gordura e consistência cremosa em grandes letras amarelas no rótulo: *Lätt och Lagom* ("Leve e Equilibrado").

Esse comedimento é mais sentido quanto maior a exposição do indivíduo na sociedade. É fato que a maioria das autoridades públicas se desloca para seus escritórios em trens, metrô, ônibus, bonde ou, crescentemente, bicicleta. Reis e primeiros-ministros não têm à sua disposição aeronaves privativas. O alto escalão do governo se movimenta em veículos de uma frota comum a toda administração superior ou em táxis reservados com antecedência.

Numa sátira escrita em 1933, o dinamarquês Aksel Sandemose nos legou os dez mandamentos da "Lei de Jante", um vilarejo imaginário cujos habitantes refletem a maneira de ser tradicional. O espírito dessas regras é que ninguém pode se achar melhor do que o seu próximo. A *Jantelov* representa a apologia da singeleza e da despretensão:

1. Não pense que você seja "alguém";
2. Não ache que você seja tão bom quanto nós;
3. Não pense que você seja mais inteligente do que nós;
4. Não acredite que você seja melhor do que nós;
5. Não ache que você saiba mais do que nós;
6. Não pense que você seja maior do que nós;
7. Não pense que você sirva para algo;
8. Você não deve rir de nós;
9. Não pense que alguém se preocupa com você;
10. Não imagine que você possa nos ensinar algo.

Para os observadores externos, às vezes a sobriedade parece confundir-se com insensibilidade, falta de entusiasmo, apatia ou uma aversão ao confronto. Vem-nos imediatamente à mente a figura imperturbável – glacial – do grande tenista sueco Björn Borg. Dono de um jogo de fundo de excepcional consistência e de um poderoso *backhand* executado com as duas mãos, *Iceborg*, como foi apelidado, não demonstrava as mínimas emoções em quadra durante os dez anos em que participou do circuito profissional. Permanecia frio e inalterado nas maiores batalhas de nervos em cinco *sets* contra adversários turbulentos como John McEnroe e Jimmy Connors. Falar de ausência de espírito de competição em Borg? O sueco ganhou 5 vezes consecutivas o Torneio de Wimbledon (1976-1980) e 6 vezes o de Roland-Garros (1974-1975, 1978-1981), entre outros 56 títulos em sua carreira.

Com certeza, prudência ou precaução são características definidoras do *ethos* escandinavo, entendidas como uma predisposição a evitar perigos ou consequências ruins. Vejamos o caso exemplar da Volvo. Desde 1927, seus fundadores declararam que "a segurança deve ser o princípio básico de todo trabalho de engenharia". Com esse enfoque, a Volvo tem sido pioneira na introdução de mecanismos de proteção contra acidentes em sua longa linha de veículos: foi a primeira fabricante de automóveis a instalar cintos de segurança de três pontas (1959), encosto de cabeça nos bancos dianteiros e traseiros, cinto de segurança retrátil, alerta sonoro para afivelar o cinto, cadeirinha infantil instalada de costas para o painel dianteiro, proteção contra impacto lateral e proteção em caso de capotagem, entre outras inovações. Quarenta anos depois da criação do cinto de segurança de três pontas, pelo engenheiro Nils Bohlin, seu uso foi tornado obrigatório no Brasil.

DESAFIOS ATUAIS

As duas últimas décadas do século XX trouxeram desafios que abalaram a grande estabilidade da social-demoracia nórdica. Parte da turbulência veio de fora e atingiu em cheio a próspera economia da Escandinávia: as duas crises do petróleo, em 1973 e 1979, a recessão mundial na primeira metade dos anos 1990 e a emergência de novos polos exportadores mundiais, com a China em primeiro lugar, muito mais baratos e competitivos em termos de mão de obra. Internamente, os crescentes gastos com o sistema de bem-estar social abalavam as receitas do Estado e davam indicações de serem insustentáveis a médio prazo. Não era mais factível elevar impostos, já bastante altos, sob pena de sobrecarregar as empresas e causar indignação no eleitorado. Suécia, Finlândia e Dinamarca foram obrigadas a cortar gorduras e reorganizar o sistema de assistência social e de previdência, limitando despesas a fim de reduzir drasticamente o déficit nas contas do governo (a Noruega já vivia uma bonança petrolífera).

Recentemente, o aumento dos fluxos de imigrantes e exilados originários de países não europeus vem gerando problemas significativos para a social-democracia e o modelo nórdico de sociedade. Entre os anos 2010 e 2014, o percentual de estrangeiros na população da Suécia passou de 5% para 9,4%, de 4% para 7,5% na Noruega e de 5% para 7,6% na Dinamarca. Em apenas dois anos (2012-2014), dobrou o número de pedidos de asilo na Dinamarca e na Suécia. Em 2015, a Suécia recebeu 163 mil refugiados, para uma população inferior a 10 milhões. Algo estranho está acontecendo na Escandinávia: as sociedades nórdicas estão ficando menos homogêneas e menos igualitárias (seus coeficientes de Gini, que medem o nível de desigualdade de renda, voltaram a subir, ligeiramente, desde 2005).

Pela primeira vez, partidos populistas ou de extrema-direita, nacionalistas e xenófobos, assumem posição de destaque nas eleições e na composição de governo nos países escandinavos: o Partido dos Finlandeses (PS) chegou em segundo lugar, com 19% dos votos, nas eleições de 2015; o Partido do Progresso da Noruega (FrP) foi o terceiro mais votado nas eleições de 2013, assim como o Partido dos Democratas Suecos (SD), em 2014, e o Partido do Povo Dinamarquês (DFP), em 2015.

104 | Os escandinavos

Essas agremiações têm forçado a adoção de uma política de migração cada vez mais restritiva, combinada com limitações do acesso aos benefícios sociais fornecidos pelo Estado. Algumas dessas medidas entram em colisão com os princípios do Estado de bem-estar social que os escandinavos (e o mundo) se acostumaram a ver funcionar com bastante êxito quando essas sociedades eram relativamente pequenas, homogêneas e remotas.

Ao mesmo tempo, esses países precisam de imigrantes para compensar a baixa taxa de natalidade a crescente longevidade da população. Só faz crescer a necessidade de preencher vagas de empregos essenciais ao funcionamento das próprias instituições do Estado de bem-estar social: creches, pré-escolas, hospitais, cuidado para idosos e o transporte público.

A tragédia ocorrida na Noruega em 2011 colocou em evidência o perigo do extremismo nas sociedades "tolerantes" do norte da Europa. Em 22 de julho daquele ano, Anders Breivik detonou uma bomba que matou oito pessoas e abalou seriamente vários prédios na praça do governo norueguês, em Oslo. Em seguida, dirigiu-se até a ilha de Utøya, a menos de 50 km da capital, e massacrou, friamente, 69 pessoas, a maioria estudantes membros da ala jovem do Partido dos Trabalhadores. Detido, julgado e condenado, por decisão unânime dos cinco juízes, a 21 anos de prisão, por atos terroristas e homicídios, Breivik reconheceu a autoria dos assassinatos e declarou que seu ataque era uma reação contra aqueles que defendem políticas a favor da imigração.

Construído durante o programa do Milhão de Moradias, entre 1967 e 1972, o projeto habitacional de Rosengård, no subúrbio de Malmö (Suécia), desenvolveu-se como um complexo de apartamentos *standard* de 75 m², três quartos, para uma família padrão de baixa renda com dois filhos. Desde os anos 1980, mais e mais imigrantes passaram a ocupar essas residências à medida que os antigos moradores se mudavam para outros bairros da cidade. Em dezembro de 2008, quando eclodiram as primeiras revoltas violentas em Rosengård, 86% dos moradores tinham origem imigrante. Grandes grupos de jovens confrontaram a polícia e atiçaram fogo em carros, bondes, bancas de jornal, quiosques, garagens de bicicletas etc. Este foi o tumulto urbano mais violento da história moderna da Suécia; para pôr fim à revolta, foram mobilizados efetivos policiais também de Gotemburgo e de Estocolmo. O episódio tem-se repetido, com maior ou menor grau de agressividade, tanto em Malmö quanto nos subúrbios menos favorecidos da capital Estocolmo (em Husby, por exemplo, 38% dos jovens de 20 a 25 anos estão desempregados).

Um famoso ex-morador de Rosengård contou em sua autobiografia uma história que poucos estrangeiros associariam à vida na Suécia ou em qualquer outro

Casas no antigo subúrbio industrial de Copenhague: já se observa uma tendência a maior desigualdade de renda nas sociedades escandinavas, sobretudo em função de novos fluxos de imigração.

país nórdico. O jogador de futebol do Paris Saint-Germain e da seleção sueca, Zlatan Ibrahimovic, nasceu em 1981, em Malmö, de mãe croata e pai bósnio, ambos imigrantes, e passou sua juventude naquele complexo habitacional. Nas palavras de Zlatan, quando ele e seus colegas precisavam de algo, "íamos às lojas e então roubávamos": doces, bicicletas, carros. Inclusive, a bicicleta do treinador de seu time juvenil de futebol. Hoje, o craque ainda se espanta com seu sucesso e se pergunta: "Quem diria que um garoto de Rosengård chegaria um dia a capitão do time nacional da Suécia? Quem diria que um garoto de Rosengård bateria todos os recordes de artilharia do futebol sueco?"

ESTADO RELIGIOSO, SOCIEDADE LAICA

A Escandinávia apresenta uma combinação anacrônica entre sociedades das mais secularizadas e a existência, exceto na Suécia, de uma religião de Estado, financiada pelo poder público.

Enquanto 60% (Suécia) a 80% (demais países nórdicos) dos escandinavos decidem manter-se como membros das respectivas igrejas luteranas nacionais, somente 2-5% se consideram cristãos praticantes. Mesmo assim, dois terços dos casamentos são celebrados na igreja e 90% dos funerais são realizados em cerimônias religiosas. Nesse sentido, o desinteresse pela religião na península escandinava reflete, de forma aguda, o fenômeno observado nos últimos cinquenta anos, em todas as sociedades industrializadas, de indiferença com relação às questões espirituais, tais como definidas pelos ensinamentos e dogmas das igrejas estabelecidas. Ao mesmo tempo, resguarda-se a relevância dos vínculos históricos, da tradição, dos ritos estabelecidos durante séculos de observância religiosa estrita. Em última instância, a grande maioria se filia à Igreja praticamente em troca dos serviços matrimonial e funerário.

O Estado escandinavo tem tido o cuidado de não interferir nos assuntos da Igreja nacional, regida pelo sínodo de bispos. Os movimentos em prol da ordenação de pastoras mulheres (desde os anos 1960) e do casamento homossexual (desde 2009-2010) seguiram tempos e procedimentos próprios à comunidade eclesiástica. Por exemplo, no caso da Noruega, todas as igrejas luteranas devem oferecer o serviço de casamento entre pessoas do mesmo sexo, mas, a título individual, os pastores e seus ajudantes resguardam para si o direito de não participar da cerimônia.

Em 2014, a sueca Antje Jackelén tornou-se a primeira mulher a assumir o Arcebispado de Uppsala e atuar como representante-mor da Igreja Luterana nacional e principal responsável pela ordenação de novos bispos suecos. Atualmente, as mulheres representam 45% dos pastores e conformam a maioria dos candidatos ao ministério protestante na Suécia.

A imigração vem alterando a composição da população e das crenças religiosas. O islamismo é a segunda religião nos países nórdicos, representando cerca de 2,5% da população. A Suécia abriga o maior número de praticantes do Islã (5%), seguida da Noruega (4%) e Dinamarca (2%). A maior parte dos fiéis pertence ao ramo sunita.

Ganham destaque no debate público e parlamentar questões até então inéditas para sociedades consideradas homogêneas e que agora devem adaptar-se às influências multiculturais e religiosas. A polêmica em torno da publicação, em 2005, por um jornal dinamarquês, de caricaturas do profeta Maomé provocou amplas discussões políticas e jurídicas sobre o alcance dos direitos à liberdade de expressão e ao respeito à fé religiosa. Em 2013, a ministra da Cultura Hadia Tajik, social-democrata norueguesa de ascendência paquistanesa, decidiu não autorizar o porte do véu (*hijab,* que não cobre a face) por policiais femininas e juízas, não obstante parecer favorável da Comissão Ética e Fé da Noruega.

A HERANÇA VIKING

Poucas são as sociedades do passado que ainda conservam traços facilmente identificáveis dentro da cultura popular moderna, como no caso do Egito dos faraós, da Grécia antiga, da Roma imperial, do feudalismo das Cruzadas, da China dos mandarins e do Japão dos samurais, entre outros.

Surpreendentemente, uma população relativamente pequena do extremo norte da Europa também encontra uma posição de destaque nessa lista expressiva e seleta. Os vikings conseguem essa façanha sem sequer alcançar expressão comparável ao das grandes civilizações humanas, seja em termos de povoamento, seja em extensão de domínio territorial ou, ainda, em duração no tempo histórico. Com efeito, esses vikings – sempre referidos no plural, porque constituíam diversas tribos independentes e não um reino único – eram compostos de numerosos clãs e pequenos povoados espalhados originalmente pelas costas da Dinamarca, Noruega e Suécia. Sua denominação tem origem na palavra *vik*, que significa pequena baía, enseada ou angra, onde normalmente residiam. Acabaram entrando para a História como resultado de suas conquistas durante apenas um breve período da Idade Média, mais ou menos entre os anos 800 e 1050.

No entanto, até hoje, a Era Viking guarda uma simbologia rica e diversificada, tendo servido de inspiração para produções artísticas, por exemplo, a trilogia *O Senhor dos Anéis*, de J.R.R. Tolkien; a ópera *O anel do Nibelungo*, de Richard Wagner, o filme *Vikings, os conquistadores*, com Kirk Douglas, a série para televisão *Vikings*, histórias em quadrinhos do personagem *Thor*, da Marvel Comics, e filmes infantis do gênero *Como treinar o seu dragão*. Aliás, tanto o panteão mitológico escandinavo quanto a própria figura do viking ou de sua embarcação podem ser encontrados em logomarcas de empresas (inclusive a inglesa Rover), em nomes de equipes esportivas, como os norte-americanos Minnesota Vikings, e no dispositivo de rede Bluetooth, uma referência ao rei viking Harald *Blåtand* (Dente-Azul).

Ao recuperar um pouco da trajetória e dos costumes dos vikings, sem a aspiração de aprofundar temas e debates da alçada dos historiadores profissionais, espero que o leitor seja levado a entender melhor a (má) reputação e o legado (positivo) que esses polêmicos antepassados transmitiram ao povo escandinavo, na atualidade. Ao mesmo tempo, alguns mitos persistentes serão desbancados. Afinal, os vikings realizaram feitos incríveis, entre os quais a fundação de um novo país!

"SALVE-NOS DA IRA DOS NÓRDICOS!"

A primeira imagem dos vikings que nos vem à mente é a de hordas de saqueadores sanguinários a bordo de embarcações protegidas por escudos e emproadas com a cabeça de um dragão que cospe fogo. O sacerdote e teólogo Alcuin de York assim se expressou sobre o primeiro ataque nórdico à abadia de Lindisfarne, na Escócia, no ano 793:

> Há quase 350 anos, nós e nossos pais habitamos este belo recanto, e nunca antes tínhamos sofrido tamanho terror na Grã-Bretanha como o que nos impôs essa raça pagã; nem se tinha imaginado que tal viagem por mar era possível de ser feita. A igreja de St. Cuthbert está salpicada do sangue dos sacerdotes de Deus, despojada de todos os seus ornamentos; o lugar mais venerado de toda a Grã-Bretanha foi entregue à depredação por um povo pagão.

Três séculos mais tarde, Simão de Durham, monge e autor de uma *História do Reino Britânico*, reproduz o mesmo acontecimento nos seguintes termos:

> Naquele ano, pagãos vindos do Norte chegaram na Grã-Bretanha, como vespas preparadas para a picada, e se espalharam em todas as direções como lobos funestos, saqueando, pilhando e massacrando não apenas animais de carga, ovelhas e vacas, mas também sacerdotes e diáconos, bem como as comunidades de monges e freiras. Ao chegar à abadia de Lindisfarne, esses saqueadores miseráveis tudo devastaram. Eles pisotearam os lugares sagrados com seus pés profanos; destruíram os altares e roubaram os tesouros da Igreja santa. Mataram alguns dos nossos irmãos e reduziram outros à escravidão; baniram um grande número de pessoas sem vestimentas e que sofreram abusos e humilhações; outras foram afogadas no mar.

Nesse contexto, a súplica "Senhor, salve-nos da ira dos nórdicos" se tornou uma frequente demanda dos fiéis durante a missa, entre as diversas preces eucarísticas. Não podemos, porém, perder de vista que a Era Viking é contemporânea, por exemplo, da Reconquista da península ibérica, um capítulo da História mundial mais familiar para nós brasileiros. Pois bem, as forças cristãs se referiam a São Tiago de Compostela como o santo "mata-mouros". E, em apenas um dia, o grande imperador Carlos Magno decapitou 4.500 saxões após a Batalha de Verden, na Alemanha. Sem falar das atrocidades cometidas pelos cruzados na "Terra Santa". Não, definitivamente, esses não eram tempos tranquilos. Não cometeríamos nenhuma injustiça ao dizer que os vikings não eram nem mais nem menos violentos do que os cavaleiros medievais.

Velejando rumo ao por do sol, a oeste, os vikings podiam alcançar facilmente o litoral setentrional da Escócia. Por volta do ano 793, ali desembarcaram em sua primeira expedição às ilhas Britânicas. A Escócia, o norte da Inglaterra e a Irlanda foram atormentados durante todo o século IX pelos ataques perpetrados pelas frotas de embarcações guerreiras oriundas dos povoamentos vikings da Dinamarca e da Noruega. Entre os alvos prediletos e recorrentes desses piratas do mar estavam as igrejas e os mosteiros, onde se concentravam relíquias e demais objetos com maior valor comercial, em ouro, prata e pedras preciosas. Por um lado, os monges ofereciam pouca resistência; por outro, as embarcações não dispunham de capacidade suficiente para armazenar grandes quantidades de tesouro. Num cálculo economicista, era preciso maximizar o retorno do empreendimento, isto é, do saque.

A despeito dos excessos e das inverossimilhanças que possam ser encontrados nos relatos dos monges católicos, naturalmente inclinados a demonizar os invasores pagãos por não respeitarem o clero e os locais religiosos, os historiadores não discutem que a estratégia de guerra utilizada pelos vikings era rude e feroz. De maneira ainda pouco usual, os ataques partiam do mar; eram repentinos, rápidos e muito eficazes; terminavam em massacre (ou com a captura de alguns poucos reféns, que poderiam ser objeto de pagamento de resgate); e se repetiam múltiplas vezes.

A surpresa constituía a principal arma dos vikings. Um pequeno grupo, distante de sua origem, ainda que formado por combatentes especialmente corajosos e bem treinados, somente poderia sair-se vencedor se o ataque fosse inesperado do ponto de vista dos seus inimigos. Talvez não tenham sido os primeiros, mas os vikings foram eficazes utilizadores da tática da guerra-relâmpago (*blitzkrieg*).

Essa forma de guerrear estava fundamentada nas características da sociedade e da técnica escandinavas à época, em particular a organização em clãs, cujos chefes não respondiam ao comando de um soberano único e decidiam sobre suas expedições de conquista de acordo com interesses e necessidades locais. Para o êxito de suas expedições, contavam com embarcações superiores, tanto para a navegação em alto mar quanto em rios, velozes, estáveis e adaptadas à navegação a vela ou a remo.

AS EMBARCAÇÕES VIKINGS

Os barcos vikings causaram espanto em sua época e, ainda hoje, mil anos depois, são considerados verdadeiras obras-primas da tecnologia desenvolvida pelos antigos navegantes e artesãos escandinavos. Com cerca de 20 a 30 metros de comprimento, 3 e 5 metros de largura e um calado (distância entre o ponto mais profundo da quilha e a linha d'água) extremamente baixo, parece incrível que 30 a 50 marinheiros – ainda por cima, armados – conseguiam atravessar alguns dos mares mais revoltos do mundo, o mar do Norte, e um oceano escuro e glacial.

O navio-longo (*langskip*) – embarcação típica de assalto – tinha a elegante forma curvada e simétrica, da proa à popa, ambas bastante elevadas e decoradas com entalhes na madeira de animais e seres mitológicos entrelaçados. A técnica de construção conferia leveza ao casco: pranchas longas e finas de carvalho eram vergadas e sobrepostas umas sobre as outras. Os espaços estreitos entre cada tira de madeira eram calafetados com lã embebida em alcatrão. O formato suave do casco reduzia a resistência no contato com a água e permitia manobras mais ágeis em baías e golfos estreitos.

As características naturais de velocidade e de maneabilidade, indispensáveis à estratégia de ataques rápidos e furtivos, eram ampliadas mediante o uso da vela ou de remos, na mesma embarcação. O mastro podia ser desmontado quando o barco se aproximava de um povoamento costeiro a ser saqueado. Em seguida, praticamente invisíveis e protegidos pelos escudos pendurados no lado exterior do convés, os homens passavam a remar em direção ao alvo. A conjunção das técnicas do mastro desmontável e dos remos embarcados traduz bem a engenhosidade dos construtores nórdicos.

Os navios mercantes tinham construção semelhante, mas eram inferiores em qualidade aos *langskipene*. Mais robustos, suportavam viagens mais longas, em mares tempestuosos como, por exemplo, entre a Noruega e a Islândia. Pelo menos dez tipos de embarcações vikings foram catalogados pelos arqueólogos, umas mais adaptadas à navegação fluvial, outras à pesca ou ainda ao comércio litorâneo.

A óbvia dificuldade de preservação da madeira em água salgada limita a descoberta de navios relativamente bem conservados. Nessas condições, os principais achados, hoje muito bem restaurados e expostos nos belíssimos Museus de Embarcações Vikings de Bygdøy, Oslo, na Noruega, e de Roskilde, na Dinamarca, se referem a embarcações utilizadas em cerimônias fúnebres, em terra firme.

Esta embarcação descoberta na região de Gokstad, Noruega, serviu de túmulo para um chefe viking de 40 anos e cerca de 1,80 m, que faleceu de ferimentos recebidos em uma batalha por volta do ano 900.

A escavação do barco Gokstad expôs muitas das características associadas ao povo viking. Construído por volta do ano 850, foi usado como câmara funerária de um homem rico e poderoso, falecido em torno do ano 900. A bordo, os arqueólogos encontraram restos de tapeçarias de seda com fios de ouro, peças feitas de chifre, anzóis de ferro, arneses de ferro e bronze, seis camas, uma tenda e um trenó. Trinta e dois escudos estavam fixados em cada lado do navio, pintados de amarelo e de preto, alternadamente. Ao redor, foram encontrados os esqueletos de 12 cavalos, 8 cães e 2 pavões, além de outros 3 barcos menores. O esqueleto do morto, na casa dos 40 anos, mostra sinais de golpes de espada em ambas as pernas. É provável que tenha sido abatido no coração de uma batalha.

Fontes do período, como o poema épico anglo-saxão *Beowulf*, cujo manuscrito data do século XI, dão indicações dos ritos observados pelos vikings nos funerais dos seus líderes. Quando um chefe viking morria, alguns dos seus escravos e servos, homens ou mulheres, se voluntariavam para serem sacrificados. No dia do funeral, a embarcação do chefe era içada à terra firme e as pessoas do clã caminhavam em torno dele recitando em voz alta. Uma anciã encarregada das preparações do túmulo colocava almofadas, mantas e cobertores sobre o convés do navio. O corpo do chefe morto era vestido com roupas especialmente feitas para a ocasião e, em seguida, depositado, em posição sentada, na parte do navio coberta por uma tenda, em meio a jarros com bebida alcoólica, pratos com alimentos, ervas aromáticas e todas as suas armas. Os corpos dos escravos e servos imolados eram distribuídos pela embarcação, junto com cavalos, cães, vacas e aves.

O navio Oseberg é um magnífico exemplar da técnica e da arte no período viking e conta uma história diferente. Quem o mandou construir não economizou em trabalho de ornamentação, desde a quilha, abaixo da linha d'água, até a proa, que se termina numa curva em espiral, à maneira da cabeça de uma serpente. Para surpresa dos arqueólogos, dentro desse enorme túmulo não foi encontrado nenhum chefe de clã ou famoso guerreiro viking. Ao contrário, o barco serviu de túmulo para duas mulheres, falecidas, no ano 834, aos 70 e 50 anos respectivamente. Junto a seus esqueletos, foram encontrados vestidos, sapatos, pentes, utensílios domésticos, ferramentas agrícolas, 3 trenós ricamente decorados, 1 carroça, 5 cabeças de animais esculpidas, 5 camas e 2 tendas. Ao redor, foram desenterrados os restos de 15 cavalos, 6 cães e 2 vacas. Quem eram essas mulheres? Esposas ou sacerdotisas? Teriam sido sacrificadas após a morte de um líder poderoso? Ou uma das duas terá sido, ela mesma, uma autoridade suprema? Não se sabe.

 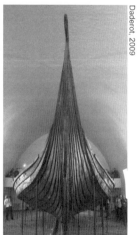

As formas elegantes do barco Oseberg, que serviu de túmulo para duas poderosas damas norueguesas, refletem a técnica avançada de construção e a velocidade que fizeram a fama das embarcações vikings de ataque.

LONDRES... PARIS...

O clima severo, o frio, a longa noite invernal, o solo escasso e pouco fértil somaram-se ao espírito aventureiro das tribos escandinavas e as propulsaram rumo a batalhas e conquistas ainda mais a leste e ao sul da Europa.

Já na segunda metade do século IX, os vikings haviam descido de suas bases na Escócia e invadido boa parte da Inglaterra, entre York e Londres, após uma série de batalhas vencidas contra exércitos anglo-saxões. A região ocupada passou a ser conhecida como *Danelaw*, ou seja, o território de vigência da lei dinamarquesa. Ali, os invasores vikings confiscaram propriedades, montaram acampamento, se misturaram à população existente, passaram a cobrar impostos (elevados) e até assinaram tratados com os ingleses para manter acordos de fronteira. Não chegaram a se firmar em Londres, mas achados arqueológicos comprovam a presença de guerreiros nórdicos na capital inglesa.

A partir da Escócia, os vikings também lançaram campanhas durante os mais de cem anos que duraram suas incursões marítimas contra os irlandeses. O período foi tumultuado e deixou a ilha devastada.

Já nos últimos anos do reinado de Carlos Magno, os escandinavos deram início a uma série de invasões no território dos atuais Países Baixos. Da Frísia, ao norte, se deslocaram para o interior até a atual cidade de Utrecht, no coração da Holanda. Entre 851 e 864, atacaram Flandres, região belgo-holandesa, localizada entre Roterdã, Antuérpia, Ghent e Brugge, no delta fértil e estratégico do rio Reno.

Ainda é difícil de acreditar que a expansão rumo ao coração da Europa tivesse levado os guerreiros escandinavos às portas de Paris! Por volta do ano 880 os vikings atingiram a embocadura do Sena e, em pouco tempo, adentraram mais de 150 km de rio, devastando cidades e arrasando as frágeis defesas militares francesas, então abaladas por lutas intestinas após o desmoronamento do Império Carolíngio.

Mas Paris era demasiado grande para ser tomada de assalto e ocupada, por uma armada viking. Ao mesmo tempo, sabiam os franceses que o objetivo maior dos invasores nórdicos não era a ocupação da cidade, mas sua rendição e pilhagem. O rei Carlos III, o Simples, decidiu então propor um acordo ao chefe Hrolf Ganger (Rolão), pelo qual concedia ao viking a região da foz do rio Sena em troca do levantamento do sítio de Paris. As tribos lideradas por Rolão passaram a ocupar o que hoje constitui a região da Normandia (*Norr-man*, "terra dos homens do norte") e até defenderam seu litoral contra agressões de outros vikings. Tendo desembarcado nas novas terras sem mulheres, sem mobiliário e sem utensílios, adotaram paulatinamente os costumes locais, as instituições políticas, as tradições religiosas e a língua dos francos.

114 | Os escandinavos

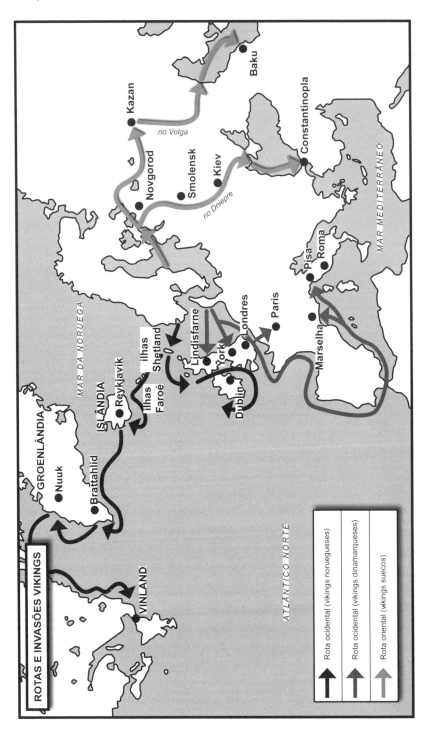

A busca de novas terras levou o povo viking a dominar as rotas marítimas e fluviais rumo às ilhas britânicas, ao sul da Europa e ao Império Bizantino.

Curiosamente, anos mais tarde, em setembro 1066, partiriam da costa da Normandia os futuros senhores da Inglaterra sob o comando de Guilherme, o Conquistador, com uma frota de 700 embarcações. Após derrotar as tropas de Haroldo de Wessex, na decisiva Batalha de Hastings, Guilherme avança para Londres e, em 25 de dezembro daquele ano, é coroado rei da Inglaterra na Abadia de Westminster. A conquista de Guilherme e de suas forças normandas, herdeiras dos vikings, inaugurou um longo período de união entre a Normandia e Inglaterra. Até 1204, o Reino da Inglaterra e o Ducado da Normandia tiveram o mesmo soberano, com o canal da Mancha entre os dois.

COMERCIANTES E COLONIZADORES

Além de piratas conquistadores, os vikings também foram ativos comerciantes, especialmente as tribos da Suécia e do Báltico (onde hoje estão Finlândia, Polônia, Lituânia, Letônia, Estônia e o noroeste da Rússia), que fizeram suas incursões na direção do Império Bizantino, seguindo os grandes rios da Europa Central. Foram estabelecidas rotas e vias de troca com lugares exóticos, para os nórdicos, como Constantinopla – então o grande centro do comércio mundial –, a Grécia e o Oriente Médio.

Ao longo dos 2.200 km de extensão do Dniepre, que teriam sido percorridos de barco e a pé, os vikings suecos assentaram importantes entrepostos em Smolensk (na atual Rússia) e em Kiev (Ucrânia), até as margens do mar Negro.

Durante os séculos IX e X, o chefe Rurik e, em seguida, seu filho Igor, governaram o primeiro domínio permanente na estepe ocupada pelos povos eslavos. De suas terras, eles se lançaram ainda mais rumo ao leste em expedições de conquista territorial. Ficaram conhecidos como os *rus*, termo do qual deriva o gentílico "russo".

Mais numerosos e organizados, os *rus* fizeram várias tentativas de ataque contra as populações vizinhas a Constantinopla, mas não lograram superar o poderio bizantino. Tiveram mais sucesso pela via do comércio. Achados arqueológicos mostram que os vikings entraram em contato com a Rota da Seda, principal itinerário para o comércio europeu com a Índia e a China. Na ilha sueca de Gotland, foram encontradas milhares de moedas persas e árabes, além de pedras preciosas de origem indiana. Além da seda e de especiarias (como pimenta, noz-moscada, cravo, gengibre, mostarda e canela), os vikings buscavam adquirir itens de ouro e prata, cerâmicas, jarros e copos de vidro. Em troca, vendiam utensílios de ferro e estanho, tecidos de lã, couro, marfim (de morsas), peles de urso, raposa e alce, e, ainda, escravos capturados em suas conquistas.

116 | Os escandinavos

Também empregaram sua fama guerreira no serviço militar ao imperador bizantino, na qualidade de mercenários atuantes na escolta imperial chamada de Guarda Varegue. O enviado árabe Ibn Fadlan descreveu, em suas notas de 922, os *rus* como "altos como tamareiras, de cabelos vermelhos, pele clara, cobertos com tatuagens por todo o braço até as pontas dos dedos", e como "a mais suja entre as criaturas de Alá", porque "não se lavam depois do amor, nem antes de comer". Na ausência de imagens da época e da descoberta de um corpo viking bem conservado pelo gelo, é apenas possível supor que as tatuagens dos vikings reproduziam sua arte em madeira esculpida, onde proliferavam longas serpentes entrelaçadas e figuras geométricas trabalhadas em extremo detalhe.

DESCOBRIDORES DA AMÉRICA?

A exegese dos textos antigos das sagas islandesas e as modernas pesquisas arqueológicas indicam que os vikings teriam aportado no extremo norte do continente americano em torno do ano 1000.

Duas sagas escritas no século XIII narram viagens realizadas em torno do ano 1000 para uma região denominada Vinland, no extremo norte da América, provavelmente na ilha conhecida hoje como Newfoundland, Canadá. No idioma norse antigo, Vinland significava "terra de vinhas". É comum associarmos a fruta às uvas, mas os solos e climas frios do Norte produzem um tipo semelhante de frutas em cachos, chamadas de *vinbär* ou "groselha" em português.

A *Saga dos groenlandeses* descreve uma viagem de barco feita por Bjarni Herjolfsson, o primeiro nórdico a avistar as costas da América do Norte, e a viagem seguinte de Leif Eriksson, que estabeleceu um acampamento provisório em Vinland. Por sua vez, na *Saga de Erik, o Vermelho*, aprendemos que o comerciante Thorfinn Karlsefni partiu da costa leste da Groenlândia na chefia de uma expedição de três embarcações com destino a Vinland. Ali viveu durante um longo período e sua esposa Grurid deu à luz o primeiro descendente de europeu na América, seu filho Snorri.

Dada a relativa proximidade entre o nordeste do continente americano e a Groenlândia, onde os vikings já haviam fundado duas colônias em 986, não deixa de ser plausível a "precoce" descoberta da América pelos excelentes navegadores vikings.

Mas por que não permaneceram para colonizar a nova terra? Talvez porque o grupo de viajantes era pequeno demais. Talvez os poucos colonos tenham sido expulsos por populações nativas de indígenas ou inuits (esquimós). Há também a hipótese de que, com o início da chamada Pequena Era Glacial, quando as temperaturas médias no hemisfério Norte baixaram entre os séculos XIII e XVIII e os verões encurtaram drasticamente, a região norte da América se tenha tornado particularmente inóspita para os colonos.

UM NOVO PAÍS

As impressionantes embarcações que conduziram os guerreiros escandinavos à conquista de riquezas dos reinos cristãos e que fizeram o transporte dos bens comerciados com regiões distantes do Império Bizantino também levaram os aventureiros vikings rumo ao desconhecido, na busca de novas terras para colonizar.

A cerca de mil milhas náuticas da costa da Noruega e praticamente sobre o Círculo Polar Ártico, no meio do Atlântico, o chefe norueguês Ingólfr Arnason e sua tripulação estabeleceram, em 874, uma nova colônia viking. A ilha era praticamente deserta, com grandes extensões cobertas por geleiras eternas e por vulcões, que demonstraram estar em atividade nos anos e séculos seguintes. Apesar do nome, *Island* (terra de gelo), as áreas ao sul e a leste eram cobertas por uma camada de solo fértil, graças ao clima mais ameno provocado pela passagem da corrente do Golfo (que, aliás, mantém todo o norte da Europa habitável). A Islândia – ainda hoje tão pouco conhecida – merece muito mais atenção do que lhe é dada, tanto pelos estudiosos do passado quantos pelos turistas mais esclarecidos.

A sociedade islandesa começou, praticamente do zero, com a chegada dos primeiros colonos noruegueses, na sua grande maioria camponeses pescadores desprovidos de planícies suficientemente férteis para o sustento de suas famílias. Não eram degredados e tampouco obedeciam à ordem de algum soberano. Muitas mulheres foram trazidas das regiões ocupadas mais próximas, Irlanda e Escócia.

A primeira característica do povoamento da Islândia é a ausência de um comando central. Durante séculos, não se teve conhecimento de chefe ou soberano, com poder sobre todo o território da ilha. Segundo Arni Björnsson, do Museu Nacional em Reykjavík, "na Idade Média, a sociedade islandesa foi bastante incomum. A classe principal da sociedade era composta de agricultores independentes, ricos e pobres, e não havia nenhum rei, nenhum governo, nenhuma aristocracia hereditária, e não havia impostos".

Havia, porém, a lei. Escrevendo no século XI, o cronista Adão de Bremen comentou que os islandeses "não tinham outro rei que a lei". Não se tratava de um corpo legislativo organizado de forma lógica e estruturado em códigos, mas de um sistema de regras que buscava a solução das disputas por meio da negociação e do compromisso entre as partes interessadas. Isso porque, na ausência da autoridade de um príncipe ou rei, a quase totalidade das querelas judiciais era concebida como o resultado de rixas e desentendimentos entre pessoas livres; não entre um indivíduo e o poder central.

Numa região em que toda propriedade era particular e os recursos (colheita, rebanho, ferramentas e utensílios) eram, para a maioria, escassos, a justiça se preocupava menos com a prisão ou a execução do criminoso do que com a compensação devida à vítima pelo autor do delito: "se um homem matar outro homem e confessar o homicídio, a família da vítima terá direito a se vingar ou a receber uma compensação em dinheiro, o que preferir." Nesta segunda hipótese, a vítima sempre visava ao maior ressarcimento possível de sua ofensa ou lesão, de alguma forma, em dinheiro ou bens. Quando mais próximo o parentesco com a vítima, maior a compensação que podia ser buscada por um dos membros da família. Frequentemente, a sentença dispunha sobre a compensação a ser paga pelo culpado à parte lesada. A lei previa padrões distintos de compensação, dependendo do tipo e da gravidade da lesão, bem como da condição das partes envolvidas (se a vítima ocupava posição de chefe de clã ou chefe de família; se era homem, mulher ou criança). Em casos extremos, o degredo era muito mais comum do que a cadeia, considerada economicamente ineficaz. Também se admitia o emprego da violência (a mutilação de uma orelha, mão ou braço, na impossibilidade de compensação pecuniária) e da vingança privada em casos de ferimento à honra pessoal, da família ou do grupo. Honra e humilhação são dois fortes sentimentos que alimentam o enredo das sagas e o comportamento dos vikings. Naquela sociedade bastante limitada em tamanho e espaço, a honra era considerada o principal atributo da pessoa. E as causas para a desonra eram muitas e variadas: a covardia e a traição no campo de batalha, sem dúvida; a fuga e o abandono da família; mas também um insulto verbal ou ainda a suspeição de que os bens acumulados eram resultado de furto ou extorsão de outra família viking.

Apesar das dificuldades para o seu cumprimento, na ausência de uma força da ordem distinta da coerção privada, os próprios islandeses tinham em alta estima o respeito à lei de seu país. Na *Saga de Njáll, o Queimado* (*Brennu-Njáls Saga*), uma

Reykjavík, na Islândia, abriga o Parlamento mais antigo do mundo, em funcionamento desde o ano 930. Na foto, sua nova sede construída em 1881, para 63 deputados.

das mais importantes da literatura nórdica, lemos a seguinte máxima: "Com a lei nossa terra vai prosperar; sem lei, irá sucumbir".

Tendo o direito como um dos pilares de sua civilização, durante os séculos X e XI os islandeses desenvolveram uma forma única de governo, sem precedentes no restante da Europa: a democracia do Althingi e das assembleias locais (*thing*). Em contraste com os reinos europeus daquela época, organizados segundo rígidas hierarquias militares e religiosas, e protegida de ameaças exteriores pela sua insularidade e distância, a Islândia estabeleceu no Althingi um lugar para que praticamente todos os proprietários de terras pudessem participar das principais decisões da comunidade, arbitrando queixas e tomando decisões de interesse comum. Funcionava, portanto, tanto como assembleia legislativa quanto corte de justiça. O Althingi islandês, fundado no ano 930, leva o título de Parlamento mais antigo do mundo em atividade.

A cada sessão anual do Althingi, reunido no período de duas semanas de junho, o orador (*lögsögumaður*), responsável pela preservação e clarificação da tradição jurídica, recitava em voz alta um terço das leis da Islândia. Desse modo, ao longo de seu mandato de três anos, o orador concluía a declamação de todo o conjunto das leis vigentes. Compostas em estilo aliterativo e com padrões rítmicos, as leis eram mais fáceis de lembrar, na forma oral, pelo conjunto dos habitantes da ilha.

As leis do país eram feitas por um conselho (*lögretta*) composto de uma elite de cidadãos, chamados *godar*. Como os parlamentares dos tempos modernos, os *godar* que se destacaram foram homens de carisma, que sabiam gerir habilmente seu núcleo de apoiadores e que eram capazes de, numa disputa, proferir a decisão final. Cada fazendeiro islandês (*bondr*), uns mais do que outros, em função do tamanho de suas propriedades, usufruía de grande liberdade para escolher o seu líder local, o seu *godi*, e poderia eventualmente mudar de escolha. Esta característica do relacionamento – ou negociação – entre os *bondr* e os *godar* teria dificultado o surgimento de uma nobreza de tipo hierárquico na Islândia. Se, por um lado, os *godar* assumiam uma posição de autoridade na região e como representante local junto ao Althingi, por outro, seus apoiadores mais poderosos o mantinham sob relativo controle.

Há uma forte tendência entre os historiadores que se debruçam sobre o estudo da Era Viking de atribuir à Islândia dos séculos IX a XIII características embrionárias de um regime democrático e republicano moderno. Ao contrário das sociedades feudais, a ilha não era regida por um soberano autocrático e de direito divino. O Althingi elaborava a legislação comum a todos os islandeses e arbitrava, junto com os conselhos locais (*thing*), as disputas que lhe eram submetidas pelas partes interessadas, segundo regras e procedimentos judiciais. A classe dos *godar*, próxima ao conceito de nobreza no resto da Europa, fazia as vezes de um grupo de elite, geralmente mais rico e poderoso na organização social islandesa, mas se considerava, formalmente, na categoria de cidadãos e não de aristocratas.

O sistema de governo islandês e os padrões de justiça então vigentes nos causam estranheza. Com o passar do tempo, porém, e a maior complexidade das relações de propriedade e de alianças entre famílias e clãs, a ausência de um Estado centralizado e o recurso à violência privada, operada pela vítima, por sua família ou seu grupo de defensores, conduziram a Islândia à guerra civil, ao término do século XII. Ainda assim, o recurso ao Althingi se manteve como uma opção menos onerosa e imprevisível para a solução de controvérsias do que a vingança pessoal ou a luta entre facções inimigas.

Hoje, o Parlamento islandês mantém a denominação milenar de Althingi, mas já não mais se reúne na planície de Thingvellir. Está situado num prédio de pedra vulcânica e revestimento interno de madeira pintada, no centro de Reykjavík, a 43 km de sua localização original. Abriga os 63 representantes eleitos a cada 4 anos pelos 220 mil eleitores islandeses.

Dotados de um espírito liberal e progressista, os islandeses se mostram, no entanto, extremamente conservadores em matéria de nomes. Por lei, os nomes de todas as crianças nascidas na Islândia (exceto as de pais estrangeiros) devem ser submetidos ao Registro Nacional de Nomes Pessoais, que somente reconhece um repertório com cerca de 1.800 nomes femininos e 1.700 masculinos. Eventuais discrepâncias à regra geral devem ser necessariamente aprovadas pelo Comitê sobre Nomes Pessoais, que analisa a compatibilidade do nome sugerido com a estrutura da língua islandesa e suas regras gramaticais.

A maioria dos nomes autorizados data de mais de mil anos, da época da colonização viking: Thor, Hálfdan, Ólafur, Gudrun, Astridur, Sigridur, Vigdis etc. Com a chegada da fé cristã na Idade Média, foram adotados também nomes de santos, como Agnes, Anna, Páll, Karl, Márkus, Jón, Kristján, Stefán etc.

Outra característica islandesa é o uso do sistema de patronímicos, isto é, a formação do sobrenome a partir do nome do pai e do acréscimo do sufixo *-son* ou *-dóttir*, em função do sexo da criança. Nesse sentido, Anna Jónsdóttir é Anna "filha de Jón" e Hálfdan Ragnarsson é Hálfdan "filho de Ragnar".

Por essa razão, os islandeses se chamam pelo primeiro ou primeiros nomes. Por exemplo, Jón Egill Pálsson é conhecido como Jón Egill e não senhor Pálsson; o presidente Ólafur Ragnar Grímsson deve ser chamado de presidente Ólafur Ragnar. Livros em bibliotecas, catálogos telefônicos, listas eleitorais etc. são organizados por ordem alfabética de prenomes.

ESCRITO SOBRE PEDRA

O alfabeto rúnico dos vikings se originou de antigos caracteres germanos e, até a generalização da escrita em pergaminho e, depois, papel, com os monges cristãos, no século XII, eram esculpidos em pedra e madeira, frequentemente nos próprios objetos de uso pessoal. Por essa razão óbvia, as mensagens não podiam ser longas e normalmente serviam de registro de algo importante na vida do autor ou na sua morte: "Ulv ergueu esta pedra em memória de seu amigo Eirik, que morreu a caminho para o oeste"; "Enquanto ainda estava vivo, Jarl construiu esta ponte para a sua alma"; "Este baú pertence a Thorvald, filho de Aslak".

A tabela a seguir reproduz o formato de cada letra do alfabeto rúnico, sua denominação, correspondência fonética para nosso alfabeto moderno e seu significado:

122 | Os escandinavos

	Ansuz	a	sabedoria		Kenaz	k	luz e fogo
	Algiz	z	alce		Lagaz	l	água
	Biork	b	nascimento		Mannaz	m	homem
	Dagaz	d	dia		Naudiz	n	destino
	Ehwaz	e	viagem		Othala	o	origem
	Eihwaz	æ	morte		Perdhra	p	terra
	Fehu	f	riqueza		Raidho	r	pensamento
	Gfiu	g	lar		Sigil	s	vitória
	Hagal	h	chuva		Thurisaz	th	magia
	Ingwaz	ng	fertilidade		Uruz	u	força
	Isaz	i	gelo		Wynja	w	felicidade
	Jera	j	ano				

Jelling, na Dinamarca, exibe alguns dos mais bem conservados monumentos de pedra com a escrita rúnica utilizada por tribos germânicas e pelos vikings.

AS SAGAS

A palavra *saga* tem origem no verbo *segja*, que significa falar, dizer, narrar. As sagas são relatos em prosa sobre viagens, feitos heroicos ou simplesmente ocorrências e disputas da vida familiar. Os eventos narrados contêm um fundo histórico, mais ou menos verídico, acrescentado de efeitos dramáticos que dão o prazer da leitura a toda boa narrativa literária.

Por exemplo, a *Saga dos Islandeses* (*Íslendinga*), que trata da vida, costumes e disputas na comunidade islandesa no período 1200-1264, e a *Saga dos Reis da Noruega* (*Heimskringla*), descreve a história da casa real da Noruega entre os séculos IX e XII.

Na sua maioria, os sacerdotes eram financiados por agricultores ricos, que estavam interessados em obter um registro perene da formação do território e da sociedade islandeses e, ao mesmo tempo, produzir uma literatura para fins de entretenimento. Como a elite da ilha não entendia latim, quase todos os livros da época foram escritos no idioma islandês. Diferentemente do dinamarquês, do sueco e do norueguês atuais, o idioma islandês manteve quase inalterados a sua gramática e o seu vocabulário. Dessa forma, os textos clássicos de todas as épocas podem ser lidos sem a ajuda de dicionários ou comentadores.

Na linhagem das grandes obras da Antiguidade – a *Ilíada*, a *Odisseia*, as tragédias gregas, as histórias de Roma –, as sagas exploram os temas principais da consciência humana: o destino, a honra, o heroísmo, a fama, o amor e o ódio, o crime e a vingança, a aventura, o exílio. Mas ao contrário da arte greco-romana, as sagas se concentram na descrição dos eventos em grande detalhe e à reprodução minuciosa das falas e dos diálogos, sem menção aos sentimentos e aos conflitos interiores das principais personagens. Essa característica distingue as sagas islandesas das demais: os protagonistas se revelam ao leitor exclusivamente através de suas palavras e ações. Por exemplo, ao se dar conta de que sua morte não mais poderá ser evitada, Njal vai se deitar na cama com sua esposa, acomoda carinhosamente o seu filho caçula embaixo da coberta, entre os dois, e fecha os olhos. Todo sentimento de comoção e resignação é transmitido pela narrativa direta e sem floreios.

Outra característica própria das sagas islandesas é a forte presença feminina nos enredos. Ainda que a cena seja dominada pelos homens, as mulheres, geralmente belas e astuciosas, ganham destaque e expressam suas opiniões publicamente. A *Saga de Njal, o Queimado* começa com um problema conjugal de impotência temporária de Hrut, que não consegue consumar o casamento com Unn, filha de um proprietário rico e poderoso. O matrimônio é anulado, mas o ressentimento de Unn e de sua família será o motivo de uma série de represálias. Outra mulher, Hallgerd, cujos dotes sensuais encantaram três maridos (dois deles assassinados pelo padrasto de Hallgerd), consegue exercer autoridade sobre o primeiro marido e o separa de seu melhor amigo e conselheiro, Njal. Hallgerd é a personificação de mulher bonita e má, que semeia a discórdia e causa inveja nas rivais.

Nas sagas já se desenvolve o embrião do romance moderno, em prosa, combinando narrativa e diálogos, e contendo diferentes episódios em que se mesclam personagens principais e coadjuvantes. Constituem o orgulho do povo islandês, que ainda as lê como seus antepassados, já lá se vão sete séculos. Os trechos mais representativos das sagas fazem parte do currículo da escola primária islandesa e os deuses pagãos são tão familiares quanto os heróis dos quadrinhos, como Tarzan, ou do cinema, como Gandalf, em *O Senhor dos Anéis*. Enquanto as demais línguas nórdicas sofreram influências sobretudo do alemão, do inglês e do francês, em função da proximidade geográfica e do intercâmbio cultural, o islandês manteve-se durante séculos isolado com língua de uma pequena comunidade (cerca de 50 mil habitantes durante os séculos XVIII e XIX; hoje, 300 mil), equidistante de dois continentes, no meio do Atlântico Norte.

Muitas das sagas foram inspiradas por poemas épicos ou contos românticos da Europa latina, das ilhas britânicas e dos celtas, que se tornaram conhecidos pelos vikings em suas invasões e expedições comerciais, entre os anos 800 e 1.000, e serviram como modelos. Também é verdade que os enredos épicos e mirabolantes das sagas inspiraram diversos criadores e obras ao longo nos séculos seguintes: William Shakespeare (*Hamlet*, 1599), Richard Wagner (*O anel do Nibelungo*, 1869), Walter Scott (*Ivanhoé*, 1820), J. R. R. Tolkien (*O Senhor dos Anéis*, 1937-1949), George Martin (*As crônicas de gelo e fogo*, 1996-) e a série de televisão *Game of Thrones*, entre outros.

MITOLOGIA

Antes de se converterem ao cristianismo, entre os séculos X e XII, os vikings cultivavam uma mitologia própria e adoravam deuses de feições e humores humanos. Esses seres sobrenaturais e extremamente poderosos amavam, discutiam e brigavam entre si, mas também podiam interferir diretamente na natureza e na vida dos mortais.

Como a grande maioria das mitologias e religiões, os vikings possuíam uma lenda para a criação e a organização do mundo. Acreditavam que o cosmos se formou como uma árvore gigantesca, chamada Yggdrasil, em cujos galhos se distribuíam mundos diferentes: Asgard ou a Casa dos Deuses; o mundo dos homens (Terra do

Meio); o Reino de Hel, a Morte; e o Reino de Utgard (dividido em terras menores onde viviam elfos, trolls e gigantes). No topo da árvore pousava a águia gigante Hräsvälg, que com suas grandes asas movia todas as tempestades do mundo. De cima a baixo do tronco, corria apressadamente o esquilo Ratatosk, que sabia de tudo o que acontecia em Yggdrasil. Outros animais, como renas, veados e cobras, viviam ao redor daquela árvore mítica.

Em Asgard residiam todos os deuses do panteão viking. Odin, o maior dos deuses, habitava o palácio de Valhalla com sua esposa Frigga. O Valhalla era tão grande que cem homens poderiam passar ao mesmo tempo pelo seu portão de entrada. Seu telhado era coberto de milhares de escudos de ouro. Todas as manhãs, o galo Gyllenkamme despertava os deuses de Asgard com o seu canto. O palácio era constantemente atacado por gigantes, os Jötnar. Após a batalha, as valquírias, mulheres guerreiras montadas em cavalos alados, carregavam as almas dos guerreiros mortos; os mais corajosos dentre eles passavam a viver no paraíso do Valhalla, lutando durante o dia e festejando à noite.

Para o Reino da Morte sucumbiam os assassinos, renegados, ladrões e aqueles que não morreram de uma maneira digna para um viking. Era um lugar profundo e sombrio, guardado pelo lobo Garm. Mesmo acorrentado, de vez em quando Garm se atirava para frente e mordia alguns dos passantes. Por isso, de seu focinho sempre escorria sangue humano fresco. Hel, a rainha da morte, era bela de um lado da face e, do outro, mostrava a carne em decomposição, como a de um cadáver.

A Terra Média era habitada pelas pessoas comuns, protegidas dos gigantes por altos muros de pedra. No oceano vivia uma serpente tão grande que dava a volta em toda a Terra Média e que passava os dias mastigando sua própria cauda (tema muito recorrente na arte viking da escultura em madeira e pedra). Três deusas menores, Urd, Verdandi e Skuld, teciam cordas que representavam o destino dos mortais, até o fim de suas vidas.

Utgard, por fim, era a terra de onde seres sobrenaturais como elfos, trolls, gigantes, feiticeiros e bruxas saíam para atazanar a vida dos vikings. Eram, em sua maioria, entes mágicos, feios e desagradáveis que usavam de suas habilidades para confundir e atormentar os humanos.

Sem ousar relacionar o inesgotável panteão dos deuses e semideuses, creio que será útil apresentar uma seleção dos personagens imaginários mais representativos da mitologia viking. Suas denominações e seus atributos ainda ressoam na produção artística atual, na topografia das cidades escandinavas, nos nomes de praças, ruas e prédios, em logomarcas de empresas multinacionais e, quem diria, até em videogames de ação.

Odin é o supremo deus do Valhalla, criador do mundo, em tempos imemoriais, com seus irmãos Vili e Ve, que deram origem aos primeiros seres humanos. Considerado um verdadeiro sedutor, gerou muitos filhos e filhas com diferentes deusas, trolls e gigantes. Odin tudo vê e tudo sabe do passado ao futuro. A cada noite, seus dois corvos, Hugin ("Pensamento") e Munin ("Sentimento"), retornam para o Valhalla e lhe narram os acontecimentos diários. Percorre a imensidão do Valhalla montado em seu cavalo de oito patas, Sleipnir, o mais rápido do mundo, empunhando sua lança Gungnir e sua espada Mimung.

Tor, deus do trovão, é o filho de Odin com Jord (a Terra) e o mais forte dos deuses que habitam Asgard. É admirado pela sua coragem, mas possui um temperamento terrível. Tor tem a responsabilidade de defender Asgard contra os gigantes e outros monstros, com a ajuda de seu martelo Mjölnir (forjado pelo anão Sindre) que, depois de arremessado sempre retorna para a mão de Tor. O martelo também tem o poder de provocar raios e trovões. Numa biga puxada por duas cabras, Tanngniost e Tanngrisnir, Tor se move tão rápido que parece um raio de luz brilhante no céu. O deus também porta o cinto Mengingjord, que lhe duplica a força, e, às vezes, uma luva de ferro em sua mão direita.

Tor simboliza o ideal guerreiro viking e, por isso, suas histórias estão recheadas de combates sangrentos. É sua a responsabilidade primordial de defender o palácio dos deuses e combater gigantes e monstros. Está predestinado a lutar, no final dos tempos, contra a serpente que ameaça engolir o mundo. O martelo de Tor foi o amuleto mais usado pelos povos escandinavos antes de sua conversão ao cristianismo. A Igreja, aliás, nunca conseguiu banir a referência à divindade pagã nos nomes de batismo na Escandinávia: Tor/Thor, Thorvald, Thorbjørn, Tore/Thore e Torstein, entre outras 60 variações.

Loki, Aranha, não é um deus, mas um mago poderoso e sombrio. Tem três filhos monstruosos com a giganta Angerboda: o lobo Fenrir, a serpente da Terra do Meio e Hel, a Morte. Também é o pai do cavalo de oito patas de Odin. Nas batalhas, está sempre ao lado dos gigantes.

Balder, o Brilhante, é filho de Odin com sua esposa Frigga e o herdeiro de Asgard. Amado por todos, ele é o mais belo e o mais justo dos deuses.

Tyr, deus da guerra, também filho de Odin, é um lutador formidável com a espada e muitas vezes ajuda Tor em seus combates contra os gigantes. Teve sua mão direita engolida pelo lobo Fenrir, filho de Loki.

Heimdall, senhor do fogo, vigia a ponte do arco-íris, que é a única entrada e saída de Asgard. Tem dentes de ouro, mora num castelo celestial e bebe diariamente da fonte da sabedoria (Gjallarhornet). Por ordem de Odin, Vili e Ve, desceu ao mundo dos humanos para gerar as diferentes classes de escravos, homens livres e reis.

Frey, deus da fertilidade e da colheita, garante aos casais sua descendência e faz as plantas germinarem e florescerem. Costuma montar no porco de cerdas douradas, Gyllengalte, e carrega no bolso um barco que pode ser dobrado como um lenço e voar no céu.

Freya, deusa do amor, irmã de Frey, se casou com um humano, simples mortal. Viaja por Asgard em uma carruagem puxada por dois gatos gigantes. Possui várias peles de animais mágicos, que podem transformá-la em outros seres.

Njord, deus do mar, é, acima de tudo, o senhor das tempestades e da chuva, mas também dos incêndios.

Skade, deusa da caça e da neve, é a esposa de Njord, originária de uma família de gigantes. Seu pai, o gigante Tjatse, foi morto pelos deuses, e ela foi até Odin para pedir justiça. Odin prometeu que ela poderia se casar com um dos deuses, do qual apenas poderia ver os pés. Skade pensou que havia escolhido os pés do belo Karla, mas por engano acabou escolhendo Njord, o corpulento deus do mar.

E ainda, entre outros, Vidar, deus da floresta, silencioso e misterioso; Brage, deus da poesia, sempre de bom humor; Idun, deusa da juventude, casada com Brage, maravilhosamente bela, guardiã das maçãs douradas da eterna juventude dos deuses; Ull, o Glorioso, deus do sol, que dispara raios de luz.

CAPACETES COM CHIFRES?

A expansão viking pela Europa deixou como herança diversos nomes de acidentes geográficos e de cidades, sobretudo nas ilhas britânicas. Para nós, latinos, as associações são menos evidentes, mas se pensarmos nos dias da semana em inglês podemos notar que, etimologicamente: o deus Tyr deu seu nome a *Tuesday* (terça-feira), Odin é homenageado em *Wednesday* (quarta-feira); Tor é celebrado *Thursday* (quinta-feira) e a deusa da fertilidade, Freya, tem seu nome lembrado em *Friday* (sexta-feira).

As interpretações, no mais das vezes errôneas, da tradição viking pelos cronistas cristãos e, mais tarde, pelo movimento romântico do século XIX nos legaram uma série de falsas ideias sobre a antiga cultura escandinava. O guerreiro viking, por exemplo, nunca utilizou um capacete com chifres, pela simples razão que teria facilmente sua cabeça brutalmente deslocada do pescoço por qualquer golpe de espada ou lança inimigas! Os arqueólogos somente encontraram capacetes lisos, sem protuberâncias à exceção dos protetores do nariz e da face. Ao que parece, a primeira representação de um viking com capacete de chifres foi obra do figurinista original da ópera *O anel do Nibelungo*, de Richard Wagner, em 1870. Os vikings

Um capacete viking típico: sem chifres, para o bem de quem o usava.

também nunca festejaram suas vitórias bebendo do crânio decapitado de seus inimigos como se fossem copos de cerveja. Tem sido comum na propaganda de guerra dos últimos séculos atribuir costumes de extrema crueldade aos combatentes inimigos. Com ainda mais ênfase no caso de povos considerados pagãos. Outra falsa representação dos vikings é a roupa: com muita frequência eles são retratados vestindo espessas peles de animais, como se fossem um povo bárbaro e animalesco. Porém, os escandinavos fabricavam suas roupas sobretudo a partir da fiação e da tecelagem da lã de ovelhas. Os vestidos e mantos femininos eram tingidos de cores vivas e decorados com fechos, fivelas e broches de grande valor e sofisticação.

DA DINAMITE À PAZ

Neutralidade e pacifismo são atitudes normalmente associadas aos países nórdicos, mas nem sempre foi assim. Os reinos da Dinamarca e da Suécia disputaram durante oitocentos anos a hegemonia na península escandinava e no mar Báltico, lutando entre si. E também participaram de numerosas guerras no cenário europeu, dominado pela França (*Ancien Régime* e napoleônica) e pelos impérios germânico e russo. No século XX, todos os cinco países viveram episódios de grande interesse na história política mundial, tanto na Segunda Guerra quanto durante a Guerra Fria.

Ao final da Era Viking e após a conversão ao cristianismo entre os séculos X e XII, a região sul da Escandinávia começa a apresentar três unidades territoriais mais ou menos definidas e divididas entre os reinos da Dinamarca, Noruega e Suécia. Nos séculos seguintes, a Finlândia foi gradualmente incorporada ao reino sueco, enquanto as ilhas do Atlântico – Islândia, ilhas Faroé e Groenlândia – se ligaram à Noruega.

Os três reinos mantinham vínculos estreitos entre suas famílias reais e, entre 1397 e 1523, foram unificados sob a hegemonia da coroa dinamarquesa. A chamada União de Kalmar (cidade situada no sudeste da Suécia, sede de um magnífico castelo renascentista), porém, não resistiu às disputas por poder entre os monarcas e aristocratas e ao permanente clima de guerra civil. Entrou em colapso após uma série de embates sobre sucessão ao trono da União, que culminou na execução de muitos opositores e na coroação de Gustav Vasa como rei da Suécia.

O episódio da rebelião de Gustav Vasa contra a união com a Dinamarca é relembrado todos os anos de uma forma singular, intimamente relacionada com a proeza de Vasa durante sua perigosa campanha. Em 1520, o descontentamento com o rei dinamarquês Christian II era grande. Gustav Eriksson Vasa, então com 24 anos, é preso na Dinamarca por liderar um grupo de oposição com vários aristocratas suecos. No início da primavera, Vasa consegue escapar e desembarcar ao sul da cidade de Kalmar, de onde parte numa longa marcha na direção de Estocolmo buscando, no caminho, exortar os camponeses e burgueses suecos à revolta contra as autoridades dinamarquesas, sem sucesso. Nesse ínterim, a Coroa dinamarquesa, preocupada com o clima de sedição, apoiou o massacre de oitenta fidalgos suecos, entre os quais o pai e o irmão de Vasa, todos degolados no "banho de sangue de Estocolmo".

Gustav Vasa decide, então, escapar para Mora, situada na região de vales ao norte de Estocolmo. Mas com soldados dinamarqueses em sua perseguição, Vasa não teve outra opção senão calçar seus esquis e continuar sua fuga para as montanhas ainda mais a oeste, na divisa com a Noruega. Alguns dias mais tarde, quando já se encontrava em Sälen, a 620 metros de altitude, ele foi encontrado por dois dos melhores esquiadores de Mora, que o convenceram a retornar rapidamente a Mora e liderar uma milícia de habitantes de Dalarna contra o governo dinamarquês. As batalhas duraram dois anos (1521-1523), até que, derrotadas em Kalmar e Estocolmo, as forças dinamarquesas foram definitivamente expulsas do território sueco. Em 6 de junho de 1523, Gustav Eriksson Vasa foi eleito soberano do reino independente da Suécia.

Hoje, a façanha do patriarca da nação sueca é símbolo da maior competição do esqui do mundo, a Vasaloppet (a Corrida de Vasa). Desde 1922, todos os anos dezenas de milhares de esportistas e praticantes de esqui nórdico competem ao longo dos 94 km de neve entre Sälen e Mora. O esqui nórdico constitui a disciplina de resistência física por excelência dentre os esportes de inverno. O que levou dias para Gustav Vasa, com esquis de madeira e sem trilha, foi completado no primeiro ano da corrida em 7 horas e 32 minutos e, cem anos depois, em 3 horas e 38 minutos.

RIVALIDADES FRATRICIDAS

Pelos dois séculos seguintes, os reinos da Dinamarca (com a Noruega, como território subordinado) e da Suécia (e parte da Finlândia) entraram em guerras constantes para se tornar a potência dominante na região. A Guerra dos Trinta Anos (1618-1648), travada por todas as grandes nações europeias – França, Espanha, Áustria e o Sacro Império dos estados germânicos – contou com participação destacada dos reinos escandinavos. O esforço militar dos reinos dinamarquês e sueco foi proporcionalmente maior, por exemplo, ao da França: enquanto o exército de Luís XVI era composto de 400 mil soldados, para uma população de 20 milhões de franceses, as tropas de Carl XII da Suécia e Frederik IV da Dinamarca contavam 100 mil soldados, cada, para 2,5 milhões habitantes. Enquanto a coroa dinamarquesa (protestante) temia a expansão do Sacro Império Romano-Germânico (católico) rumo ao norte, o Reino da Suécia (protestante) entrou na guerra com a expectativa de conquistar novas possessões na região estratégica da Pomerânia, às margens do mar Báltico, no delta dos rios Oder e Elbe, entre a Alemanha e a Polônia. Além do componente religioso do conflito, a supremacia militar e comercial no Báltico era, então, o prêmio maior disputado por Dinamarca, Suécia e Prússia. O conflito, que teve início com a disputa entre reinos e principados alemães de confissão católica ou protestante, e se expandiu pelo continente, deu origem a um novo mapa político da Europa renascentista. O conjunto de tratados de paz que se tornaram conhecidos, em conjunto, como a Paz de Vestfália, redefiniu as fronteiras dos Estados e inaugurou uma era de relativo equilíbrio de poder entre as potências europeias. Vitorioso, o Reino da Suécia estendeu seu alcance às zonas costeiras dos modernos países bálticos, Rússia e do norte da Alemanha. A Coroa dinamarquesa foi forçada a ceder extensos territórios que passaram a integrar a região sul da Suécia, da Escânia (Malmö) à Götaland (Gotemburgo).

Como resultado, a Suécia se tornou formalmente uma potência europeia, mas com sérias dificuldades materiais para desempenhar um papel internacional importante. A Prússia e o Império Russo se recuperaram mais rapidamente e, na Grande Guerra do Norte (1700-1721), o czar Pedro, o Grande, tomou da Suécia a supremacia sobre o litoral leste do mar Báltico, em particular o golfo da Finlândia.

NORUEGA, ENTRE DINAMARCA E SUÉCIA

Depois de várias décadas tranquilas, as guerras napoleônicas puseram fim à estabilidade relativa na região nórdica na virada para o século XIX. Quando Napoleão foi finalmente derrotado em Waterloo, a Dinamarca, sua aliada, teve de ceder a Noruega para a Suécia (uma compensação pela perda da Finlândia para o Império Russo). Percebendo a fragilidade da Dinamarca, líderes noruegueses haviam convocado em 1814 uma Assembleia Nacional para aprovar uma nova Constituição e declarar a independência do país. Mas depois de uma campanha militar de duas semanas, os noruegueses tiveram que ceder e aceitar a união com reino sueco. Contudo, a Noruega foi autorizada a manter sua nova Constituição, um pouco revisada, e ganhou autonomia completa sobre seus assuntos internos, com governo próprio e uma Assembleia Legislativa, o Storting. As demandas por liberdade plena foram recorrentes, ao longo dos anos, e o regime de submissão à Coroa sueca sempre teve conflitos. A reivindicação de um serviço exterior independente e a decisão do Parlamento norueguês de instituir uma rede autônoma de consulados, rechaçada pelo monarca sueco, foram, segundo os historiadores, algumas das causas diretas da dissolução da União em 7 de junho de 1905.

132 | Os escandinavos

Para os brasileiros, é interessante saber que nosso país, com o barão do Rio Branco à frente de sua diplomacia, foi um dos primeiros a reconhecer a independência do Reino da Noruega, depois da Rússia e ao mesmo tempo em que Bélgica, Estados Unidos, Itália, Reino Unido e Suíça.

FINLÂNDIA, ENTRE SUÉCIA E RÚSSIA

Desde a assinatura, em 1323, do Tratado de Nöteborg (fortaleza sueca sobre o rio Neva, que banha São Petersburgo), as terras correspondentes ao sul da Finlândia, voltadas para o mar Báltico, estiveram divididas entre a Suécia, a leste, e o Império Bizantino, posteriormente Império Russo, detentor da província da Carélia. Como consequência, a maior parcela do território da Finlândia evoluiu, durante cinco séculos, sob domínio sueco. A autoridade da coroa e as leis, as instituições e o idioma suecos foram sendo progressivamente consolidados na administração local e na sociedade urbana, mas a língua e as tradições finlandesas permaneceram vivas entre o povo.

No quadro das guerras napoleônicas, que tiveram repercussão em toda a Europa, a Rússia conquistou, em 1809, as possessões suecas no litoral do Báltico e passou a dominar a Finlândia, à qual o czar Alexandre I concedeu *status* relativamente autônomo, como Grão-Ducado associado ao Império Russo.

Progressivamente, o espírito nacional finlandês se consolidou num movimento de oposição ao poder estrangeiro. Ao contrário da Noruega, que, no tempo de união ao Reino da Dinamarca tinha a sua própria legislação e às vezes também seu governo local, a Finlândia nunca havia tido uma posição especial no reino sueco; era uma província composta de cinco regiões administrativas. Em 1835, Elias Lönnrot entregou uma primeira coletânea de poemas líricos e cantos populares em finlandês – *Kalevala* –, recolhidos durante suas viagens à região da Carélia. Concluída em 1849, a obra é considerada, ainda hoje, fonte da identidade cultural finlandesa. Na esfera política, a convocação regular da Dieta, a partir de 1863, propiciou o exercício de uma atividade parlamentar local, dentro das restrições impostas pelo regime czarista.

Entre 1905 e 1908, a conjuntura de revolta no Império Russo ampliou a autonomia política da Finlândia, que se tornou o primeiro país da Europa a introduzir o sufrágio universal, incluídas as mulheres, em 1906, que também podiam ser eleitas para o Parlamento. Por fim, a turbulência causada na Rússia pela Revolução de 1917 deu as condições para a independência finlandesa e, à diferença de seus vizinhos escandinavos, o novo país optou por um regime republicano.

SEGUNDA GUERRA MUNDIAL

Os países nórdicos permaneceram neutros durante a Primeira Guerra Mundial, mas não foram capazes de isolar-se dos efeitos da beligerância durante o conflito de 1939 a 1945. Em abril de 1940, a Alemanha lançou uma ofensiva contra a Dinamarca e a Noruega. Após dois meses de combates, no relevo acidentado de montanhas e fiordes norugueses, os nazistas deram início ao período de ocupação do país, um dos mais longos da Segunda Guerra Mundial. Por força de sua localização geográfica, na rota marítima de abastecimento de material bélico e combustíveis pelo Atlântico Norte e inclinada para o coração do território alemão, a Noruega tinha singular importância estratégica no mapa da guerra europeia. Com efeito, a extensa frota mercante norueguesa (então, a terceira do mundo) que escapou ao controle da Marinha alemã, ofereceu uma valiosa contribuição para o esforço de transporte e abastecimento dos Aliados. Consta que 40% da gasolina destinada à Inglaterra foi transportada por navios-tanques norugueses. A família real norueguesa exilou-se em Londres, de onde eram dirigidas as operações de apoio à resistência norueguesa contra o jugo nazista. Os aliados responderam às invasões nazistas ocupando a Islândia, as ilhas Faroé e a Groenlândia.

A Noruega foi um dos países que mais tempo permaneceram ocupados pelas forças nazistas e possui uma história de resistência semelhante à experiência, muito mais conhecida, dos *résistants* franceses. Duas delas serão narradas mais adiante, mas quero convidar o leitor a visitar, quando possível, o Museu da Resistência Norueguesa, que guarda memórias muito interessantes desse período de exceção. Como o relato de Petter Moen, que foi editor de um dos jornais clandestinos do movimento de resistência, *London Nytt*. Em fevereiro de 1944, Moen foi capturado e preso no cárcere da polícia nazista, no centro de Oslo. Durante as semanas que passou na prisão, sem lápis nem papel, Moen perseverou no registro da experiência da ocupação alemã, da maneira como pôde. Pacientemente, preencheu centenas de folhas de papel higiênico com uma "caligrafia" de letras de forma compostas por pequeníssimos furos feitos por com uma agulha, até sua morte, em setembro de 1944, no traslado para uma prisão alemã. Todo esse extenso relato de cativeiro foi descoberto sob o piso de sua cela somente após o término da guerra e se encontra em exposição para as gerações futuras.

Em sentido oposto, o político Vidkun Quisling, fundador em 1933 do partido fascista Unidade Nacional, foi o primeiro norueguês a proclamar no rádio a invasão alemã em 9 de abril de 1940. Pelas mãos do comando nazista de ocupação, tornou-se chefe do governo colaboracionista entre 1942 e 1945, responsável por

134 | Os escandinavos

perseguições e represálias contra a resistência norueguesa. Com o fim da guerra, Quisling acabou sendo julgado e condenado à morte por traição. Até hoje, o termo *"quisling"* é empregado para designar, em norueguês, uma pessoa que trai a confiança de alguém.

A história do conflito na Finlândia compreende dois períodos principais. Logo no início das hostilidades, a União Soviética exigiu da Finlândia áreas limítrofes com o objetivo de instalar uma base militar para a proteção de Leningrado (São Petersburgo). As negociações fracassaram e as tropas soviéticas invadiram a Finlândia na Guerra de Inverno, de 1939-1940. Depois, de 1941 a 1944, a Finlândia desenvolveu uma colaboração estratégica com a Alemanha para expulsar os invasores soviéticos.

Durante a Guerra de Inverno, a Finlândia lutou praticamente sozinha contra o Exército Vermelho, com batalhões sobre esquis e táticas de sobrevivência na floresta gelada. A Alemanha nazista e a URSS haviam firmado, em agosto de 1939, um acordo de não agressão (Pacto Ribbentrop-Molotov), que deixava desimpedido o caminho para o avanço das tropas soviéticas sobre áreas consideradas da esfera de influência de Moscou. Apesar do grande desequilíbrio de forças em seu desfavor, o exército finlandês resistiu bravamente aos ataques russos. O premiê britânico Winston Churchill qualificou a atitude da Finlândia como "sublime, nas garras do perigo". Essa fase do conflito terminou com a assinatura de um tratado de paz, em março de 1940, pelo qual a Finlândia apenas cedia parte da Carélia, situada ao norte de Leningrado.

Quando Adolf Hitler rompe o pacto de não agressão e lança a Operação Barbarossa, em junho de 1941, para a conquista da União Soviética, a Finlândia toma a decisão estratégica de entrar no esforço de guerra ao lado dos alemães com o objetivo de recuperar o território perdido para a URSS. A aliança tinha seus limites e o exército finlandês eximiu-se de participar junto com os alemães do cerco de Leningrado. Seu objetivo principal era recompor as fronteiras do próprio país. O conflito se estendeu até o verão de 1944, quando os finlandeses conseguiram estancar uma última grande ofensiva soviética e puderam firmar um acordo de armistício com Josef Stalin. Voltaram-se, então, contra as forças alemãs, que batiam em retirada a partir de suas posições ofensivas na região russa de Murmansk (importante base naval) e no norte da Finlândia. Com a vitória final dos Aliados – a União Soviética entre eles –, a Finlândia foi, contudo, obrigada a ceder definitivamente à URSS os territórios perdidos durante a Guerra de Inverno.

A ocupação da Dinamarca era vista pelos alemães como natural expansão sobre um território contíguo e de raça ariana. Porém, quando em outubro de 1943, os nazistas decidiram deportar os judeus ainda residentes no país para campos de

Da dinamite à paz | 135

Em menor número, as tropas finlandesas se destacaram no difícil campo de batalha gélido e inteiramente coberto de neve da Guerra de Inverno (1939-40) contra os invasores soviéticos. Na foto superior, soldado russo é rendido e, na inferior, finlandeses fazem patrulha.

concentração, diversas autoridades, líderes da Igreja Luterana e muitos dinamarqueses cooperaram em operações arriscadas de fuga dessas famílias perseguidas com destino ao território neutro da Suécia. Os pescadores desempenharam um papel essencial, realizando numerosas viagens noturnas com suas pequenas embarcações carregadas de refugiados (cerca de 6 mil). Tudo isso com o apoio manifesto do rei Christian X. Há registros no diário de suas reuniões com ministros de governo que Christian se referia aos judeus residentes no país como "cidadãos dinamarqueses, que os alemães não poderiam tocar". Porém, ao contrário da narrativa popular, o monarca cristão não atravessou Copenhague, montado a cavalo, portando uma estrela de David em seu casaco.

Na Islândia, a instalação de numerosas tropas aliadas – britânicas, canadenses e estadunidenses –, combinada com a ocupação nazista na Dinamarca, acelerou a declaração de independência daquela ilha em relação à coroa dinamarquesa, em 1944.

Por sua vez, a Suécia conseguiu preservar sua neutralidade durante todo o conflito, mas na prática teve que evitar ser arrastada para a ação militar, em razão de fortes pressões causadas primeiro pela Alemanha e depois pelos Aliados. Levantaram-se questões complexas relacionadas com o exato cumprimento das Convenções Internacionais da Haia no tocante ao comércio, ao direito de passagem, ao transporte de tropas etc. Fatores como situação geográfica, interesses econômicos e alianças políticas complicavam ainda mais a equação de equilíbrio – e de sobrevivência – traçada pelo governo social-democrata de Per Albin Hansson (1936-1946), que não nutria nenhuma simpatia pela ideologia nazista.

Durante a guerra, ocorreram episódios que poderiam ser considerados como descumprimento das obrigações formais de um país neutro. O governo sueco deu sua autorização para que trens alemães circulassem por suas ferrovias, com soldados de licença, no caminho entre a Noruega ocupada e a Alemanha. Também consentiu, em junho de 1941, com a travessia de uma divisão inteira do exército alemão, pelo norte, entre a Noruega ocupada e a Finlândia, para lutar contra a União Soviética. Como vimos, nesse caso havia interesse em fornecer apoio à luta de resistência dos finlandeses – por razões históricas e culturais – contra o exército soviético. Já na Guerra de Inverno, a Suécia forneceu equipamento militar e autorizou a participação de voluntários ao lado das tropas finlandesas.

A Suécia manteve relações comerciais com ambos os lados do conflito, mas isso era permitido pelas Convenções de Haia. Cingida pela Noruega ocupada, a Suécia dependia quase exclusivamente do carvão e do petróleo que lhe eram fornecidos, em volumes menores a cada ano, pela Alemanha ou pelos países ocupados. E exportava dois importantes insumos para a indústria bélica: minério de ferro e rolamentos

Da dinamite à paz | 137

O mar Báltico foi cenário tão importante quanto o Mediterrâneo na Segunda Guerra Mundial. O submarino Vesikko da Marinha finlandesa hoje repousa na ilha de Suomenlinna.

de precisão, utilizados em motores, aviões e tanques, alemães e ingleses. O cálculo feito à época era de que, se a Suécia cortasse as exportações, os alemães poderiam invadir o país e administrar suas indústrias, diretamente. De fato, um plano de ataque havia sido preparado pelo general Adolf von Schell, comandante de uma divisão de tanques de guerra (*panzer*) em operação na Dinamarca e na Noruega.

Os heróis de Telemark

A resistência norueguesa se destacou em bem-sucedidas operações de sabotagem durante a Segunda Guerra que impediram, inclusive, a fabricação da arma nuclear pela Alemanha, à frente dos americanos.

Poucos meses após a invasão, o comando nazista instalou na usina hidrelétrica de Vemork, na base da queda d'água de Rjukan, condado de Telemark, um projeto de produção de "água pesada": uma substância química semelhante, mas de massa superior à da água, H_2O (um litro pesa 30% a mais do que uma garrafa de água normal). Essa água pesada ($2H_2O$) integra o processo de produção de plutônio, matéria-prima da bomba atômica.

Não menos do que quatro operações militares clandestinas foram lançadas contra a produção de água pesada em Vemork. A mais conhecida delas foi retratada no filme *Os heróis de Telemark* estrelado por Kirk Douglas e Richard Harris.

No outono de 1942, os britânicos planejaram transportar soldados em planadores, rebocados por aviões-bombardeiros. Primeiro, porém, uma equipe avançada de noruegueses, familiarizados com a região, foi enviada com antecedência para encontrar um local de pouso adequado e guiar os soldados britânicos à usina hidrelétrica. Dias mais tarde, os aviões decolaram da Escócia, sobrevoaram o local de aterrissagem, mas não encontraram a pista de pouso. Um dos bombardeiros e ambos os planadores caíram nas montanhas. Metade dos 40 soldados morreu no acidente, os demais foram capturados e eliminados pelo inimigo nazista.

Após esse infortúnio, ficou decidido que um pequeno grupo de noruegueses iria realizar uma operação de sabotagem em companhia da equipe avançada, que permaneceu escondida na região inóspita de Telemark. Mais uma vez no inverno, em fevereiro de 1943, o novo grupo saltou de paraquedas e começou a avançar rumo a Vemork. Lá chegando, os jovens noruegueses optaram por escalar o desfiladeiro, ao invés de tentar atravessar a ponte sobre o vale, às escondidas. Entraram na usina pelo portão da linha férrea, no momento da troca de guarda, perto da meia-noite. Conseguiram chegar aos armazéns sem ser detectados, instalaram diversos explosivos e arrebentaram quase meia tonelada de reservatórios de água pesada.

Por milagre e astúcia, nenhum membro do grupo foi capturado e nenhuma vida foi perdida. Alguns partiram de esqui pelas montanhas para a Suécia; os demais se juntaram à resistência local.

Traineira x encouraçado

Dada a posição estratégica da Noruega para o controle da rota do Atlântico Nortc, a Marinha alemã deslocou desde o início de 1942, para a base de Narvik, no Círculo Polar Ártico, seu maior e mais poderoso encouraçado, o Tirpitz. Sua função era comandar as operações de interceptação de comboios aliados navegando entre os Estados Unidos e a União Soviética.

Assim como boa parte das embarcações da marinha mercante, também uma quantidade de barcos de pesca noruegueses e suas tripulações conseguiram escapar da invasão nazista. Aos poucos, foram sendo utilizados em operações secretas de espionagem e de sabotagem contra a ocupação alemã na Noruega, a partir da Grã-Bretanha, sobretudo do norte da Escócia.

Uma das unidades desse Serviço de Operações Especiais foi estabelecida nas ilhas Shetlands e passou à História como base de manobra do Shetland Bus. Transportou armas, munição, aparelhos de rádio e agentes de inteligência a bordo de barcos de pesca originais, capazes de confundir o bloqueio naval germânico. Todas as operações eram bastante arriscadas não apenas porque as pequenas embarcações pesqueiras tinham que navegar até as extremas latitudes do mar do Norte, num clima dos mais traiçoeiros da Europa, mas também porque a navegação era sempre feita nos meses de inverno, quando os barcos podiam tirar vantagem de 18 horas de escuridão para melhor despistar a vigilância alemã.

Em outubro 1942, a traineira Arthur zarpou em direção a Narvik com o objetivo de lançar dois torpedos Chariot contra o temido encouraçado Tirpitz. Próxima ao navio de guerra alemão, parte da tripulação mergulharia no mar gelado e escuro para alcançar os dois torpedos, colocá-los em posição e armar seus respectivos detonadores. Para azar dos noruegueses, o motor do barco engasgou nos últimos instantes e atrasou a entrada no fiorde. Em seguida, deram-se conta que as baterias dos torpedos não estavam bem carregadas por causa de um defeito no gerador, provocado pela difícil viagem no mar revolto. Por fim, tiveram que abortar a missão quando os próprios Chariots cortaram as cordas que os ligavam ao Arthur e se perderam no oceano. Infelizmente, nada deu certo naquele dia.

Não obstante, entre agosto de 1941 e maio de 1945, a frota do Shetland Bus realizou 150 missões para o transporte de 192 agentes secretos e 383 toneladas de equipamentos, além do resgate de 373 pilotos e membros da resistência norueguesa.

GUERRA FRIA

No período do pós-guerra e da Guerra Fria, a Escandinávia foi uma arena estratégica na disputa entre as superpotências. Era um mundo em que a possibilidade de um novo conflito arrasador, com o emprego de armas nucleares de destruição em massa, passava pelas fronteiras da Europa do norte. Finlândia e Noruega fazem fronteira, terrestre e marítima, com a ex-União Soviética. A rota da Frota Soviética do Norte – navios e submarinos nucleares – passava entre o litoral da Noruega e o arquipélago de Svalbard. O mar Báltico separava a URSS da península escandinava em menos de 200 km. E, se temos a tendência a ver os escandinavos numa posição periférica nos tradicionais mapas-múndi, por outro lado, numa projeção polar do

140 | Os escandinavos

planeta, os cinco países nórdicos se situam na rota mais curta dos bombardeiros táticos e dos mísseis, entre os Estados Unidos e a ex-União Soviética (aliás, a situação e o problema ainda são atuais).

Enquanto Dinamarca, Islândia e Noruega aderiram à Organização do Tratado do Atlântico Norte (Otan), Suécia e Finlândia permaneceram neutras. Como já vimos, a história e o território da Finlândia haviam sempre oscilado entre os domínios sueco e russo. Durante a Guerra Fria, esse país se viu impelido a desempenhar um papel delicado no contexto da bipolaridade do poder mundial. Com mais de 1.300 km de fronteira terrestre comum, era absolutamente essencial para os finlandeses manter boas relações com o lado soviético. Em 1948, os dois países se puseram de acordo sobre uma solução de compromisso pela qual a Finlândia abria mão de se associar a qualquer tipo de aliança voltada contra a URSS. A balança do poder pendia, naquela época e naquele lugar, para Moscou, e a influência exercida pelo vizinho maior tornou-se conhecida na literatura diplomática como "finlandização". Independentemente disso, o país nórdico pôde desenvolver uma política comercial integrada aos mercados europeu e norte-americano, dentro de uma relativa estabilidade política, que culminou com o ingresso da Finlândia na União Europeia em 1995.

Apesar de neutra, a Suécia teve algumas desavenças sérias durante a Guerra Fria, seja na crítica à instalação de regimes pró-soviéticos na Hungria e na antiga Tchecoslováquia, seja na incriminação do regime franquista na Espanha, ou ainda na denúncia de atrocidades que estavam sendo cometidas pelos Estados Unidos na Guerra do Vietnã. O Partido Social-Democrata e, em particular, seu líder de 1969 a 1986 (assassinado quando saía do cinema Grand, em Estocolmo), Olof Palme, foram muito críticos da ação militar norte-americana no Vietnã. Ainda como ministro da Comunicação, em maio de 1965, Palme declarou que "era uma ilusão acreditar que se poderia responder às demandas de justiça social com violência e força militar", numa evidente alusão à ação militar dos Estados Unidos no Sudeste Asiático. Três anos depois, Palme chocou a opinião pública americana ao liderar a manifestação do Comitê Sueco para o Vietnã, no centro de Estocolmo, ao lado do embaixador norte-vietnamita em Moscou. Como primeiro-ministro, Olof Palme escreveu um artigo de opinião no jornal *Dagens Nyheter* em que denunciava: "Neste verão [de 1972], os jornais reportam muitos casos abomináveis de violência contra seres humanos. Os assassinatos em massa de Treblinka são relembrados. Relatórios foram divulgados sobre a tortura na Grécia, a tortura no Brasil e as jaulas na prisão de Con Son." E também em 1972, o chefe de governo sueco comparou o massivo bombardeio norte-americano de Hanói com uma lista de ações malignas contra a humanidade: "Guernica, Oradour, Babij Jar, Katyn, Lidice, Sharpville, Treblinka". Os Estados Unidos decidiram congelar as relações diplomáticas com a Suécia durante mais de um ano, após esta terrível acusação. Afinal, Guernica foi a cidade espanhola destruída em 1937 por um bombardeio alemão, em apoio ao ditador Francisco Franco (episódio imortalizado no painel de grandes dimensões pintado por Pablo Picasso); Oradour foi cena, em 1944, do maior massacre de civis na França, metralhados e queimados na igreja local, pelo exército alemão; Babij Jar, na Ucrânia, e Lidice, perto de Praga, sofreram semelhante carnificina; em Katyn, Polônia, a polícia secreta soviética dizimou centenas de poloneses durante a invasão de 1940; em 1960, a polícia de Sharpville, África do Sul, abriu fogo contra cerca de 6 mil manifestantes negros; por fim, Treblinka foi um dos mais mortíferos campos de extermínio de judeus durante a última guerra mundial. Em maio de 1960, o jato norte-americano de reconhecimento U-2 foi abatido sobre território da URSS e seu piloto, o capitão Gary Powers, capturado pelo serviço secreto soviético. A aeronave havia decolado do Paquistão, com a missão de fotografar instalações militares russas, e tinha como destino final sua base na cidade de Bodø, no norte da Noruega. Consciente do valor propagandístico da prova irrefutável de espionagem pelos norte-americanos, o Kremlin elevou o tom

Na fronteira entre o Ocidente e a URSS, a Escandinávia viveu momentos de tensão durante todo o período da Guerra Fria. A Suécia, neutra, operava 11 esquadrões de caças-bombardeiros Saab J35A Drakken (Dragão).

de seus protestos e o clima político entre Moscou e Washington se acirrou. O líder soviético Nikita Khrushchev chegou a se arvorar no "direito de iniciar qualquer ataque contra estas bases [entre as quais, Bodø], até riscá-las do mapa".

Na prática, porém, a URSS buscou utilizar o episódio para pressionar a Noruega, como membro da Otan, a fazer concessões territoriais na região do Ártico, em particular no arquipélago de Svalbard, mantido sob soberania norueguesa, mas com presença russa em regime de exploração partilhada das minas de carvão e da pesca oceânica. A faixa de mar ligando o extremo norte da Noruega ao arquipélago de Svalbard era uma região estratégica para a URSS, pois se situava precisamente na rota de saída dos submarinos nucleares soviéticos em direção ao Atlântico. A situação permaneceu, porém, inalterada. Os resultados em termos de propaganda para o regime comunista estavam sendo acumulados na esfera da opinião pública, mediante o julgamento em Moscou, amplamente coberto pela imprensa internacional, do piloto norte-americano, por espionagem. Dentro da lógica da Guerra Fria, em 1962 Gary Powers foi trocado por um espião soviético, que cumpria pena nos Estados Unidos.

PRÊMIO NOBEL

A vocação dos países nórdicos para a diplomacia da paz se apoia em fatos históricos do início do século XX. A fama internacional como cientista, navegador polar e homem político fez do norueguês Fridtjof Nansen o primeiro Alto Comissário para Refugiados da Liga das Nações (a predecessora da ONU), em 1920. Nansen coordenou o repatriamento de cerca de 428 mil prisioneiros da Primeira Guerra, de diversas nacionalidades, dos quais 300 mil se encontravam dispersos na Rússia bolchevique até 1922, e a assistência aos refugiados civis (ainda hoje, o documento de viagem para refugiados é conhecido como *Passaporte Nansen*). Apesar do bloqueio exercido pelas potências ocidentais em relação ao comércio com a União Soviética, Nansen conseguiu fornecer ajuda humanitária a milhões de russos que sofriam de fome por motivo da guerra civil entre as forças do antigo regime e as dos *soviets*.

Na Segunda Guerra, o sueco Raoul Wallenberg operou um canal de resgate e traslado para o território neutro de dezenas de milhares de judeus húngaros, mediante a emissão de passaportes pela Legação Sueca em Budapeste, a obtenção de salvo-condutos e a negociação direta com o inimigo nazista. Wallenberg foi capturado pelo exército ocupante soviético em 1945 e teria morrido numa cela da KGB, na sede de Lubianka, dois anos mais tarde.

No começo das Nações Unidas, o norueguês Trygve Lie e o sueco Dag Hammarskjöld foram seus primeiros secretários-gerais, durante um período total de 15 anos, de 1946 a 1961.

A partir dos anos 1970, os temas dos direitos humanos e da ajuda ao desenvolvimento passaram a ocupar posição de destaque na diplomacia escandinava, no contexto das missões de paz relacionadas com os processos de descolonização nos continentes africano e asiático. Datam também desta época os primeiros esforços de mediação do conflito israelo-palestino (o chamado Processo de Oslo).

O nome mais conhecido mundialmente, porém, continua sendo o do sueco Alfred Nobel, cuja biografia esteve associada à invenção e fabricação do explosivo *dynamit*, em vida, e na promoção da ciência e da paz, após seu falecimento, em 1896. Nobel estipulou, em testamento, que a maior parte de sua imensa fortuna, resultante da produção e comércio de explosivos, deveria ser aplicada em um fundo financeiro com o propósito de atribuir "uma recompensa aos que, durante o ano anterior, tenham prestado os maiores serviços à humanidade" nas áreas de Física, Química, Medicina, Literatura e Paz (os Prêmios Nobel foram concedidos a partir de 1901; o Nobel de Economia foi instituído somente em 1969, pelo Banco Central da Suécia). No caso do Prêmio da Paz, Alfred Nobel foi mais explícito na destinação: "a quem tenha trabalhado mais e melhor para a fraternidade entre os povos, a favor da eliminação ou redução dos exércitos permanentes, e em prol da criação e propagação de Congressos para a Paz".

O que teria levado o inventor da dinamite a deixar como prêmio mais importante o Nobel da Paz? Mesmo o Instituto Nobel reconhece que existem diferentes interpretações do pensamento de Alfred Nobel e de seu envolvimento com a questão da paz. Evidentemente, a dinamite desempenhou uma função extraordinária nos grandes trabalhos de construção civil, no traçado de rodovias e ferrovias, e na edificação de usinas hidroelétricas, entre muitas outras aplicações pacíficas. Porém, com o passar dos anos, o inventor sueco teria ficado cada vez mais incomodado com o fato de que uma porção considerável da produção de seu império industrial se destinava à matança em situações de guerra. Ao fim da vida, sem filhos, é bastante plausível que a ideia de um prêmio para a paz lhe tenha ocorrido como uma maneira de resgatar sua reputação entre seus contemporâneos e para as gerações futuras. O jovem Alfred estava presente quando seu pai, Immanuel Nobel, fabricou, em São Petersburgo, as primeiras minas marítimas que foram utilizadas pelo czar Nicolau I durante a Guerra da Crimeia (1853-1856). De volta à Suécia em 1863, já como engenheiro químico, Alfred Nobel se dedicou a aperfeiçoar o uso da nitroglicerina como explosivo. Os diversos acidentes graves com o manuseio da substância, inclusive a morte do irmão mais novo, Emil, levaram as autoridades a proibir a continuação dos experimentos na região metropolitana da capital. Nobel passou a utilizar uma barca, no lago Mälaren, para seus testes.

Em 1866, Nobel chegou à fórmula mais estável da nitroglicerina, misturada com um fino pó de sílica, enrolada na forma de cilindros e dotada de um pavio de vela para facilitar sua detonação. Era inventada a dinamite. Nos trinta anos seguintes, Nobel registrou outras 354 patentes e administrou um conglomerado industrial de 90 fábricas em 20 países, sendo as principais localizadas em Estocolmo e Karlskoga (Suécia), Hamburgo (Alemanha), Sevran (França), Ardeer (Escócia) e San Remo (Itália).

Sem esposa e filhos, em 1891 Nobel manifestou à condessa e pacifista austríaca Bertha von Sutter o desejo de produzir algo que teria um efeito tão devastador que tornaria a guerra impossível: "Talvez as minhas fábricas ponham fim à guerra mais cedo do que os seus congressos. No dia em que dois exércitos puderem se aniquilar mutuamente em um segundo, todas as nações civilizadas irão reagir com horror e desmantelar suas tropas". E, no entanto, o ser humano já inventou (e usou, em Hiroshima e Nagasaki) a bomba atômica.

O laureado do Nobel da Paz é escolhido por uma comissão de cinco membros nomeados pelo Parlamento norueguês (consoante o testamento, que data da União entre Suécia e Noruega) e a cerimônia anual de entrega do prêmio tem lugar na manhã de 10 de dezembro no Salão Nobre da Prefeitura de Oslo. Frequentemente, o Nobel da Paz gera polêmica: Mahatma Gandhi não foi agraciado; Barack Obama o recebeu com menos de um ano em seu primeiro mandato presidencial. Parece que o candidato brasileiro mais cotado para receber o Nobel da Paz foi Dom Hélder Câmara, pela defesa dos direitos humanos na época do regime militar no Brasil.

Todos os outros prêmios são entregues pelo monarca sueco, na tarde do mesmo dia, na Grande Sala de Concertos de Estocolmo. A cerimônia é seguida de um suntuoso banquete no Conselho Municipal, para cerca de 1.300 convidados. Assim como num matrimônio real ou na festa do Oscar, as vestes de gala, as joias, a seleção do elaborado cardápio, as apresentações musicais e a elegância da decoração das 65 mesas com 470 metros de toalhas, 6.730 peças de porcelana, 5.384 copos de cristal e 9.422 talheres de prata são meticulosamente comentados, ao vivo, na televisão.

A AVENTURA MARÍTIMA

Cem dias de navegação no tempestuoso Atlântico Norte em um *drakkar* entre a costa norueguesa e os primeiros povoados vikings na Islândia. Cem dias de quase deriva a bordo de uma balsa primitiva na imensidão do Pacífico Sul entre o litoral peruano e as ilhas da Polinésia. Mil anos separam esses dois acontecimentos, que encerram a vocação marítima dos povos nórdicos.

Logo na entrada do Museu Kon-Tiki, o visitante se depara com a pequena jangada na qual o antropólogo Thor Heyerdahl cruzou em 1947 o oceano Pacífico, determinado a provar sua teoria – ainda hoje controversa – de que os antigos sul-americanos poderiam ter originalmente povoado a Oceania. Sem experiência de navegação a vela, Heyerdahl e cinco outros companheiros, se lançaram de Callao, no Peru, em 28 abril de 1947, numa balsa batizada de Kon-Tiki e construída exclusivamente com ferramentas simples que eram conhecidas das populações pré-colombianas da América do Sul. Durante semanas na imensidão azul, entre o céu e o oceano, a tripulação se alimentou de peixes atraídos pelas algas e moluscos que se agarraram à parte inferior do Kon-Tiki. Não bastassem os perigos inerentes à navegação oceânica numa frágil jangada, um dia um enorme tubarão-baleia de 10 metros de comprimento passou uma hora circundando a embarcação aterrorizando seus tripulantes. Enfim, no dia 7 de agosto, o Kon-Tiki se espatifou contra um recife no atol de Raroia, próximo ao Taiti. Em 101 dias de uma perigosa viagem, Heyerdahl pelo menos demonstrou que era possível cobrir as 4.300 milhas náuticas de mar aberto numa tosca barcaça composta de seis troncos de madeira balsa.

O mar é parte integrante do que o nórdico entende, cultural e geograficamente, como a sua "terra". Talvez por vivermos num país de tamanho continental, mesmo com uma faixa costeira tão extensa não nos damos conta da importância que o mar – não apenas a praia ou o litoral – pode ter para a alimentação, o transporte, o comércio e o lazer de um povo.

Além de sua superfície terrestre, os países também exercem direitos sobre a projeção marítima de seu litoral, uma área que pode se estender até 200 milhas

146 | Os escandinavos

Os antigos portos de Nyhavn, no centro de Copenhague
(acima), e de Arendal, no sul da Noruega (abaixo),
guardam vestígios dos períodos movimentados da
navegação à vela e do comércio da pesca.

marítimas (370 km) dentro do oceano. Pela soma das superfícies terrestre e marítima, o tradicional *ranking* de tamanho dos países se transforma. Na lista das maiores áreas marítimas do planeta (zonas econômicas exclusivas), o Brasil ocupa apenas a 11ª posição, atrás do adelgaçado Chile; a França, graças a seus territórios de além-mar, sobe para a 2ª colocação, apenas atrás dos Estados Unidos e à frente da Austrália; a Noruega, 68º país em superfície terrestre, zarpa para o 14º lugar mundial – sua extensão de mar é seis vezes maior do que sua área terrestre. Somando as zonas oceânicas em torno das ilhas Faroé e da Groenlândia, a pequena Dinamarca controla cerca de 2,5 milhões de km² de mar, equivalentes a dois terços da zona econômica exclusiva do Brasil.

TERRAS ENTRECORTADAS DE FIORDES

O litoral dos países escandinavos é dos mais fragmentados do planeta, herança de um passado geológico em que imensas camadas de gelo com mais de um quilômetro de espessura cobriam toda a península e escavaram suas formações rochosas. A costa do imenso Brasil alcança uma extensão de 9.200 km, se forem consideradas as saliências e reentrâncias do litoral atlântico; mas a da Finlândia, com suas milhares de ilhas, soma 14.000 km e a da Noruega, com todas suas ilhas e fiordes, ultrapassa 25.000 km de contorno.

O fiorde não constitui um acidente geográfico exclusivo do território da Noruega. Eles são encontrados também na Islândia, no Alasca e no Chile, por exemplo. O fiorde é um vale profundo e estreito de mar, situado entre montanhas altas e íngremes. Verdadeiros paredões de rocha que quase não deixam espaço, de cada lado do convés, para as embarcações que navegam até a sua extremidade. Dois fiordes noruegueses são absolutamente deslumbrantes: o Nærøyfjord, rodeado por montanhas de até 1.800 metros de altitude, e o Geirangerfjord, adornado por numerosas quedas d'água.

Tendo presente a geografia acidentada da região, o transporte marítimo nunca deixou de desempenhar uma função essencial de integração nacional e de ligação entre os povoados nórdicos – pelo menos até a expansão recente da aviação regional. Geleiras eternas cobrem boa parte da Islândia, e o relevo montanhoso e entrecortado da Noruega impede a continuação da rede ferroviária além de Bodø (ou seja, um terço do país, situado ao norte, não tem trem).

O caminho mais direto entre dois pontos – muitas vezes, o único – tinha que ser percorrido de navio. Entre muitos outros exemplos, ao final do século XIX um grupo de armadores noruegueses instituiu a *Hurtigruten*, ou "via rápida", para levar

148 | Os escandinavos

Gigantescos paredões de montanhas se fecham à medida que o barco avança pelos fiordes, como o de Nærøy. Independentemente da extensão, como na abertura para o porto de Oslo (foto abaixo), o mar congela nos meses mais frios do inverno.

pessoas, carga e correio a todas aos portos do norte do país. A rota entre Bergen e Kirkenes (praticamente na fronteira com a Rússia no Ártico) era percorrida em 67 horas, com grande habilidade e regularidade, apesar dos perigos ligados a pequenas ilhas, fiordes e enseadas em condições climáticas adversas e no escuro do inverno boreal.

MARES SALPICADOS DE ILHAS

Causa espanto a quantidade de ilhas existentes na Escandinávia: várias dezenas de milhares. Não por outra razão a palavra *skärgård* (arquipélago, em sueco) tem origem etimológica no verbo *skära*: cortar, talhar, lascar. A própria capital dinamarquesa, com quase 2,5 milhões de habitantes ou 40% da população nacional, está situada sobre Sjælland (Zelândia), a maior das 406 ilhas do país. Estocolmo foi construída sobre um arquipélago: a Cidade Velha (*Gamla Stan*), onde se ergue o Palácio Real, está conectada ao resto da capital por um conjunto de 19 pontes. Agora faremos um rápido *tour* pelas principais ilhas nórdicas.

Islândia

Como convém a uma terra viking, a Islândia nasceu do fogo, literalmente, há 20 milhões anos, e ainda hoje abriga um embate colossal entre as placas tectônicas euro-asiática e americana. O território da Islândia está partido ao meio pela dorsal mesoatlântica, uma cadeia de montanhas submarinas de 18 mil quilômetros de comprimento, que une aquele país no topo do mundo com os arquipélagos das

No caminho para o vulcão Snæfell, cenário de *Viagem ao centro de Terra*, de Júlio Verne, um retrato do belo isolamento da Islândia, no meio do Atlântico, entre Europa e América do Norte.

Bermudas, dos Açores e, inclusive, o de Fernando de Noronha. Com regularidade geológica, as duas placas se separam ao ritmo de 2 a 3 centímetros por ano. Por esse motivo, a Islândia exibe cerca de 20 vulcões em atividade, *gêiseres* e bacias geotermais. Júlio Verne, o grande escritor francês de ficção científica, escolheu um vulcão na Islândia para cenário da aventura em seu romance *Viagem ao centro da Terra*: "Entre na cratera do Snæfell [...], viajante audacioso, que chegarás ao centro da Terra". A montanha de Snæfell alcança imponentes 1.446 metros de altitude e pode ser vista da capital, a 200 km de distância.

Piscinas naturais de água quente são opções de lazer em qualquer estação, como a Blue Lagoon, convenientemente situada a 40 km de Reykjavík, no caminho para o aeroporto. O único desconforto é causado pelo forte cheiro de enxofre, inclusive na água que sai das torneiras e dos chuveiros em quase todo o país. As fontes termais aquecem 85% das habitações e tornam extremamente competitivo o custo da energia para a indústria de processamento de alumínio estabelecida na Islândia.

As árvores são raras no solo negro e cinzento de rochas porosas e relativamente leves, como a pedra-pome. Não é de se admirar que os astronautas do programa Apollo, que chegaram à Lua em 1969, tenham sido levados a determinadas regiões da Islândia para algumas sessões de treinamento.

Groenlândia

Situada na placa continental americana, mas vinculada ao Reino da Dinamarca, do qual constitui um território autônomo, a Groenlândia possui área superior a do conjunto de todos os países nórdicos. Bem maior do que o estado do Amazonas, sua área verde não ultrapassa, contudo, 15% da superfície de 2,2 milhões de km².

Há diversas explicações para o nome da ilha, mas nenhuma parece reunir o consenso dos historiadores. O termo *grøn* poderia indicar a existência, no período viking, de um clima mais ameno e de um litoral mais verdejante. Também poderia ser resultado de uma antiga estratégia de *marketing* da autoridade máxima local naquele tempo, Erik, o Ruivo, com vistas a atrair novos colonizadores. Ou talvez tenha havido simplesmente um erro na transcrição da palavra *gruntland* (terra firme). Para os inuits, que sempre habitaram a ilha, a questão não se coloca porque diferentes grupos ocupavam distintas regiões da Groenlândia, cada uma com sua própria denominação geográfica.

Nuuk, a capital, abriga um terço da população total de 57 mil habitantes – e 30 mil cães de trenós (huskies siberianos, malamutes, cães da Groenlândia). Praticamente não há rodovias; os deslocamentos entre cidades vizinhas são feitos de barco, caiaque, trenó puxado por cães ou motos de neve (*snowmobiles*). Mas alguns pontos concentram o que há de mais avançado em meteorologia, glaciologia, comunicações e, também, defesa. A Base Aérea de Thule, estação militar mais próxima do Polo Norte, abriga desde os tempos da Guerra Fria mais de mil residentes militares e civis. Contra as intempéries do clima ártico e temperaturas de -30ºC a -85ºC, bem como o risco de um bombardeio inimigo, a base inclui uma cidade subterrânea, Camp Century, inteiramente construída sob o gelo. O perigo mais iminente – um dos espetáculos maravilhosos da natureza – advém da constante produção de *icebergs*, à medida que o gigantesco manto branco de até 3 km de espessura empurra as geleiras em direção à costa groenlandesa e ao mar.

Svalbard

Igualmente remoto e inóspito, a não ser para os grandes mamíferos polares, o arquipélago de Svalbard estende a presença norueguesa até cerca de 1.000 km do Polo Norte. Finda a Primeira Guerra Mundial, a Noruega teve confirmada sua soberania sobre o arquipélago, com a condição de autorizar a exploração dos recursos econômicos existentes (pesca e mineração) a todas as nações signatárias do Tratado de Spitsbergen. Atualmente, Svalbard é sede de um centro universitário, 15 estações internacionais de pesquisa científica e várias antenas de radiotelescopia dedicadas ao estudo do cosmos. A ilha principal de Spitsbergen abriga um cofre-forte, escavado a 120 metros no interior de uma montanha, numa área de gelo eterno. Ao invés de barras de ouro, este banco guarda centenas de milhares de sementes das principais fontes alimentares da humanidade (trigo, arroz, batata, feijão, sorgo, mandioca, soja, maçã, coco, palma e muitas outras espécies). Conservadas a -18ºC, estas sementes podem sobreviver milhares de anos, a salvo de parasitas, mas também de guerras e explosões nucleares, desastres naturais e mudanças climáticas. Uma garantia de preservação da biodiversidade agrícola para gerações futuras.

O mar de Barents, que separa o arquipélago do extremo norte da Noruega continental, é um dos mais ricos biomas de clima ártico. Há menos seres humanos ali residentes do que os 3 mil ursos polares que circulam pelas ilhas de Svalbard. Esses animais dividem o território com as morsas do Atlântico, facilmente reconhecidas pelas suas duas presas proeminentes, bigodes e tamanho: quase 3 metros de comprimento e até 1.250 kg de peso. Na água gelada, prosperam grandes cardumes de bacalhau e de hadoque, crustáceos, moluscos, 12 espécies de baleias e 5 de leões-marinhos.

Faroé

O arquipélago das Faroé é pequeno: tem a metade do tamanho do pequeno Grão-Ducado do Luxemburgo. Mas ocupa o primeiro lugar numa lista compilada pela revista *National Geographic* que leva em conta a beleza da paisagem, a natureza e as tradições culturais de 111 comunidades insulares do planeta. Nenhum ponto do arquipélago se encontra a mais de 5 quilômetros do litoral.

O contraste do intenso verde-esmeralda dos campos com o azul profundo do mar é realçado pelos altos penhascos onde milhares de pássaros constroem seus ninhos, agarrados à rocha. Em cada falésia, até 300 espécies diferentes de pássaros migradores fazem das ilhas uma etapa de inverno rumo às zonas temperadas no sul da Europa. Entre eles, o gracioso *puffin* ou papagaio-do-mar, com plumagem preta e branca que lembra a de um pinguim, bicos e pés de um vermelho-alaranjado vivo.

A principal cidade do arquipélago, Tórshavn ("Porto de Tor"), está situada a cerca de 600 km do norte da Escócia, na rota marítima entre a cidade costeira de Bergen, na Noruega (distante 680 km) e a capital islandesa, Reykjavík (a 800 km).

Åland

Localizado a meio caminho entre a Finlândia e a Suécia, no centro do mar Báltico, o arquipélago de Åland constitui outra região autônoma da Europa do norte, nesse caso vinculada à república finlandesa, mas com uma população de cerca de 28 mil habitantes que falam sueco.

Somente a complexa história europeia explica esta situação *sui generis* de Åland. Como vimos anteriormente, até o início do século XIX a Finlândia era uma província do Reino da Suécia. No entanto, de 1809, época das guerras napoleônicas, a 1917 o território finlandês passou a ser controlado pelo Império Russo. Aproveitando da revolução bolchevique, a Finlândia declarou sua independência, mas em Åland a imensa maioria da população se pronunciou a favor do retorno do arquipélago à soberania sueca. O assunto foi submetido à Liga das Nações, que decidiu pela vinculação das ilhas à República da Finlândia, porém com o elevado grau de autonomia de que seus habitantes gozam até hoje: bandeira, parlamento e legislação próprios.

O VASA

Histórias de naufrágios abundam entre esses povos marítimos. Muitas delas permanecem quase esquecidas nos registros de navegação de épocas passadas e na memória de algumas famílias. Poucas, porém, podem ser trazidas à tona, literalmen-

A aventura marítima | 153

A nau-capitânia Vasa, orgulho da Marinha Real sueca que naufragou na sua viagem inaugural em 1628, foi trazida à tona em 1961 e hoje é mantida preservada no museu mais visitado da Escandinávia.

te, como no caso do galeão Gustav Vasa, datado do início do século XVII, restaurado e exposto de maneira grandiosa na ilha de Djurgården, no centro de Estocolmo.

Na mesma época em que, deste lado do Atlântico, ocorriam as invasões holandesas à colônia do Brasil, Gustavo Adolfo, rei da Suécia, fez construir o Vasa como uns dos navios de guerra mais bem armados do mundo, com 32 canhões de 24 libras de cada lado (isto é, canhões que podiam atirar balas de ferro de até 11 quilos cada). A nau media quase 70 metros de proa a popa; uma armada de carpinteiros, marceneiros, escultores, ourives, pintores, vidraceiros, ferreiros, fabricantes de velas e demais artesãos levou dois anos para construir aquele que seria o "orgulho da Marinha Real sueca".

De forma trágica, no dia 10 de agosto de 1628, o Vasa naufragou durante sua curta viagem inaugural, ao navegar em direção à saída do porto de Estocolmo. Duas rajadas fortes de vento adernaram o galeão, que era muito pesado na parte superior do casco e do convés, a água entrou pelas escotilhas dos canhões e em pouco tempo o navio de 1.200 toneladas afundou na baía de Saltsjön.

A riqueza de material e equipamento a bordo não tardou a motivar um esforço de recuperação das peças mais valiosas. Usando um "sino de mergulho", já em 1663 foi possível içar cerca de cinquenta canhões de uma profundidade de 32 metros. O sino de mergulho foi o primeiro tipo de câmara para mergulho submarino. Forçado para baixo (como um copo invertido dentro de um balde de água), o ar no interior do sino não deixa o líquido entrar e ainda oferece alguns minutos de oxigênio aos mergulhadores no seu interior.

Séculos mais tarde, em 1961 escolheu-se o método mais adequado para trazer o navio inteiro de volta à superfície, em três etapas: perfurar o solo logo abaixo do local do naufrágio, passar seis cabos de aço por baixo do casco e içar o galeão por entre duas barcaças flutuantes. Ao êxito da operação seguiu-se o desafio de preservar a estrutura de madeira que havia passado mais de trezentos anos debaixo d'água. Quando visitei pela primeira vez o Vasa, em 1975, no antigo museu-ancoradouro, construído no ano seguinte ao do resgate, uma centena de longas mangueiras jorravam permanentemente água e soluções conservantes sobre sua estrutura. Desde 1988, o Vasa repousa dentro de um magnífico museu coberto, construído à sua volta, num ambiente úmido, fresco e com fraca iluminação. Situado na ilha de Djurgården, próximo ao Museu Nórdico, ao parque de diversões Gröna Lund e ao museu ao ar livre e zoológico Skansen, o Vasa é o museu mais visitado da Suécia e da Escandinávia. Entre tantos objetos navais, adereços, pertences, esqueletos de alguns dos 145 marinheiros que afundaram com o navio, o que mais impressiona é a vista de cima para baixo a partir do cesto da gávea, o ponto mais elevado do mastro principal da embarcação: 52 metros até a quilha, ou a altura de um prédio de 20 andares.

AVENTUREIROS POLARES

A Noruega também tem um navio-museu, este símbolo do espírito aventureiro de seu povo: Fram, a histórica escuna que serviu de meio de transporte às expedições polares de Fridtjof Nansen e Roald Amundsen, está preservada e aberta a visitação no Museu Marítimo de Bygøy, Oslo. Sua história atrai navegantes de todo o mundo, incluindo o brasileiro Amyr Klink, apaixonado estudioso dos heróis nórdicos da navegação aos extremos do planeta.

Fridtjof Nansen mandou construir o Fram (*Avante*) com o propósito de fazê-la encalhar no gelo e derivar com a corrente oceânica até bem perto do Polo Norte. Ao contrário da Antártica, o Polo Norte não se situa sobre uma superfície de terra, mas representa um ponto geográfico sobre o mar gelado e recoberto por

A aventura marítima | 155

Imagens de expedições de Roald Amundsen. O norueguês foi o primeiro a alcançar o Polo Sul, em dezembro de 1911. Seu êxito, em grande medida, deveu-se ao uso de esquis e trenós para locomoção e transporte de cargas, além de roupas feitas de pele de leões-marinhos, à maneira dos inuits.

uma camada de neve (os submarinos a propulsão nuclear navegam sob este manto de gelo, que não ultrapassa cinco metros de espessura). No início do outono de 1893, perto da latitude 80°N, o navio atingiu o limite da calota polar e, a partir daí, foi envolvido pelo gelo e começou sua longa deriva. Enquanto trabalhava em suas pesquisas a bordo do Fram, Nansen podia ouvir os gemidos do casco prensado pelas toneladas de gelo à sua volta. Porém, engenhosamente planejado para a viagem polar, o Fram possuía um casco arredondado que o impelia para cima à medida que o gelo buscava esmagá-lo.

Após algumas semanas à deriva, vendo que o barco não se aproximava do polo, Nansen decidiu abandonar o Fram e rumar sobre esquis na direção do Polo Norte, com Hjalmar Johansen, mantimentos e caiaques. Eles chegaram à latitude recorde de 85°N, mas foram impedidos de progredir por causa do mau tempo.

O regresso foi outra grande aventura. Certo dia, os dois homens acordaram com seus caiaques longe do acampamento (uma simples tenda sobre o gelo), à deriva no mar. Sem alternativa à morte certa, Nansen se despiu completamente e nadou na água gélida até recuperar as duas pequenas canoas (esta era a única maneira de manter suas vestimentas secas para o restante do caminho). Os dois exploradores somente retornaram à capital norueguesa (então chamada de Christiania) em abril 1896, três anos após o início da expedição.

Outro aventureiro famoso, o norueguês Roald Amundsen deixou seu nome na História pela descoberta da Passagem Noroeste entre os oceanos Atlântico e Pacífico e também por ter sido o primeiro homem a alcançar o Polo Sul. A Passagem Noroeste é o nome dado à rota marítima que permite a navegação da Groenlândia para o estreito de Bering, no Alasca, através do norte do Canadá. Durante séculos, exploradores naufragaram ou encalharam nas centenas de rochedos, ilhas e baías, morrendo de frio ao tentar o feito. A perigosa expedição no pequeno veleiro Gjøa, que levava a bordo Amundsen e mais cinco tripulantes, durou nada menos do que 23 meses, entre 1905 e 1906, e incluiu um longo período de abrigo junto às tribos que habitam o norte canadense, caçando e aprendendo a sobreviver naquela região inóspita com o modo de vida dos inuits.

Prestigiado pelo feito, Roald Amundsen recebeu emprestado de Fridtjof Nansen a escuna Fram e se lançou rumo ao ainda inexplorado Polo Sul, em competição com o britânico Robert Falcon Scott. As excelentes narrativas dos desafios reais enfrentados por ambas as expedições – como *O último lugar da Terra*, de Roland Huntford e *A pior viagem do mundo*, de Apsley Cherry-Garrard – ultrapassam as melhores histórias de ficção. Amundsen e sua equipe chegaram ao Polo Sul em 14 de dezembro 1911, mais de um mês antes de Scott, que perdeu a vida no retorno, com seus quatro companheiros.

Até hoje os especialistas debatem as estratégias e as características dos líderes das duas expedições. Em grandes linhas, o que fez a diferença foi:

- Amundsen aplicou à expedição ao Polo Sul toda a experiência absorvida quando de sua convivência com os inuits durante a travessia marítima ao norte do Canadá, enquanto Scott seguiu os métodos e padrões da Marinha de Guerra britânica, da qual era oficial.
- Como os inuits, Amundsen e sua equipe vestiram roupas feitas de peles de leões-marinhos, que são impermeáveis à água e ao gelo, mas que deixam escapar o calor e suor do corpo. Já os britânicos tiveram sérios problemas de hipotermia em razão das vestimentas de lã, quando encharcadas.
- Para o transporte de tendas e mantimentos, Amundsen utilizou trenós puxados por cães, que ele levou da Noruega; Scott deu prioridade à tração humana, o que causou grande desgaste físico de sua equipe, em função do peso do equipamento transportado, e lhe fez avançar mais lentamente.
- Amundsen, seus homens e seus cães se alimentaram de carne fresca de focas e pinguins caçados na Antártida, contendo sangue, vitaminas e minerais (os cães, aliás, se alimentaram também de seus pares, esgotados ou feridos durante o caminho); os britânicos calcularam mal a porção diária de suas rações, basicamente compostas de alimentos pré-preparados (o valor calórico não chegava a repor a metade do esforço gasto com a tração humana dos trenós).
- Amundsen recrutou uma equipe de esquiadores bem experientes, todos noruegueses que tinham esquiado na neve desde a tenra idade (também recrutou o campeão Olav Bjaaland para liderar a marcha como corredor de frente); os homens de Scott eram menos experientes sobre esquis e ainda tinham que puxar seus trenós;
- O planejamento dos depósitos de víveres foi bem mais eficaz no caso da equipe conduzida por Amundsen: pensando no retorno do polo, os noruegueses instalaram com maior frequência, no caminho de ida, depósitos de mantimentos, sinalizados por várias bandeiras num raio de 10 km; os britânicos erraram ao instalar depósitos mais espaçados e menos bem sinalizados. Resultado: afetados pelo mau tempo e totalmente exaustos, Scott e os três últimos membros de sua equipe morreram de frio a poucos quilômetros do último depósito no caminho de volta.

PESCA

Os países nórdicos (e Portugal) são os países com maior consumo *per capita* de produtos da pesca na Europa: de 50 a 90 kg de pescados por ano, por habitante. Em comparação, países "carnívoros" como Brasil e Argentina consomem 5 a 15 kg/ano/hab.

Os pescadores islandeses, dinamarqueses e noruegueses sempre tiveram acesso privilegiado a reservas de bacalhau, arenque, hadoque, cavala, salmão e outros peixes de águas frias e profundas do Atlântico. Também chegaram a sentir o gosto da prosperidade mediante a caça da baleia.

Entre os séculos XVII e XIX, baleeiros europeus caçaram no mar de Barents enormes quantidades desses mamíferos marinhos, provavelmente mais de 200.000 animais, atrás de seu óleo (usado em lamparinas), gordura (isolante e lubrificante), cerdas (para espartilhos) e carne. Hoje, apenas 10 mil baleias-da-groenlândia (*bowheads*) sobrevivem, medindo 20 metros e pesando até 100 toneladas. Na Islândia e na Noruega, a caça à baleia-anã (*minke*) ainda é permitida, apesar da contínua pressão da comunidade internacional pela sua proibição. De anã ela só tem o nome: mede cerca de 8 metros de comprimento e pesa cerca de 9.200 kg.

A pesca oceânica foi durante centenas de anos a ocupação principal da maioria da população islandesa e norueguesa. Continua sendo uma atividade de grande importância para a economia desses dois países, mas emprega somente uma pequena parcela da mão de obra disponível (5 mil trabalhadores na Islândia e 12 mil na Noruega). Com o aumento da capacidade dos navios pesqueiros e o avanço das técnicas de pesca, atualmente um pescador islandês retira, em média, 210 toneladas de peixe por ano – uma quantidade três vezes superior ao seu colega norueguês e oito vezes mais do que o pescador médio europeu. Quase 2% da pesca no mundo é feita nas águas da Islândia: cerca de 2 milhões de toneladas de peixe. A pesca ocupa um lugar tão importante na identidade islandesa que, no passado, o escudo de armas do país exibia um bacalhau salgado, partido ao meio, com uma coroa dourada sobre fundo vermelho.

A pesca representa o segundo setor exportador da Noruega, uma das economias mais desenvolvidas do mundo, com quase US$ 10 bilhões em vendas anuais de pescado para o exterior. Para compararmos, o Brasil exportou, em 2014, US$ 6,8 bilhões de carnes de frango e US$ 5,8 bilhões de carnes bovinas, as duas fontes de proteína animal que mais vendemos para o mundo.

O Brasil, por sinal, importa bacalhau da Noruega e da Islândia desde meados do século XIX. Já o Japão deve muito de sua culinária contemporânea às compras

A aventura marítima | 159

A tradição cultural e a riqueza dos mares gelados ainda fazem da pesca mais do que um mero passatempo, seja na cidade (Estocolmo, foto acima) seja na casa de campo (Hisøy, Noruega, foto ao lado).

de pescado originário do outro lado do mundo, no mar de Barents. O Japão deixou de ser autossuficiente em produtos da pesca para sua alimentação desde a década de 1980. Foram necessários 15 anos para que os exportadores noruegueses conseguissem introduzir o salmão atlântico (*salmo salar*) na dieta japonesa e na preparação dos tradicionais *sushis* e *sashimis*. Hoje, pode-se dizer que o salmão cru se tornou um dos ingredientes mais utilizados na cozinha japonesa, mais ainda nos restaurantes nipônicos ao redor do mundo.

FUTURO DO ÁRTICO

Até recentemente, o Ártico era objeto de atenção quase exclusiva dos estrategistas militares e dos exploradores polares. Com o aquecimento global e a redução da calota de gelo, a região vem recebendo renovado interesse da comunidade internacional diante da perspectiva de aproveitamento dos recursos naturais ali existentes e abertura de uma nova rota comercial marítima entre o Atlântico e o Pacífico. Caso se confirme, a utilização – em moldes sustentáveis – desse patrimônio trará desafios e consequências econômicas, ambientais e sociais no correr do século XXI.

A região ártica (14,5 milhões km² ou 6% da superfície terrestre) abrange o oceano Ártico e o extremo norte de oito países, com partes de seus territórios localizadas acima do Círculo Polar: Canadá, Dinamarca, Estados Unidos, Finlândia, Islândia, Noruega, Rússia e Suécia. Cresce, porém, o conjunto de Estados não árticos que pretendem fazer valer sua influência sobre os destinos da região, em especial China, Japão, Coreia do Sul, Índia, Reino Unido e França. Todos invocam razões históricas, culturais ou políticas para essa aproximação; e todos são motivados por cálculos econômico-comerciais e de segurança estratégica.

O que sabemos dos desafios e prioridades para o Ártico?

Em primeiro lugar, os relatórios do Painel Intergovernamental sobre Mudança do Clima (IPCC) das Nações Unidas demonstram que as regiões polares exercem profunda influência sobre o clima mundial. O gelo nos polos funciona como repositório da evolução do clima da Terra e como indicador de alterações em curso. O estudo das mudanças de temperatura na cobertura de gelo e nos mares do Ártico e da Antártica, bem como da camada de ozônio e da diversidade dos organismos vivos ali presentes, tem-se revelado de suma importância para a compreensão de fenômenos que atingem populações e biomas muitas vezes distantes dos polos. Sabe-se, por exemplo, que o derretimento da calota polar no Ártico afeta o clima e a temperatura na Europa, os níveis de precipitação, as correntes marinhas, a distribuição dos cardumes no Atlântico Norte e a produção agrícola. Dada sua posição geográfica, a Escandinávia se sente especialmente vulnerável às mudanças climáticas que estão sendo observadas e previstas. Se o aquecimento médio global continuar no ritmo atual, o derretimento da camada de gelo sobre a Groenlândia irá elevar o nível do mar em todo o mundo em cerca de um metro em um século.

Em segundo lugar, cabe ter presente que o Ártico (assim como a Amazônia) é uma região remota, mas habitada, e deve ser minimizado o impacto negativo das alterações do meio ambiente local sobre as populações ali residentes. A região circumpolar é extensa e muito pouco povoada (4 milhões de habitantes), mas os estudiosos preferem contabilizar a dimensão humana do Ártico em cerca de 13 milhões de pessoas, que estariam direta ou indiretamente vinculadas às condições de vida na região. Como veremos adiante, os residentes permanentes no Ártico compreendem comunidades indígenas com modos de vida adaptados ao frio e expressões culturais milenares, como os inuits (antes denominados esquimós), que vivem no extremo norte do continente americano, e os 120 mil sámis, que habitam a faixa setentrional da Escandinávia (Lapônia) e da península de Kola, na Rússia.

Por último, a retração da camada de gelo sobre o oceano Ártico sinaliza com a possibilidade de ganhos econômicos para os países limítrofes. A maioria dos recursos vivos e minerais se encontra dentro das áreas de jurisdição nacional, isto é, dentro das 200 milhas de zona econômica exclusiva e na plataforma continental dos Estados costeiros. Além de abrigar uma das mais ricas áreas de pesca do mundo, o Ártico conteria 13% das reservas mundiais ainda não descobertas ou mais de 90 bilhões de barris de petróleo (a título de comparação, já foram descobertos 40 bilhões de barris no polígono brasileiro do pré-sal). É esse enorme potencial energético que acirra os ânimos no incipiente debate sobre o alcance da soberania dos cinco Estados banhados pelo oceano Ártico e, que, portanto, têm o direito de explorar as riquezas existentes no fundo do mar: Canadá, Estados Unidos (Alasca), Dinamarca (Groenlândia), Noruega e Rússia. Vale ter presente que Finlândia e Suécia não têm saída para o oceano Ártico, e a Islândia é limitada, ao norte, pelas zonas de 200 milhas marítimas da Dinamarca (Groenlândia) e da Noruega.

Nesse contexto de disputa pela soberania sobre os recursos minerais do Ártico, em setembro de 2007, dois batiscafos russos, Mir (*Paz*) 1 e 2, desceram a 4.300 metros de profundidade com o objetivo de realizar pesquisas do solo submarino que provassem a extensão da plataforma continental russa até o Polo Norte. A polêmica foi criada quando os minissubmarinos também plantaram naquele local uma pequena bandeira da Rússia (feita de titânio, para resistir à pressão da água), como se simbolizasse um gesto de posse sobre a região, o que foi visto com muita desconfiança pelos demais Estados árticos.

Outra importante consequência do degelo da calota polar seria a diminuição de um terço da distância entre, por exemplo, Xangai e Amsterdã, pela via marítima. A navegabilidade da Passagem Noroeste, entre o norte da Noruega e a Sibéria, tem o potencial de reduzir tanto o tempo de viagem quanto o consumo de combustível. Por outro lado, a nova rota introduz desafios para a conservação do meio ambiente polar (poluição marinha, emissão de gases de efeito estufa), para o desenvolvimento sustentável das zonas litorâneas e para a prevenção de acidentes (a ausência de uma camada contínua de gelo sobre o mar não exclui o risco inerente à circulação de centenas de pequenos *icebergs*).

Se a mudança do clima confere às regiões polares maiores visibilidade e peso, ela não pode estar dissociada da responsabilidade para os países nórdicos de garantir uma gestão sustentável do Ártico.

FESTIVIDADES

Alguns dias festivos na Escandinávia são particularmente interessantes pela natureza da celebração ou pelos rituais e costumes bastante distintos daqueles a que estamos habituados no Brasil. Enquanto algumas festas se assemelham a tradições de outros países, outras são especificamente nórdicas, porque guardam um vínculo estreito com o modo de vida ancestral daquela região. No início do século XX, a Escandinávia era principalmente uma sociedade agrícola e a maioria das famílias viviam juntas em fazendas, relativamente isoladas, sobretudo nos meses de inverno. À época, festas e feriados religiosos desempenhavam funções sociais mais importantes. Hoje, 80% a 90% da população nórdica vive em cidades e zonas urbanas, enquanto menos de 4% são considerados produtores rurais. Nesse contexto, é natural que os escandinavos modernos tenham perdido o contato com as tradições características de seus ancestrais. De certo modo, as celebrações e os rituais permanecem vivos na memória, ainda que fora do contexto original.

VAPPU

A celebração da primavera, após os longos meses do inverno boreal, já era tradição nos tempos pagãos. A partir do século XV, a Noite de Santa Valpurga – 30 de abril para 1º de maio – entra no calendário cristão como uma festa de danças em torno de imensas fogueiras, para espantar bruxas e maus espíritos e dar as boas-vindas ao período de luz, de sol e de plantio. A festa ocorre com especial destaque na Suécia (*Valborg*) e na Finlândia (*Vappu*), mas também é celebrada no restante da Escandinávia. De barco, é possível observar as labaredas das fogueiras queimando na penumbra, entre o dia e a noite, como um infindável crepúsculo, em dezenas de pontos da costa ou das ilhas que se espalham pelo litoral escandinavo. O espetáculo nos faz efetivamente retornar no tempo, à época que associamos no imaginário coletivo à Europa medieval.

Em Helsinque e nos centros urbanos da Finlândia, a festa de *Vappu* foi paulatinamente sendo apropriada pela comunidade estudantil desde meados do século passado, pela proximidade da data festiva com o exame vestibular (o *lukion* ou

Todos os anos, na tarde de 30 de abril, estudantes finlandeses vestem a estátua da sereia *Havis Amanda*, ou simplesmente *Manta*, na praça do Mercado de Helsinque, com o chapéu de formatura.

studentexamen). Às seis horas da tarde do dia 30 de abril é colocado sobre a estátua da sereia *Havis Amanda*, na praça central de Helsinque, o quepe branco de um estudante que esteja começando o curso de engenharia (parte do antigo uniforme dos vestibulandos: terno e gravata para os rapazes; vestido branco para as moças). O gesto é repetido em muitas outras cidades do país, com diferentes estátuas. Começa, então, uma noite carnavalesca de festa, muita bebida, música alta, barulheira, e noites mal-dormidas nos bancos e parques da cidade. O dia seguinte, 1º de maio, é dedicado a grandes piqueniques organizados para amigos e famílias inteiras nos parques – Esplanade, Kaisaniemi, Kaivopuisto e o mais tradicional neste dia, Ullanlinnanmäki. Também ficam lotados os restaurantes abertos à rua ou com vista para o litoral do Báltico. Animados com a festa, os finlandeses, normalmente reservados, conversam de maneira extrovertida e brindam com os demais passantes.

Doces típicos de massa açucarada frita compõem a mesa: *tippaleipää* (doce de funil, por onde passa a mistura de farinha para a panela de óleo fervente), *rosetti* (de forma estrelada) e *munkki* (rosquinha), entre outros. A bebida tradicional do *Vappu*, complementada por muito vinho espumante, cerveja e aguardente, é a *sima*, um preparo de baixo teor alcoólico derivado da fermentação do mel diluído em água, com adição de sabores de frutas (limão, maçã) ou lúpulo (o ingrediente que dá o gosto amargo à cerveja).

A *sima* ou, em português, hidromel, era a bebida dos deuses nórdicos no paraíso do Valhalla. É bem agradável ao paladar e costuma ser servida aos visitantes de museus e assentamentos da era viking preservados por toda a Escandinávia.

17 DE MAIO

A data nacional da Noruega merece figurar com destaque no calendário de festividades escandinavas por duas razões excepcionais. Primeiro, o 17 de Maio constitui, eminentemente, uma celebração cívica, sem o elemento militar largamente associado às comemorações de independência ou patriotismo. Segundo, os noruegueses se vestem de uma maneira única e tradicional, dentro do espírito da data comemorativa, e ornamentam ruas, praças, caminhos, fazendas e vilarejos por todo o país.

Historicamente, o 17 de Maio foi instituído como dia nacional em 1814 por ocasião da assinatura da Constituição da Noruega, ainda sob o domínio do Reino da Suécia, que duraria até 1905. A Coroa sueca nunca aprovou a comemoração formal daquela data e, numa expressão espontânea de resistência pacífica, o evento cívico adotou o formato de um desfile infantil (só de meninos até 1899).

A data nacional norueguesa, 17 de maio, é celebrada com desfile de bandas de música escolares. A maioria da população veste os trajes típicos regionais chamados de *bunad*.

Nas paradas, as protagonistas são as crianças, às milhares, organizadas por escolas, com seus respectivos estandartes, bandeirolas, uniformes e bandas de música. Formam o chamado *barnetog* ("marcha infantil") e desfilam, em cada cidade, pelas ruas, em frente aos monumentos principais. Na capital Oslo, o *barnetog* sobe a avenida principal, *Karl Johanns gate*, passa em frente ao Palácio Real, de onde o rei e sua família acenam para os jovens participantes, e desce rumo à Prefeitura, *Rådhus*, e a beira do fiorde, *Akker Brygge*.

Mas o caráter romanesco do 17 de Maio fica por conta da beleza e da variedade dos trajes nacionais (*bunads*) que praticamente todas as norueguesas (meninas, jovens e senhoras) – e muitos noruegueses também – vestem neste dia especial. A sensação é de que o mundo parou na época das carruagens. O *bunad* é um traje elegante e muito elaborado (portanto, caro) com bordados e detalhes costurados a mão, inspirados de padrões típicos de cada uma das principais regiões e povoados da Noruega. Adornos, joias e botões são fabricados em ouro e prata. As mulheres vestem saias longas e coletes, sobre blusa branca de renda, e normalmente um xale de lã; os homens trajam calças até a altura do joelho, meiões de lã, colete, jaqueta e eventualmente um chapéu. É costume passar o *bunad* de mãe para filha e de pai para filho. Os modelos de *bunad* foram objeto de pesquisa e de inventário nos primeiros anos da independência norueguesa e o catálogo mais recente elenca cerca de 400 tipos diferentes de trajes regionais. Não se admite a composição livre de um novo *bunad*, fora dos padrões e estilos históricos. O *bunad* é usado com frequência e com orgulho em todas as celebrações, como batizados, casamentos, formaturas, Natal etc.

Com o passar do tempo, os jovens de 17-18 anos no último ano do ensino médio, conhecidos por *russ*, adotaram o costume de passear na cidade, no dia nacional, trajando seus macacões e bonés característicos, a maioria de cor vermelha, rabiscados de mensagens dos colegas e todos muito sujos (o mesmo uniforme deve ser usado entre o início da primavera e o dia 17 de maio). Nesse período, a quantidade de festas organizadas todos os anos pelos 40 mil estudantes é assombrosa, assim como os ônibus que os levam até os locais da farra. Os *russebusser* são pintados e decorados das maneiras mais criativas, conforme a denominação e o estilo escolhido pelos próprios estudantes, geralmente um ou dois ônibus por sala de aula (*Banzai, Barbieworld, Space Invaders, DangeRuss, Heaven on Earth, Waikiki* e assim por diante). Chegam a custar uma boa fortuna, dos estudantes e dos seus pais. É quase impossível escapar do barulho ensurdecedor que emana de dentro dos ônibus quando circulam no início da madrugada rumo, por exemplo, ao estacionamento da estação de esqui de Holmenkollen, a montanha mais famosa de Oslo.

MIDSOMMAR

A festa do "Meio do Verão" é a mais célebre e identificada com a imagem pastoril que a Suécia deseja preservar. Ocorre no fim de semana mais próximo do solstício estival, 21 de junho, o dia de maior claridade no ano: de 4 da manhã a 10 da noite em Estocolmo. Mas a noite não fica escura porque parte do céu permanece iluminado pelos raios do sol que brilham debaixo do horizonte.

O *Midsommar* é comemorado ao ar livre, no campo – afinal, o festejo está intimamente relacionado com o vigor colorido da natureza. No centro, ergue-se um alto mastro inteiramente enfeitado de folhas e flores, do qual geralmente pendem duas grandes coroas de flores, que simbolizam a fertilidade. Como na ciranda, as pessoas dançam em torno deste mastro (*midsommarstång*) e cantam canções folclóricas ao som do acordeão, eventualmente com o acompanhamento de um violino e uma viola. As meninas e mulheres portam coroas de flores nos cabelos. Reza a lenda que, com um buquê de sete espécies de flores, de sete campos diferentes, colocado sob o travesseiro, uma jovem solteira poderá sonhar à noite com seu futuro esposo. Muitos se vestem com trajes típicos, sendo o vestido azul e amarelo (cores da bandeira nacional) o mais frequente para as mulheres.

Crédito: Håkan Dahlström (CC BY 2.0)

Festa do verão e da natureza, o *Midsommar* sueco é comemorado no dia do solstício estival, no campo, com comidas e danças ao ar livre, em torno de um mastro decorado com coroas de flores que simbolizam a fertilidade.

Não faltam à mesa comida e bebida em abundância, como o salmão e os muitos tipos de arenque marinado (*sill*) em diversos tempos de maturação, com molhos de mostarda, cebolinha, açafrão ou agridoce, servidos com as torradas retangulares *Wasa* ou *Leksand* (*knäckebröd*) e batatas cozidas. De sobremesa, os famosos morangos silvestres, com uma camada generosa de creme batido. Para beber, o tradicional *snaps*, aguardente forte de batata ou de cereais, bebida em doses pequenas... mas frequentes. Há uma longa tradição entre os suecos de *snapsvisor*, isto é, pequenos versos cantados a cada gole. Alguns dos mais elementares são os mais conhecidos (afinal de contas, estão todos embriagados), como *Hellan går* – Beba tudo – e *Tänk om jag hade lilla snubben* – Imagine se eu tivesse uma cordinha – (tradução do autor):

Beba tudo
E cante hopp-papp-allan-lallan-ley
Aquele que não beber tudo
Perderá a chance de beber a outra metade
Beba tudo [todos bebem o snaps]
E cante hopp-papp-allan-lallan-ley!

Ah se eu pudesse amarrar
Ah se eu pudesse amarrar uma cordinha
Em volta do snaps antes de bebê-lo!
Quando eu engolisse, puxaria a cordinha
E beberia de novo, e aí eu cantaria
Ah se eu pudesse amarrar uma cordinha
Em volta do snaps antes de bebê-lo!

DIA DE SANTA LUZIA

Paulo Guimarães

O solstício de inverno, a noite mais longa e escura do ano, acontecia em 13 de dezembro até a adoção pelos países protestantes da reforma gregoriana do calendário em meados do século XVIII (a partir de então, ele ocorre em 21 ou 22 de dezembro de cada ano). Mas a tradição deixou imutável o dia da

Após a procissão à luz de velas na noite mais escura do inverno, a festa de Santa Luzia reúne as famílias em torno da mesa com bolos e biscoitos de canela e gengibre e os tradicionais *lussekatter*.

comemoração de uma das festividades mais singelas e encantadoras da Escandinávia. É tempo de preparação para o Natal com uma celebração da luz, justamente no momento do ano em que ela mais faz falta.

A festa de *Sankta Lucia*, ou simplesmente *Lucia*, ficou popular no início do século XX, quando as procissões começaram a ser organizadas por paróquias e entidades beneficentes, nas praças e ruas, com o objetivo de angariar donativos. Com frequência, a jovem que representava Santa Luzia era a vencedora de um animado concurso popular, realizado no bairro ou na cidade. Nos anos 1970, as escolas passaram a desempenhar um papel decisivo na disseminação do ritual. Atualmente, *Lucia* é parte integrante do calendário escolar, momento do ano de confraternização entre alunos, pais e professores antes do feriado natalino. A cena é composta de jovens vestidas de longas túnicas brancas, quase sem adornos, andando lentamente em procissão, entre os presentes, com uma vela na mão; os rapazes, também em túnicas brancas e com chapéus pontiagudos, carregam varetas com uma estrela. À frente, caminha Santa Luzia, com o mesmo traje imaculado e uma coroa de velas acesas sobre a cabeça. Na penumbra iluminada somente pelas chamas trêmulas das velas, a procissão canta em voz baixa e em uníssono (tradução do autor):

> *A noite avança vagarosamente*
> *Sobre o campo e em volta do lar,*
> *E ao redor da terra, que o sol deixou,*
> *As sombras se aproximam.*
> *Aqui em nossa casa sombria*
> *Andamos com velas acesas.*
> *Santa Luzia, Santa Luzia!*

> *A noite avança calmamente.*
> *Ouçam suas asas batendo,*
> *Em cada cômodo silencioso,*
> *Sussurrando em seu voo.*
> *Vejam quem à nossa porta está,*
> *Vestida de branco e com luzes no cabelo:*
> *Santa Luzia, Santa Luzia!*

> *A escuridão logo nos deixará.*
> *Dos vales da terra,*
> *A Santa nos declamará*
> *Uma palavra maravilhosa.*
> *Um novo dia renascerá*
> *Da alvorada no céu.*
> *Santa Luzia, Santa Luzia!*

Após a procissão e outros cantos natalinos, são servidos café, vinho quente temperado com canela, gengibre, cravo, mel e passas (*glögg*), pães doces e biscoitos, como os tradicionais *lussekatter* – pequenos brioches de açafrão enroladas em forma de *S* – e *pepparkakor* – biscoitos finos de gengibre no formato de estrelas, corações, anjos etc.

Paradoxalmente, Luzia (nome de origem latina *lux*, luz) é uma santa do extremo sul da Europa, nascida na cidade de Siracusa na Sicília. Viveu e sofreu martírio no século III, no período inicial do cristianismo, após doar todos os seus bens, inclusive seu dote, aos pobres. Teve seus olhos arrancados, mas nunca deixou de ver pelo dom da graça divina.

O NATAL NA ESCANDINÁVIA

O Natal na Escandinávia tem uma particularidade: ele dura muito mais do que um dia. O inverno rigoroso, frio, neve, escuridão, fazem do Natal escandinavo um estado de espírito, desde meados de novembro, com as luzes e velas acesas nas janelas, à celebração da luz no dia de Santa Luzia e os quatro domingos de Advento que antecedem a festa natalina propriamente dita. O Natal ainda é o principal evento familiar no ano. Mesmo para os que não mais o consideram uma festividade religiosa, a ceia de Natal continua sendo uma oportunidade muito especial de estar junto em família.

Advento

A preparação para o Natal é parte essencial das festividades do fim de ano: compreende a celebração dos quatro domingos de Advento, o dia de Santa Luzia e a ceia de Natal propriamente dita. Nas semanas que antecedem a Natividade, os lares escandinavos se enchem progressivamente de luzes de velas e decorações que atenuam o escuro das noites mais longas e dão ao lar uma atmosfera calorosa e aconchegante em contraste com a rudeza do clima invernal. É o período supremo do *koselig*, *mysig*, *hygge* (a sensação de "aconchego") que comentamos no capítulo "Sete meses de inverno, dois meses de verão". Por tradição, é posto sobre a mesa de jantar um candelabro especial para quatro velas, que marcam o tempo do Advento. A cada domingo, uma vela é acesa, até que todas as quatro chamas brilhem para anunciar o iminente nascimento de Jesus.

O pinheiro natalino

Assim como sua decoração, a seleção da árvore de Natal envolve um longo tempo de escolha e comparação minuciosas entre três variedades de pinheiros e

Festividades | 171

O *julbocken* (bode feito de palha) e a casinha de massa de gengibre integram, com o pinheiro natural, a decoração natalina da casa escandinava.

dezenas de espécimes alinhados nos muitos locais de venda nas cidades. Os puristas se deslocam até os campos autorizados para o corte de pinheiros pelos próprios clientes. Horas podem ser gastas neste ritual. O pinheiro de Natal deve ser o mais cheio de ramos, o de melhores proporções, o preferido para cada lar e para cada família, e deve ser escolhido com amor – é o que sempre repete minha esposa, geralmente quando já estou cansado de caminhar, levantar e comparar um batalhão de árvores, por horas a fio, no frio, com o eventual aquecimento das mãos e das luvas na fogueira ou segurando um copo de chocolate quente.

Puxar o trenó com o pinheiro recém-cortado ou dirigir com a árvore de dois a três metros no teto do automóvel dá a mesma sensação especial de trazer um animal de estimação para casa. O pinheiro fica em um vaso e recebe muita água para manter-se vigoroso até o 13 de janeiro, vigésimo dia do Natal ou dia de São Canuto.

A decoração escandinava tradicional privilegia tons de branco e vermelho e detalhes como bandeirinhas, laços e os anjos, bonecos, estrelas e animais feitos de *pepparkaka* (massa de biscoito feita com gengibre, canela e cravo). Luzes brancas também. As decorações extravagantes tão comuns em outros países passam longe do espírito nórdico. Sobretudo, nenhum enfeite de plástico, nem árvores artificiais – note-se que os pinheiros natalinos vêm de áreas sustentáveis, onde se pratica o replantio.

A ceia

Cedo, aqui, a palavra à minha sogra, Ulla-Britt Wadstrand, que tem uma recordação viva dos tempos em que a ceia de Natal era um tarefa familiar e 100% caseira nos anos 1950-1960.

A mesa era composta de carnes dos animais abatidos na própria fazenda e dos produtos da colheita. Sua preparação começava logo na primeira semana do Advento por causa do grande número de embutidos, patês e conservas a preparar. Havia uma atmosfera de quase concorrência entre as famílias para apresentar a ceia mais rica e variada a cada ano. Felizmente, eu pertenço ao grupo das apreciadoras da boa comida tradicional e desde pequena tirava prazer da preparação dos pratos mais elaborados e da composição da mesa natalina com sua bela porcelana, cristais e rendas.

*A ceia sempre tinha início com o arenque (*sill*), em pelo menos sete variedades de conservas caseiras, de sabor agridoce, temperados com vinagre, mostarda, ervas e frutas silvestres (mirtilos e groselhas). Ainda* *como aperitivos, eram postos sobre a mesa toucinho levemente salgado, linguiças e outros embutidos preparados em casa com condimentos mais caros e variados para o Natal, além de patês e terrinas feitas de sobras de carne e vísceras, servidas em pelo menos três versões: prensada, enrolada e de novilho.*

O primeiro prato principal consistia, obrigatoriamente, de costeletas de porco, acompanhadas de repolho roxo (cozido com maçã picada, cebola, melado e cravos) e de conservas de beterraba preparadas com vinagre e açúcar. Ao lado, as tradicionais almôndegas, que, na Escandinávia, são pequenas e mesclam três tipos de carne – de carneiro, de porco e de boi –, cebola picada e frita, miolo de pão molhado no creme de leite e ovos.

A esta altura, nossos estômagos de criança estavam bem nutridos. Era quando minha avó dizia: "– Minha menina, vejo que você ainda não experimentou este patê. Prove um pedacinho". Como era Natal e as crianças queriam mostrar que eram bem comportadas para ganhar presentes do Papai Noel nórdico (o tomte*), comíamos mais um pouquinho.*

O que nunca podia faltar à mesa neste dia especial era o clássico nubbe *– aguardente aromática que, apesar do alto teor alcoólico, ajudava a digestão. Naturalmente, não o serviam para nós crianças, o que nos parecia um pouco injusto...*

Chegava a hora da entrada, teatral, de um "personagem" assustador para as crianças: a cabeça de porco glacê, com uma maçã no focinho! Junto vinha um grande presunto levemente fumado, depois cozido e então dourado com glacê no forno, segundo receitas antigas e bem guardadas dentro de cada família. Era muito comum acompanhar o presunto com os pés do porco – que as crianças não eram obrigadas a provar (aliás, o almoço, mais simples, consistia basicamente de dopp-i-gryttan, *isto é, pão de cerveja molhado no caldo que cozinhou o presunto). Os homens da família ainda gostavam de degustar a "sopa preta", que nada mais era do que um caldo de molho pardo sem a carne de pato. Para concluir a refeição principal, um prato de peixe,* lutefisken, *bacalhau ressecado e deixado de molho no bicarbonato de sódio, com molho branco e pimenta doce (*kryddpeppar*). Sempre servido por último, o pH alcalino do peixe neutraliza o alto teor de gordura dos alimentos ingeridos anteriormente.*

Grand finale deste banquete sempre foi a sobremesa predileta *de crianças e adultos: mingau de arroz, servido com canela e açúcar. Antes da primeira colherada, cada pessoa à mesa tinha que recitar um verso em rima. Ríamos bastante de alguns versos dos adultos já sob a influência de vários copos de cerveja natalina e de aguardente (não era costume servir vinho na ceia de Natal).*

Durante a abertura dos presentes, era servido café com conhaque e dez variedades de biscoitos de amêndoas, nozes, nougats e marzipãs: mandelmusslor, mandelflarn, finskapinnar, bondekakker, klenätter, halvmånar, knäkk.

A chegada dos supermercados, a disponibilidade de produtos prontos para consumo ou pré-preparados, reduziu muito o penoso, mas gratificante, trabalho de preparação da mesa natalina. Sem contar os novos hábitos alimentares da família moderna, bem mais saudáveis, em geral.

Papai Noel

O "bom velhinho" escandinavo difere dos personagens inspirados tanto em São Nicolau (muito celebrado na Bélgica, Holanda, Alemanha e Europa Central) quanto no *Santa Claus* norte-americano, que se tornou o padrão moderno do Papai Noel. O *tomte* ou *nisse* é uma pequena criatura de aparência humana, mas de baixa estatura; tem o rosto alegre e um pouco enrugado pela idade; possui barba e cabelos brancos; veste bata e capuz vermelhos – ou seja, parece um Papai Noel pequeno. Com os outros gnomos, ele cuida dos animais, da colheita e das crianças da fazenda.

E onde, afinal, o Papai Noel mora? Dizem que é em Korvatunturi. Mas há quem prefira visitá-lo em Rovaniemi. Ambas ficam na Lapônia, Finlândia. Há alguns anos, um menino inglês foi entrevistado para uma TV local logo após o encontro com o bom velhinho:

– Você já tinha encontrado o Papai Noel antes?
– Apenas pessoas fantasiadas.
– E agora você conheceu o Papai Noel de verdade?
– Agora sim!

Embora pequenos, os *tomtar* são fortes, espertos, arredios e irritadiços. Não conseguem ficar juntos sem brigar entre eles. Quando algum humano (ou animal) se comporta mal, eles podem lhe dar uma bofetada. Vivem escondidos nos campos, por entre raízes, tufos de grama e cogumelos. O que o *jultomte* (*Jul* = Natal) mais deseja na véspera do Natal é um bom prato fundo de mingau de aveia (*gröt*),

A cidade "oficial" do Papai Noel, Rovaniemi, no norte da Finlândia, por onde passa o Círculo Polar Ártico, atrai mais de 300 mil visitantes por ano.

com manteiga derretida e amêndoas, às vezes acompanhado de um copinho de aguardente, ambos colocados ao pé da porta de entrada. Geralmente, uma das pessoas da família ou um vizinho se veste de *jultomte*, com uma máscara no rosto, para fazer a entrega dos presentes. Antes, porém, sempre pergunta: "Há crianças bem comportadas nesta casa?"

Uma vez dispostos os presentes ao pé da árvore de Natal, eles não são simplesmente distribuídos. Cada pacote traz uma curta estrofe de versos em rima (*julklappsrim*) e cada criança e adulto tem que se esforçar para adivinhar o que contém o seu respectivo embrulho, ao ler em voz alta o pequeno enigma, escrito de preferência com uma pitada de humor. Seguem dois exemplos caseiros (tradução do autor):

De alto a baixo da montanha
Aptos para a façanha
Nosso forte não é caminhar
Mal servimos para andar
Use-nos com habilidade
Para ganhar velocidade
[botas de esqui]

Regime deixa a gente triste
O dia todo só com alpiste
Mas existe uma cura
Para moldar sua figura
Ficar feliz sem comida
Só com muita bebida
[garrafa de uísque]

LAZER E CULTURA

Em termos gerais, as sociedades escandinavas têm conseguido alcançar um melhor equilíbrio entre trabalho e lazer, graças aos seus sistemas abrangentes de bem-estar e a uma cultura pós-industrial que reconhece a importância da satisfação nas esferas familiar e social. Por um lado, os países nórdicos se destacam em relação a seus vizinhos europeus por oferecer condições de trabalho mais adaptadas à manutenção das mães no emprego ou seu retorno à atividade profissional: jornadas semanais flexíveis, trabalho em tempo parcial ou em domicílio, extensa rede de creches. Por outro lado, o avançado nível de igualdade de gênero na realização das tarefas domésticas e familiares induz a maior tolerância das empresas quanto à distribuição do tempo de trabalho entre empregados homens e mulheres.

Na maioria dos casos, a jornada diária de trabalho tem duração de sete a oito horas e se estende de 8h a 16h/17h, em função da pausa para a refeição, normalmente por volta do meio-dia. O tempo dedicado ao almoço varia entre os escandinavos; ele é de meia a uma hora para noruegueses e dinamarqueses, e de uma a uma hora e meia para suecos e finlandeses.

Após 17h, a grande maioria dos funcionários, de todos os níveis, terá ido para casa cuidar de sua família ou praticar algum tipo de exercício, antes do jantar, às 17h30/18h. Da perspectiva da cultura empresarial escandinava, trabalhar longas horas não é visto como necessário, nem como uma virtude. Ao contrário, pode ser uma indicação de mau planejamento e de péssima gestão do tempo.

Os trabalhadores nórdicos têm direito a 5-6 semanas de férias pagas por ano. A contagem do tempo livre é feita por dias úteis não trabalhados: de 24 na Islândia a 30 na Finlândia. Este maior período de férias, combinado com a média salarial mais elevada, faz do turista nórdico um viajante internacional sobre grandes distâncias. Estados Unidos, Austrália, Tailândia e Báli lideram os destinos não europeus. Na Europa, os países de sol e praia se situam no topo do *ranking*: Espanha, Itália e Grécia.

É curioso, porém, notar que a Escandinávia continua sendo um importante destino para os próprios escandinavos. Em 2014, dentre os 20 principais destinos preferidos por eles para férias curtas, de 1 a 2 semanas, figuravam, na ordem, Dinamarca, Suécia, Noruega, Islândia e Finlândia. A explicação deste fenômeno não leva em conta apenas a proximidade geográfica, mas o tipo de turismo praticado pelos escandinavos. No verão, as viagens em barco a vela; no inverno, as estações de esqui.

O DIREITO DE CAMINHAR

A natureza nunca está distante dos espaços urbanos nos países nórdicos. À exceção da Dinamarca, com 126 habitantes por km², os escandinavos estão entre os países de menor densidade populacional na Europa: 15 a 20 hab/km². Inferior até mesmo à do Brasil (23,6 hab/km²). Copenhague e Estocolmo abrigam, cada uma, cerca de 2 milhões de residentes; Helsinque e Oslo, 1,5 milhão; e Reykjavík, 210 mil. As principais cidades estão situadas no litoral e rodeadas por grandes bosques, lagos ou montanhas.

Por isso, quando imaginamos a natureza escandinava nossa mente compõe imediatamente uma paisagem em nuances de verde e azul – e o branco da neve, no inverno. As florestas boreais são tipicamente densas e compostas de coníferas: frondosos pinheiros e ciprestes – "árvores de Natal" –, que suportam o clima extremamente frio graças a suas folhas em forma de agulha e seus galhos resistentes ao peso da neve. Os bosques nas regiões temperadas possuem maior diversidade de espécies, com destaque para os carvalhos, castanheiras, freixos (de madeira dura e densa, com até 25 metros de altura) e bétulas (facilmente reconhecíveis pelo caule esbranquiçado).

Desde a ocupação da Escandinávia, os bosques foram fonte de recursos para esses países: madeira da melhor qualidade para a construção de casas, o mobiliário e as embarcações marítimas; alimentos como frutas (maçãs, peras, ameixas), frutos silvestres (morangos, groselhas e mirtilos, muito utilizados na culinária nórdica), nozes, mel e plantas medicinais, além da caça. Até hoje, um dos *hobbies* mais praticados no outono, nos bosques que circundam as cidades, é a cata de cogumelos e de frutos silvestres. Seus benefícios são vários, a começar pelo exercício de longas caminhadas ao ar livre, independentemente do clima (verão e outono), faça chuva ou faça sol. Também é uma atividade geralmente praticada em família, que, além de divertir a todos, crianças e adultos, aumenta bastante as chances do grupo de localizar os cogumelos e arbustos, e de recolher os alimentos em volume suficiente. Por último, mas não menos importante, o resultado final é comestível e delicioso, no prato, no aconchego o lar, depois de todo o esforço.

Lazer e cultura | 179

Qualquer um pode caminhar por qualquer lugar: o *allemansrätten* assegura passagem livre pelos campos e terrenos da Suécia. Com a mochila nas costas e os copos de madeira para beber água da fonte, a trilha fica mais confortável.

Na Suécia, uma lei muito valorizada pela sociedade local autoriza qualquer pessoa a caminhar livremente no campo (ou atravessá-lo sobre esquis, no inverno), com direito de passagem e até de acampamento em terrenos públicos e privados, de maneira responsável. Este *allemansrätten* (literalmente, "direito de todos") data da época medieval e hoje é parte da identidade cultural do povo sueco. Mantém-se atualíssimo, como um direito de travessia a uma distância razoável de casas, quintais, jardins e áreas cercadas, inclusive nas ilhas. Também não se pode acampar em qualquer lugar por mais de um dia. Em contrapartida, o caminhante deve observar os sinais de aviso, agir com respeito para com os proprietários do terreno e com cuidado em relação à fauna, à flora e ao meio ambiente. Basicamente, aplica-se a regra: "não perturbe ninguém e deixe o local do jeito que você o encontrou".

A CASA DE CAMPO

Quando nos mudamos para Holmenkollen, nos arredores de Oslo, minha esposa passou a alimentar os gatos de nosso vizinho norueguês durante as temporadas que ele passava na região montanhosa de Telemark, ao sudoeste de Oslo. Viúvo, Olav tinha por costume visitar cada uma das três pequenas cabanas que foram construídas com troncos de madeira por seus antepassados, à distância de um dia de caminhada (ou de esqui) entre elas. Olav contou-nos que as três cabanas mantinham ainda o aspecto rústico e singelo de sempre, sem eletricidade ou água encanada, com fogão e aquecimento a lenha.

Esse não é um exemplo isolado; a maioria dos nórdicos ainda cultiva os ideais do retorno ao estado de comunhão com a natureza e, dentro do possível, tenta resguardar aspectos do primitivismo ligado à vida no campo ou nas montanhas. Com o passar do tempo, porém, as conveniências e o conforto do mundo moderno fizeram sua entrada nesse ambiente rudimentar, na maioria das vezes ainda de forma moderada: luz elétrica, cozinha, banheiros completos e a onipresente internet sem fio. Obviamente, também existem verdadeiras casas de montanha que nada devem às residências nas regiões urbanas.

A casa de veraneio é um costume enraizado na psique dos escandinavos. Há cerca de 600 mil casas de campo, ilha ou montanha na Suécia, 500 mil na Finlândia, 400 mil na Noruega e 250 mil na Dinamarca. Em todos esses países, metade da população tem acesso a residências secundárias por meio de familiares, amigos ou, como vimos antes, das empresas em que trabalham. A *sommarstuga* sueca, a *sommerhus* dinamarquesa e a *mökki* finlandesa preservam a mesma tradição de simplicidade e naturalidade da *hytte* norueguesa, cada uma a seu modo, nas ilhas, nos campos ou à beira da praia. O aspecto espartano desses lares é uma parte importante de sua atração para a maioria dos seres metropolitanos, habituados ao bem-estar material e também às aflições da vida urbana. Mais do que um espaço para o relaxamento, a casa de campo escandinava convida à atividade manual: reparos e consertos, pintura periódica, plantio, coleta de lenha e ramos etc.

As casas mais antigas repousam de maneira serena, incrustadas num bosque em meio à paisagem de campos floridos à frente de um lago ou de uma enseada. Foram construídas inicialmente como moradias simples, entre 1870 e 1930, por famílias que se retiravam da cidade durante os meses quentes de verão. Seus tons de vermelho, amarelo ou cinza-azulado ressaltam os trabalhos intricados de madeira pintada de branco nas bordas do telhado, nas molduras das portas e janelas e nos batentes. Estas são as casas que normalmente inspiram os desenhos das crianças e que, de forma mais elaborada, estão retratadas nas aquarelas bucólicas do famoso pintor sueco Carl Larsson.

Lazer e cultura | 181

A cabana da sauna pode se esconder entre os pinheiros, à beira do mar Báltico. A proximidade com a natureza é refletida na localização e na simplicidade das casas de campo, como esta em Nauvo, na Finlândia. Note-se o banheiro exterior à moradia principal.

VELEJAR É VIVER

A experiência de contato com a natureza foi mencionada por um terço dos escandinavos como a mais importante razão para velejar. Nos mares do Norte, há mais barcos a vela (57%) do que embarcações de passeio a motor (43%), o que, por si só, demonstra o grau de apego à *verdadeira* tradição naval e o nível de consciência ambiental dos navegantes.

182 | Os escandinavos

Na Suécia, há praticamente um barco de passeio para cada dez habitantes e, ainda hoje, na Escandinávia, as embarcações a vela são mais numerosas do que os barcos a motor.

Como o *allemansrätten* – o "direito de todos" de caminhar livremente pelos campos – se aplica igualmente sobre as regiões costeiras, a variedade de rotas marítimas disponíveis aos proprietários de barco é incalculável. Cada um dos países escandinavos possui dezenas de milhares de ilhas. Pode parecer paradoxal, mas, como foi dito anteriormente, o seu litoral é muito mais extenso do que o tamanho do país leva a crer. Somadas e "esticadas" todas as reentrâncias, a faixa costeira da Noruega, por exemplo, passa para 25.000 km (três vezes a do Brasil!) e a da Dinamarca, sem a Groenlândia, vai a 7.300 km (o litoral brasileiro). Há séculos, o Báltico e o mar da Noruega banham pequenas cidades portuárias e vilas de pescadores que mantiveram autênticas suas praças e casas de madeira, suas igrejas e faróis de navegação, ao lado de novos restaurantes, bares e cafeterias. A paisagem costeira alterna zonas de abundantes florestas de pinheiros com praias de pedras e de areia fina, labirintos de ilhas, baías, penhascos e fiordes.

Obter a licença para navegação é tão fundamental quanto passar no exame de motorista. O aprendizado começa cedo porque as viagens são geralmente feitas em família. Aos 7 anos, a criança começa manobrando um barquinho Optimist; anos depois passa a competir nas classes Laser; e na adolescência está apta a copilotar um belíssimo Swan oceânico de 60 pés. Para quem é originário de um país tropical como o nosso, é sempre apropriado ter em mente que todos esses exercícios, durante todos esses anos, são frequentemente realizados em condições meteorológicas desafiadoras (de chuva, de vento e de frio).

NASCIDOS COM OS ESQUIS NOS PÉS

Nos capítulos "Da dinamite à paz" e "A aventura marítima", tomamos conhecimento das longas e perigosas marchas sobre esquis de Gustav Vasa, no período de formação do reino moderno sueco, e do explorador norueguês Roald Amundsen, para a descoberta do Polo Sul. A neve sempre foi considerada uma via de transporte para os habitantes das latitudes extremas da Europa. No final do século XIX, porém, o esqui nórdico evoluiu de simples meio de locomoção para uma prática desportiva.

Atualmente, os Jogos Olímpicos de Inverno reúnem 51 competições masculinas e femininas, distribuídas por seis modalidades esportivas sobre esquis (alpino ou *slalom*, nórdico, de salto ou *free-style*) e sua variante mais moderna, o *snowboard*. Noruega, Finlândia e Suécia possuem, em conjunto, quase tantas medalhas de ouro, prata e bronze (634) quanto Estados Unidos, Alemanha e Canadá, somados (660). Isso para uma população de 20 milhões contra 438 milhões de habitantes. Aliás, a pequena Noruega lidera a tabela de medalhas das Olimpíadas de Inverno à frente dos Estados

184 | Os escandinavos

A partir do final do século XIX, o esqui passa a ser uma prática desportiva e de lazer. À direita, meninos em uma estrada em Oslo. À esquerda, retrato de mulheres do clube Christiania, um dos mais antigos da Noruega dedicado ao esporte.

Unidos, Áustria, Alemanha e Rússia. Isso é que é tradição e dedicação ao esporte de inverno! Por isso, dizem que "os noruegueses nascem com os esquis nos pés".

Em todos os países nórdicos, o esqui é considerado o esporte de inverno número um, que pode ser praticado em família desde a tenra idade. A maioria das crianças aprende muito cedo com os pais e também nos parques próximos às creches, onde lembram pinguins andando e deslizando ainda desajeitados, em grupo. Os primeiros esquis de meu terceiro filho tinham 90 cm de tamanho (enquanto os reservados para adultos têm 180-200 cm), com botas número 25 (nº brasileiro), para meninos de apenas 3 anos.

O segundo esporte de inverno mais praticado na região é o hóquei no gelo, sobretudo na Suécia e na Finlândia, onde os campeonatos nacionais rivalizam em competitividade com as ligas norte-americana e russa. O hóquei atrai a mesma paixão das torcidas, cobertura da mídia e salários milionários do futebol. Jogado, no nível de elite, por poucas seleções nacionais, as rivalidades são antigas, sendo que os jogos entre Suécia e Finlândia têm a torcida e a importância de um Brasil x Argentina, assim como as partidas contra o Canadá (considerado o berço deste esporte) e contra a Rússia (pelo passado de hegemonia da antiga equipe soviética).

Considerado um esporte violento por quem o assiste pela primeira vez, o hóquei no gelo é, sobretudo, um jogo intenso, no qual o contato corporal é permitido, dentro de regras explícitas, como resultado do confronto do talento e da força

Na Noruega, o esqui tem grande valor para amadores e profissionais. Acima, o autor e seus três filhos (note o bebê puxado no trenó) em passeio pelas montanhas e vales de Harahorn. Ao lado, a pista de salto em esquis de Holmenkollen, em Oslo. Com 100 m, ela possui a mesma carga simbólica do Maracanã.

física dos jogadores e não de mera brutalidade. Afinal, esses jogadores atingem velocidades de até 30 km/h sobre patins e devem lidar com um disco compacto de borracha vulcanizada que eles disparam a uma velocidade de até 160 km/h. Não espanta que o goleiro se proteja com cerca de 20 a 25 kg de equipamento, entre joelheiras, cotoveleiras, luvas, calção, colete de tórax, taco e capacete.

A velocidade é da natureza do esporte de inverno e, talvez, nenhum outro combine tantos aspectos arriscados quanto o salto em esquis. Quando morei na subida do Holmenkollen, onde competições dessa modalidade são organizadas desde 1892, pude apreciar de vários ângulos a pista de salto, mas nunca me acostumei à sensação de angústia diante do enorme precipício que separa o topo da rampa de salto (60 metros acima do solo) do fundo do "poço", 121 metros mais abaixo. Em 3 segundos, os atletas se lançam no ar a 90 km/h e aterrissam na neve a mais de 100 km/h, após 6 a 8 segundos de queda em voo planado, tendo percorrido o equivalente a um campo inteiro de futebol. O recorde de salto em esquis se situa na faixa de 251,5 metros, a partir da pista de Vikersund, a duas horas de Oslo.

A paixão pelo esqui e a necessidade de manter os atletas em forma durante todo o ano levaram à invenção do *rollerski*, um modelo mais curto (com cerca de um metro) de esqui nórdico sobre duas rodas, nas extremidades. Alguns empresários escandinavos residentes no Rio trouxeram a novidade para o calçadão da praia de Ipanema.

O êxito e a popularidade que o vôlei conhece no Brasil têm o seu paralelo nos países nórdicos com o handebol: segundo esporte coletivo em número de praticantes. Na Dinamarca, por exemplo, 60% da população assiste à transmissão das finais dos campeonatos mundiais, pois ambas as equipes nacionais masculina e feminina jogam no mais alto nível internacional. Na Islândia (país com apenas

Em meio ao terreno acidentado e vulcânico, os islandeses tiveram trabalho para abrir espaço para este belo campo de futebol.

300 mil habitantes e 10 mil jogadores de handebol), a medalha de prata nos Jogos Olímpicos de Beijing foi comemorada com um dia de feriado decretado pelo primeiro-ministro logo após a final.

O futebol não deixa de ser o esporte mais praticado em todos esses países, seja na grama, seja em campos artificiais, às vezes cobertos (como grandes armazéns) ou com piso aquecido (por serpentinas de água quente, a poucos centímetros do solo) para evitar o acúmulo de neve. Para nós, a história do futebol na Escandinávia estará sempre marcada pela conquista da primeira Copa do Mundo em Estocolmo, em junho de 1958, numa vitória de 5x2 sobre a seleção sueca. Mas há pelo menos outro fato interessante, surpreendente até: a seleção norueguesa é a única equipe nacional que, até hoje, nunca perdeu para o Brasil no futebol. Em quatro encontros, empatou duas vezes e venceu dois jogos, um deles na primeira fase da Copa de 1998, na França.

Em geral, os resultados em termos de esporte de elite guardam uma relação estreita com o nível de organização e de participação em competições amadoras, desde a infância. Quem passa um tempo na Escandinávia tem a impressão de que "todos" estão frequentemente – e em todas as idades – correndo, praticando *jogging*, pedalando, esquiando ou fazendo longas caminhadas. Em comparação com a média europeia (40%), as populações dos cinco países nórdicos levam a prática de esportes muito mais a sério: entre 64% e 72% se exercitam "regularmente".

FAÇA VOCÊ MESMO

"Precisa de ajuda? Contrate um trabalhador manual por 645 coroas [cerca de 275 reais] a hora." Com esse nível de custo da mão de obra, não se pode estranhar que os escandinavos tenham alcançado fama mundial por suas habilidades manuais. Talvez em nenhuma outra região pudesse ter surgido e prosperado um conceito de empresa como o da IKEA, a gigante sueca do mobiliário simples, prático, econômico e... empacotado.

A IKEA é, por mais de uma razão, um símbolo da "nordicalidade". Um conceito simples, que se transformou no padrão para toda uma indústria mundial (mobília vendida em pacotes – *flatpacks* –, de fácil montagem pelo próprio cliente). Um produto de qualidade, relativamente barato e acessível a todos (estudantes, jovens profissionais, casais com filhos pequenos, famílias com residências secundárias e pequenos empresários). Um *design* prático, de linha minimalista (representativo da arte decorativa escandinava). Um apelo popular global (lojas em 47 países). Uma política salarial mais favorável aos funcionários (meu filho mais velho fez questão de conseguir um trabalho de férias na IKEA durante seus anos de universitário). Por último, seu fundador, Ingvar Kamprad, está bem colocado na lista dos homens mais ricos do mundo, mas preserva um modo de vida razoavelmente discreto.

Primeiro produto vendido em peças desmontadas, a mesa de três pés *Lovet* deu início em 1956 à transformação da IKEA de uma loja de mobília por catálogo em uma rede mundial de 370 enormes armazéns de 40.000 m² cada um (o espaço de quatro campos de futebol), distribuídos por cinquenta países, todos iguais, pintados por fora nas cores azul e amarela da bandeira da Suécia. A clientela, porém, que abarrota essas lojas todos os sábados, parece pouco se importar com essa nova invasão viking. As principais reclamações tendem a ocorrer a domicílio, na verdadeira sessão de terapia de casais, em que os cônjuges tentam montar juntos um armário de 50 peças e outros tantos parafusos de variados tamanhos...

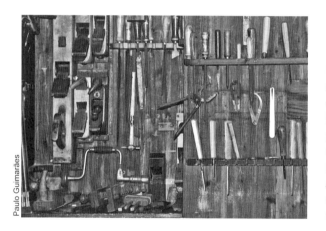

Em países onde a mão de obra tem um custo exorbitante, a saída é fazer pessoalmente os pequenos reparos e as melhorias na casa, nos fins de semana. Assim, um bom *kit* de ferramentas se faz necessário.

Misto de lazer e necessidade, o "faça você mesmo" é para a grande maioria dos nórdicos a ocupação principal dos fins de semana, em suas residências primárias, jardins, casas de veraneio ou de montanha. Sexta à tarde ou sábado de manhã, as lojas de construção estão apinhadas de gente; no fim de semana, os ruídos de serras, lixas, martelos e cortadores de grama ecoam pelos bairros. Ao mesmo tempo em que meus dois vizinhos, minha esposa e eu pintamos o lado de fora de nossa casa; no ano seguinte, com a ajuda de meu segundo filho, montei 80 metros de cerca no jardim; recentemente, abri uma parede da cozinha e transformei a antiga sauna em lavanderia. Não existe alternativa, a menos que se esteja disposto a pagar o exorbitante custo do serviço manual. Contudo, por lei, só o técnico autorizado pode fazer consertos na parte elétrica e no encanamento das casas.

INFÂNCIA AO AR LIVRE

Por motivo de clima, poderíamos pensar que as crianças nórdicas seriam naturalmente obrigadas a passar mais tempo dentro de casa ou em salas de recreio. Muito pelo contrário, a atividade ao ar livre é um elemento essencial da infância na Escandinávia. No jardim de infância (2-3 anos), as crianças passam a tarde toda no pátio e no *playground*; a partir dos 3-4 anos, na pré-escola, fazem caminhadas no bairro com as professoras pelo menos três vezes por semana. Geralmente, vão brincar em outro *playground* ou fazer um lanche em algum parque próximo. A rotina é a mesma nos meses de inverno; apenas mudam as roupas (três camadas de roupas, luvas, botas, capuz e uma pequena almofada de espuma isolante para sentar na neve) e as bebidas (chocolate quente ou suco quente de groselha na garrafinha térmica).

Para os escandinavos, a *friluftsliv* (ou a vida ao ar livre) não é apenas um passatempo ou uma atividade de fim de semana ou férias. É antes uma sensação de comunhão com a natureza e com a paisagem nórdica que, no mundo cada vez mais urbano de hoje, ainda se mantêm ao alcance de cada um, sem grande esforço. A Sociologia nórdica destaca uma diferença principal entre a *friluftsliv* e o que poderia ser interpretado como reflexo da nova consciência ambiental que ganha o planeta: o conceito de *friluftsliv* antecede o movimento ecológico global e se apresenta como uma filosofia de vida baseada na experiência histórica de povos que têm mantido uma relação espiritual com o entorno natural onde vivem. De certa maneira, os escandinavos buscaram ampliar a famosa asserção latina *mens sana in corpore sano* para "mente sã, num corpo são, numa sociedade sã".

É preciso reconhecer que a grande rival da vida ao ar livre tardou a exercer sua influência sobre o tempo livre da infância escandinava: entre as décadas de 1950 e 1980, a televisão era exclusivamente estatal e tinha uma grade de programação muito limitada. Um segundo canal de transmissão (também estatal) somente foi inaugurado nos anos 1970, para a difusão de programas esportivos e de entretenimento. Mesmo assim, a transmissão diária era restrita ao período de 17h30 às 24h. No resto do tempo, e nos intervalos entre os programas, a tela era preenchida por um simples relógio, sobre fundo azul. Não havia publicidade de espécie alguma na televisão, tendo em vista que os canais comerciais só foram autorizados a operar em meados de 1990. Portanto, enquanto nos anos 1970, no Brasil, assistíamos durante tardes inteiras ao *Capitão Aza*, *Vila Sésamo*, *Shazan & Xerife*, *Batman & Robin*, *Os Flintstones*, *Ricochete e Bambam*, *Zé Colmeia*, *Maguila o Gorila* etc., as crianças suecas, por exemplo, tinham meia hora de programa infantil diário, entre 17h30 e 18h. Com base naquele modelo de televisão pública – para muitos, criterioso;

para outros, dirigista – era bem mais fácil preservar o costume da *friluftsliv* dentro da família e da sociedade.

Com a chegada da televisão a cabo, nos anos 1990, e, sobretudo, com a disseminação dos *smartphones* e *tablets*, a partir dos anos 2000, a preocupação de pais e educadores com o uso equilibrado do tempo pelas crianças só fez aumentar. Pelo menos um terço das crianças escandinavas passam um mínimo de 3 horas diárias em frente à TV ou na internet. Metade dos meninos e meninas de 4-5 anos usam regulamente *apps* de jogos e acessam filmes e desenhos no YouTube.

NATUREZA E LITERATURA

A natureza ocupa uma posição de destaque na literatura escandinava, como se depreende da relação de escritores agraciados com o Prêmio Nobel: o finlandês Frans Eemil Sillanpää, em 1939, ("pela arte com que retratou o modo de vida camponês e sua relação com a natureza", segundo o Comitê Nobel), o islandês Halldór Laxness, 1955 ("extraordinário pintor de cenas e paisagens dramáticas"), o norueguês Bjørnstjerne Bjørnson, 1903 (que almejou criar um novo tipo de saga pastoril), o dinamarquês Henrik Pontoppidan, 1917 (que, por sua vez, rompe com a narrativa idealizada do mundo rural) e o sueco Erik Axel Karlfeldt, 1931 (poeta dos *Cantos da natureza e do amor* e de *O jardim dos prazeres*).

A escritora Selma Lagerlöf (1858-1940), ganhadora do Nobel em 1909, nos deixou uma obra-prima da literatura infantil. Nos dois volumes de *A maravilhosa viagem de Nils Holgersson pela Suécia* (1906-7), o garoto Nils, transformado em duende (*troll*), é levado pelo ganso Mårten para uma viagem por todo o país, entre a primavera e o outono de 1898. O personagem principal, na verdade, é a geografia física e humana da Suécia, sua fauna e botânica. Para redigir o livro, Selma Lagerlöf passou anos pesquisando sobre lugares e tradições regionais, animais, plantas e seus respectivos habitats. Durante toda a primeira metade do século XX, gerações de alunos da escola primária tiveram suas primeiras lições de História Natural pelas asas da imaginação de Mårten, Nils e Lagerlöf.

Astrid Lindgren, "Monteiro Lobato" sueca

Longe dos trópicos, o Sítio do Pica-Pau Amarelo encontra um maravilhoso paralelo no vilarejo de Junibacken, imaginado pela escritora sueca Astrid Lindgren (1907-2002) como lugar de residência para sua pequena, mas esperta heroína, *Píppi Meialonga* (1945). Píppi tem cabelos ruivos e penteado rígido em maria-chiquinha, sardas no rosto e um meião de cada cor; seu pai é um pirata dos sete mares e ela vive numa casa bastante bagunçada, com seu macaquinho Senhor Nilsson e seu cavalo. Píppi é "a menina mais forte do mundo"; assusta a todos com suas estripulias, sobretudo os irmãos Tommy e Annika, que vivem na casa ao lado; não tem modos, mas é sempre justa nas suas atitudes; graças à sua força, ajuda dois policiais trapalhões a pegar os bandidos que passam pela cidadezinha.

Outro lugarejo idílico criado por Lindgren tem inspiração na pequena Lönneberga, em sua região natal de Småland, no sul da Suécia. Lá vive Emil, um garoto de 8 anos, louro e de olhos azuis, que parece um anjo, mas que vive pintando o sete e pregando peças nos demais habitantes da vila. Ele sempre entra em encrencas por causa de sua graça e de sua astúcia. Na maioria das vezes, Emil tem que se esconder correndo na cabana das ferramentas, até que passe a raiva de seu pai. Durante esse tempo, esculpe pequenos bonecos de madeira com a cara dos vizinhos. Sua mãe tenta colocar panos quentes dizendo que "Emil é um menino muito bom, e nós o amamos como ele é" – afinal, Emil tem sempre boas intenções, leva comida para os pobres e cuida muito bem dos animais da fazenda. Ela anota num caderno azul cada uma das travessuras do menino e já terá acumulado vários volumes ao longo dos anos.

A escritora sueca Astrid Lindgren (1907-2002) criou toda uma saga infantil baseada na personagem de Píppi Meialonga, além de dezenas de outras obras para o público infantil.

Mumin, uma família de duendes

O bosque do imaginário escandinavo, com seus caminhos emaranhados, córregos, lagunas, clareiras, esconderijos e misteriosas criaturas, serviu de cenário para a obra da ilustradora finlandesa Tove Jansson (1914-2001). Durante mais de trinta anos, Jansson viveu em uma pequena ilha, numa casa sem eletricidade e água corrente, como nos velhos tempos. Sua família de duendes – a *Família Mumin* (1945-1970) – atualiza o aspecto físico daqueles personagens sobrenaturais que povoam a mitologia e os contos nórdicos antigos, mas preserva muitas das características emocionais dos *trolls*. Os Mumins prezam sua amizade, sua liberdade e também o seu isolamento no meio da floresta. Convivem com outras criaturas fantasiosas, como a traquina Lilla My, a vaidosa Snork, o cientista Hemulen, o vagabundo Snusmunrik, a angustiada Filifjonkan, o materialista Sniff, que quer ficar rico, e o monstro Mårran.

Hans Christian Andersen, o mestre

Os contos do dinamarquês Hans Christian Andersen (1805-1875) são raramente lidos com atenção para os detalhes da natureza escandinava, mas os títulos de suas principais narrativas deixam transparecer a preocupação do autor em dar vida à fauna e à flora que ele tanto apreciava: *O patinho feio*, *Os cisnes selvagens*, *A margarida*, *O rouxinol e o imperador da China*, *O elfo da rosa*, *As flores de Ida*, *As cegonhas*, *O sapo* etc. Com os animais e as flores, Andersen conseguiu dar expressão a sentimentos profundos que apenas nos parecem singelos porque estão redigidos no formato de fábulas infantis.

O autor dinamarquês Hans Christian Andersen (1805-75) escreveu mais de 160 contos, como *A roupa nova do rei* e *O patinho feio*. A estátua em bronze da foto, em homenagem ao conto *A Sereiazinha*, tornou-se ícone da cidade de Copenhague.

O escritor dinamarquês alcançou a celebridade graças ao valor de sua arte, reconhecida por contemporâneos da estatura de Victor Hugo, Balzac e Dickens. Conviveu junto às cortes europeias e nos círculos da alta sociedade, mas nunca renegou sua origem humilde. *A roupa nova do rei* é uma sátira imortal à vaidade, ao apego excessivo à riqueza e às conveniências do poder.

Sua *Sereiazinha* hoje repousa melancolicamente sobre um promontório de pedras na entrada do velho porto da capital dinamarquesa. Com apenas 1,25m e corpo de bronze lavado pela maresia, os muitos turistas que a fotografam sempre se surpreendem por sua discreta aparência.

CULTURA

O elevado nível de renda, a educação avançada e a facilidade de acesso tornaram extraordinário o consumo cultural nos países nórdicos. Em média, 60% dos habitantes desses países vão a um evento cultural "clássico" pelo menos uma vez por ano (peça de teatro, concerto, ópera, balé e dança contemporânea) e a metade assiste até seis eventos anualmente. Cada escandinavo faz, em média, duas visitas a museus por ano (contra 1,2 para os alemães e 0,4 para os portugueses). Um quarto dos cidadãos nórdicos na faixa de 25 a 64 anos lê mais de 12 livros por ano. Nesse quesito, a remota Islândia lidera o mundo no número de obras literárias publicadas *per capita*: 5,2 para 1.000 habitantes, o dobro da já notável média da região escandinava.

Nem toda experiência cultural ocorre necessariamente em ambientes fechados. Um parque como o Vigeland, na cidade de Oslo, oferece ao caminhante um espetáculo ao ar livre de arte, poesia, teatro e filosofia feito em pedra, ferro e bronze. Entre 1939 e 1943, o norueguês Gustav Vigeland produziu 212 esculturas de seres humanos e mitológicos, em tamanho natural ou na forma de gigantes, representados nas mais variadas situações da vida: caminhando, correndo, abraçando-se, amando, brincando com bebês, crianças e filhos adolescentes, refletindo, lutando ou curvando-se com o peso da idade, em poses individuais ou em grupos. Em conjunto, o parque convida a uma reflexão monumental sobre a condição humana. Numa das maiores composições, o *Chafariz*, 60 esculturas em bronze ilustram o eterno círculo da vida e da morte. Mais adiante, o majestoso *Monolito* reúne num único bloco de granito, com quase 15 metros de altura, 121 figuras humanas entrelaçadas, em movimento para o alto, e simboliza a aspiração humana de aproximar-se do céu e alcançar a salvação eterna.

Cerca de 200 esculturas de mulheres, homens, crianças e seres sobrenaturais criados por um único artista, Gustav Vigeland (1869-1943), compõem o parque Vigeland, no coração de Oslo. O *Monolito* (foto superior) tem mais de 14 m de altura e reúne 121 figuras humanas entrelaçadas.

Cinema

A Suécia está entre os dez países com a maior densidade de salas de cinema: dispõe de uma rede nacional de 747 salas para 9,5 milhões de habitantes, enquanto a cidade de São Paulo, duas vezes mais populosa, possui 282. Pudera! Para sempre aquele país nórdico será identificado com o apogeu do cinema moderno europeu e com a ascendência do mestre Ingmar Bergman.

No pós-guerra e, sobretudo, na idade de ouro do cinema de autor, nas décadas de 1960 e 1970, Bergman tornou-se um dos mais celebrados diretores do mundo. Entre os seus numerosos filmes, destacam-se *O sétimo selo*, *Morangos silvestres*, *Persona*, *Sonata de outono*, *Fanny e Alexander*. Em todos eles, o espectador se depara com o estilo extremamente minucioso e teatral da direção de Ingmar Bergman, com seu gosto pelas cenas de plano fechado e extremos *close-ups* sobre o rosto dos atores. Como pano de fundo, uma atmosfera de intensa inquietação entre as personagens, de segredos nunca revelados, melancolia e dúvidas até mesmo nos relacionamentos mais íntimos. E da morte. "Procuro falar a verdade sobre a condição humana, a verdade do meu ponto de vista".

A ótica cinematográfica de Bergman retém características de sua infância e da Suécia ainda rígida e puritana do período entreguerras. Seu pai foi pastor luterano na cidade universitária de Uppsala e exerceu seu poder paterno sobre Ingmar e seus irmãos com excessivo rigor. As crianças eram também obrigadas a assistir a todos os serviços ministrados pelo pai durante os dias de domingo. Não por acaso, os filmes de Bergman apresentam os aspectos mais severos da cultura escandinava tradicional.

A vida do famoso diretor sueco é fonte tão rica de inspiração que o dinamarquês Bille August recebeu sua segunda Palma de Ouro, em Cannes, por *As melhores intenções* (1992), com roteiro autobiográfico de Bergman sobre o casamento e a separação de seus pais, o pastor Henrik e Anna. August já havia obtido o mesmo prêmio e ainda o Oscar de melhor filme estrangeiro com *Pelle, o Conquistador* (1988), história de um menino de 9 anos e de seu pai que, no final do século XIX, são obrigados a emigrar para a Dinamarca e passar por humilhações e necessidades sob as ordens de um patrão execrável.

O tema das pequenas alegrias e decepções da vida, sempre sob um olhar trágico, também foi exemplarmente tratado pelo sueco Lasse Halström, em *Minha vida de cachorro* (1985) e pelo dinamarquês Gabriel Axel, em *A Festa de Babette*, Oscar de melhor filme estrangeiro de 1987.

Na virada do século, uma nova geração de cineastas da Dinamarca buscou revolucionar a produção cinematográfica independente por meio, sobretudo, do movimento expresso no *Manifesto Dogma*, de 1995, e liderado pelo diretor Lars von Trier. Em franca oposição ao poder e às estratégias dos grandes estúdios hollywoodianos para produção e distribuição de seus filmes, o movimento Dogma defende uma alternativa mais acessível e bem menos dispendiosa de se fazer cinema, com cenários praticamente invisíveis (linhas pintadas no chão demarcam casas e ruas) e se apoiando quase que exclusivamente no desempenho dos atores.

Nos moldes autoimpostos pelo Dogma, Lars von Trier já realizou obras-primas que reposicionaram o cinema escandinavo no alto escalão do cinema mundial. Logo em 1996, recebeu o Grande Prêmio de Cannes por *Ondas do destino*, uma história de amor por procuração e de perdição, vivida por Bess, com outros homens de sua cidade, enquanto seu marido se encontra em coma após um acidente de trabalho.

Dando sequência à tradição bergmaniana de transferir para suas personagens a crueza de suas heresias, Lars von Trier não se exime de expor até as últimas consequências sua visão cínica do mundo e das relações humanas, com requintes de violência psicológica e, também, física. Em *Dogville* (2003), pouco a pouco os habitantes de um povoado remoto passam a abusar da relação de dependência em que se instala a protagonista, Grace (Nicole Kidman), e mostram o que há de mais abjeto e mesquinho em suas naturezas, como cães famintos em torno de uma presa fácil, até que ocorre uma mudança drástica na atitude da heroína. Na continuação, *Manderley* (2005), Lars von Trier constrói uma parábola centrada numa plantação do Alabama, onde os trabalhadores negros se apegam às rotinas do tempo da escravidão e o próprio capataz, também negro, acredita que seu povo ainda não está preparado para a vida em liberdade. Grace (agora representada por Bryce Howard) busca exercer um papel de interventora benevolente. Junto com a denúncia do mal perpetrado pelo regime escravagista, o expectador é exposto a dúvidas com relação à artificialidade e aos limites das boas intenções da personagem principal. Lars von Trier parece deleitar-se na exposição das contradições inerentes ao pensamento politicamente correto. Para o diretor dinamarquês, um filme deve ser sentido pela audiência "como uma pedra no sapato".

Música erudita

A região nórdica tem sido palco das mais modernas realizações em termos de espetáculos clássicos e suas salas: estruturas moderníssimas construídas à beira do mar, como as sedes da Ópera Nacional da Finlândia (1993), da Ópera de Copenhague (2005), da Ópera de Oslo (2008) e a Sala de Concertos Harpa, em Reykjavík (2011). Em Estocolmo, a Real Ópera Sueca mantém residência em sua casa tradicional, fundada em 1782, enquanto o Teatro do Palácio de Drottningholm permanece uma das raras salas de espetáculo do mundo em atividade com o equipamento de cena original, fabricado em meados do século XVIII.

Dois compositores merecem destaque no panteão da música erudita, na virada do século XIX para o XX, por suas obras simbólicas do novo nacionalismo escandinavo: o norueguês Edvard Grieg (1843-1907) e o finlandês Jean Sibelius (1865-1957).

Amigo de Rikard Nordraak, compositor do hino nacional norueguês, Grieg desenvolveu particular curiosidade pela cultura nórdica. Desde 1867, quando se instalou em Christiania (como era denominada a capital, Oslo), sua obra incorporou características das melodias folclóricas e do ritmo das danças tradicionais da Noruega, de que são exemplos as mais de sessenta *Peças líricas para piano*, como *Casamento em Troldhaugen*, *Ode à primavera*, *Marcha dos duendes*, *Viajante solitário*, *Canção do marinheiro* e *O voo da borboleta*. A pedido do dramaturgo Henrik Ibsen, em 1876 Grieg compôs a música incidental para a peça *Peer Gynt*. Anos mais tarde, o compositor expandiu sua composição original para duas suítes (op. 46 e op. 55), cujo último movimento, *A canção de Solveig*, é considerada uma das mais belas peças líricas do Romantismo.

No flanco oriental da Escandinávia, no Grão-Ducado da Finlândia, sob domínio russo, surgiria outro expoente do nacionalismo musical. Desde cedo, aos 28 anos, Jean Sibelius dedica diversas peças orquestrais e poemas sinfônicos a temas folclóricos relacionados com os aspectos mais tradicionais da história do povo finlandês: *Kullervo* (herói do poema épico *Kalevalla*), suíte *Lemminkäinen* (que inclui o melodioso movimento sobre o *Cisne de Tuonela*, mundo dos mortos na mitologia finlandesa) e *Carélia* (província de povoamento original fino-úgrico). A exaltação patriótica de Sibelius atingiu sua maior expressão no poema sinfônico *Finlândia* (op. 26), composto em 1899 como um chamamento aos seus conterrâneos contra o jugo do Império Russo. Ainda hoje, a peça é tida como hino não oficial do país.

A profunda deferência à obra de Sibelius encontra lugar no parque que leva seu nome, situado a oeste do centro de Helsinque. Em estilo sóbrio e abstrato, condizente com o espírito nórdico, em meio aos pinheiros e rochas, a escultora Eila Hiltumen realizou um monumento ao músico formado por uma centena de grandes tubos metálicos, de aço inoxidável e diferentes tamanhos e espessuras, que simbolizam, ao mesmo tempo, o aspecto externo de um órgão, os rasgos fulgurantes da aurora boreal ou uma extensa formação de cristais de gelo.

O compositor Jean Sibelius (1865-1957), homenageado ao lado, representou na música erudita as raízes e aspirações da nacionalidade finlandesa. As novas casas de concertos e de óperas nas capitais escandinavas são a expressão tanto das formas e características do *design* escandinavo quanto do valor atribuído à socialização do acesso à cultura.

Helsinque

Reykjavík

Lazer e cultura | 199

Paulo Guimarães
Copenhague

VisitOSLO (CC BY 2.0)
Oslo

Brian Gratwicke (CC BY 2.0)

Literatura nórdica contemporânea

Os autores escandinavos mais conhecidos pertencem a outra época: os dinamarqueses Hans Christian Andersen (*Contos*) e Karen Blixen (*A festa de Babette, A fazenda africana*); os noruegueses Henrik Ibsen (*Casa de bonecas, Um inimigo do povo, O pato selvagem*) e Knut Hamsun (*Fome*); os suecos August Strindberg (*Senhorita Júlia, O pai*), Selma Lagerlöf (*A saga de Gösta Berling*) e Astrid Lindgren (*Píppi Meialonga*); o islandês Haldór Laxness (*Gente independente*) e o finlandês Mika Waltari (*O anjo negro*).

A grande maioria dos leitores brasileiros desconhece por completo a produção literária contemporânea nos países nórdicos. Dentro das limitações impostas pelo esforço de tradução para o português – muitas ainda feitas com base nas versões inglesa, francesa ou alemã das obras originais –, esta seção se dedicará a apresentar uma breve introdução a alguns romancistas escandinavos selecionados.

Jostein Gaarder alcançou fama mundial e o *status* de *best-seller* com *O mundo de Sofia* (1995), no qual introduz o leitor aos períodos e doutrinas da história da filosofia por meio de lições, romanciadas, a uma jovem menina de 15 anos, Sofia Amundsen. Porém, o autor norueguês já havia sido reconhecido pela crítica literária de seu país com *Através do espelho* (1993), livro que narra o diálogo entre Cecília Skotbu, doente de câncer em fase terminal, e o anjo Ariel, que procura fazer-lhe enxergar o grande mistério da vida, aquilo que "agora, vemos como num espelho, de maneira confusa; depois, veremos face a face" (1 Cor 13). Semelhante estrutura ficcional, em que memória e fantasia tecem a trama da narrativa estão presentes em *A garota das laranjas* (2003) e *O castelo nos Pirineus* (2008), inspirado na obra surrealista de René Magritte.

O dinamarquês Peter Hoeg também figurou na lista dos mais vendidos com *Senhorita Smilla e o sentido da neve* (1992), romance policial passado na Groenlândia que se transformou em sucesso de bilheteria em adaptação para o cinema. Em *A mulher e o macaco* (1998), o autor elaborou uma alegoria sobre os amores improváveis entre Madelene, uma mulher decepcionada com seu casamento com um famoso cientista britânico, e Erasmus, um gorila com características humanoides avançadas, trazido para a civilização.

A sátira da sociedade escandinava e o humor negro dão o tom para os romances muito bem-sucedidos do sueco Jonas Jonasson. Os títulos de seus livros convidam o leitor a aventuras imprevisíveis. *O ancião que saiu pela janela e desapareceu* escapa de sua festa de aniversário de 100 anos e perambula pela Suécia. O acaso faz com que o velhinho seja perseguido tanto pela polícia como por criminosos traficantes e, em sua fuga, o leitor vai conhecendo um pouco da história de sua vida, ao lado de personagens emblemáticos do século XX, como Truman, Churchill, Mao, Einstein e outros. Jonasson lançou, em seguida, *A analfabeta que sabia contar* – a menina pobre do bairro de Soweto, na África do Sul, que salva o rei da Suécia graças a sua incomparável habilidade com os números – e, mais recentemente, *O gângster Anders e seus amigos*, sátira baseada no espírito empreendedor do ex-presidiário que se alia a uma pastora protestante para transformar um bordel em uma modesta pensão.

Em termos gerais, a contemplação silenciosa, a melancolia e uma pungente intensidade dramática dos personagens compõem a tríade de ingredientes essenciais da literatura nórdica. Em *Cavalos roubados* (2003), o norueguês Per Petterson trabalha as reminiscências de um homem de 67 anos, que decide retirar-se para uma região remota da Noruega e, aos poucos, rememora segredos, buscas e perdas de seu período adolescente. Em 2005, o islandês Sjón recebeu o cobiçado Prêmio Literário do Conselho Nórdico pelo seu romance *A raposa sombria*, uma moderna história de amor e vingança, escrita no limiar entre poesia e prosa, sobre questões éticas, que nos recordam as fascinantes sagas islandesas.

Ao mesmo tempo polêmico e admirado na sua Noruega natal, Karl Ove Knausgård tornou-se a maior sensação literária vinda do norte da Europa nos anos recentes. A série de volumes autobiográficos *Minha luta* (2009-11) é sucesso de público e de crítica, apesar do incômodo provocado pelo título da obra e das revelações cruas e desconcertantes do autor sobre episódios íntimos de sua vida e, também, sobre as pessoas com quem se relacionou: familiares, amigos e namoradas. Sem títulos, apenas numerados de 1 a 6, os livros que compõem as memórias de Knausgård seguem uma linha cronológica do tempo, da infância do autor até o lançamento da própria coleção. Ao modo da obra-prima de Marcel Proust, em cada tomo o escritor mergulha numa questão existencial, que ultrapassa os fatos e gestos corriqueiros de seu passado. Nessa universalidade de temas, angústias e preocupações reside o apelo da autobiografia ficcional de Knausgård para qualquer tipo de leitor, próximo ou distante de seu ambiente, norueguês ou brasileiro: o despertar da infância, a vulnerabilidade da juventude, as experiências do amor, a decepção, a humilhação, as alegrias e os desafios do casamento e da paternidade, a doença, a morte, a construção de nossa individualidade.

O romance policial escandinavo

Quase metade dos livros vendidos nas livrarias nórdicas fazem parte do gênero policial. Existe, inclusive, na Escandinávia a tradição anual do *påskekrim*, isto é, a leitura de um ou mais romances de detetive como passatempo privilegiado durante as duas semanas de férias de Páscoa. Isso em países com criminalidade baixíssima.

O que mais distingue as histórias policiais narradas pelos autores nórdicos é o choque entre a descoberta de um crime, perpetrado de maneira macabra e com requintes de crueldade, e a vida cotidiana aparentemente ordenada e inocente em uma localidade geralmente pacata. Uma sensação desconcertante de delinquência sobre fundo de tranquilidade. Ou ainda o contraste entre pulsões criminosas e o puritanismo secular de sociedades construídas pelo Estado de bem-estar. Especialista no assunto, o crítico John-Henri Holmberg assinala que os autores escandinavos de romances policiais frequentemente "fazem observações de cinco páginas para nos dizer até que ponto a sociedade vai mal e o modelo escandinavo se esfacela".

O longo feriado da Páscoa nos países escandinavos tornou-se o período de maiores vendas de romances policiais. Neste anúncio, uma editora norueguesa promove os novos lançamentos de 17 autores do gênero.

O *nordic noir* é herdeiro da introspecção e do pessimismo presentes na tradição artística escandinava e prospera numa época em que a região viveu algumas tragédias: o primeiro-ministro Olof Palme foi assassinado à saída do cinema em 1986, a ministra do Exterior Anna Lindh morreu esfaqueada em 2003, Anders Breivik matou a sangue-frio 68 jovens acampados na ilha de Utøya em 2012, Copenhague foi alvo de ataque terrorista em 2015.

O novo romance policial nórdico tem início com o casal sueco Maj Sjöwall e Per Walhöö, na década de 1960, com uma saga de histórias protagonizada pelo inspetor Martin Beck. Em seguida, aparecem Henning Mankell e seu inspetor Kurt Wallander (taciturno, divorciado, antissocial); Gunnar Staalesen e seu detetive particular Varg Veum (solitário investigador do submundo do crime na Noruega); Anne Holt, ex-ministra norueguesa da Justiça; o finlandês Matti Joensuu e seu inspetor Timo Harjunpää (insolente, extenuado do trabalho mas dotado de uma visão filosófica da vida); Åsa Larsson e sua advogada Rebecka Martinsson; Jo Nesbø e seu detetive Harry Hole; o islandês Arnaldur Indridason e seu solitário detetive Erlendur; Liza Marklund e sua jornalista Annika Bengtzon, dividida entre casamento, filhos e carreira.

O maior fenômeno mundial de popularidade do romance policial nórdico é a trilogia *Millennium*, do sueco Stieg Larsson, publicada nos anos que se seguiram ao seu falecimento: *Os homens que não amavam as mulheres* (2005), *A menina que brincava com fogo* (2006) e *A rainha do castelo de ar* (2007). O indiscutível talento de Larsson para o gênero policial está na forma brilhante como compôs a personagem incomum e perturbadora da jovem *punk* Lisbeth Salander para atuar como heroína de suas histórias sinistras, ao lado do jornalista Mikael Blomkvist. A pequena e aparentemente frágil Lisbeth, coberta de tatuagens e *piercings*, sofreu abusos e internações psiquiátricas, mas dispõe de inteligência excepcional e habilidades de *hacker* que lhe ajudam a obter segredos quase impossíveis de serem descobertos. Como sua protagonista, os livros de Stieg Larsson surpreendem pelo quanto perturbam a ordem utópica que todos associamos à vida na Escandinávia.

GASTRONOMIA NÓRDICA

Já se foi o tempo em que a distância com relação à França constituía um padrão de medida da qualidade culinária de um país. Até os anos 1990, a cozinha escandinava era quase desconhecida e pouco apreciada fora das fronteiras do norte. Raros eram aqueles estrangeiros que imaginavam realizar um *tour gourmet* pela região. Isso tudo mudou radicalmente: desde 1991, um ou mais *chefs* escandinavos têm ocupado as primeiras colocações no renomado Concurso Bocuse d'Or. Noruega, Suécia e Dinamarca se situam, respectivamente, nos 2º, 3º e 4º lugares do *ranking* da competição, que reúne participantes da França, Bélgica, Alemanha, Suíça, Japão e Estados Unidos, entre outros. A famosa lista dos *50 Melhores Restaurantes*

A fartura das águas do mar Báltico e do Atlântico Norte sempre fez do peixe e dos frutos do mar a dieta básica do povo escandinavo. Os nórdicos estão entre os doze países que mais consomem produtos da pesca no mundo, por habitante. No detalhe, torta de peixe com ovas.

206 | Os escandinavos

do Mundo, que incluiu na sua edição de 2015 o D.O.M. de São Paulo, elegeu o restaurante dinamarquês Noma como o número um dos anos 2011, 2012 e 2014.

Além disso, a dieta rica em pescados e raízes vegetais contribui para a boa forma física da maioria dos nórdicos. Basta uma mirada panorâmica numa praça ou parque para atestar o número reduzido de pessoas obesas ao redor. Enquanto os países escandinavos contam 10% a 15% de obesidade entre adultos, na Grã-Bretanha essa cifra chega a 25% e nos Estados Unidos a 35%.

Mas vamos esquecer o regime (até a próxima segunda-feira!) e fazer um breve passeio pela cozinha escandinava e suas tradições à mesa. O que distingue a culinária escandinava é o apego aos ingredientes e técnicas encontrados e desenvolvidos localmente, que não são comuns no restante do continente europeu.

Em primeiro lugar, predominam os peixes e frutos do mar da região do Báltico (arenque, salmão de água doce, o grande lúcio que pesa até 35kg, a perca e a enguia) e do Atlântico Norte (arenque e salmão atlânticos, bacalhau, ostras, vieiras, lagosta e lagostim, caranguejos etc.). Em segundo lugar, as carnes de caça (alce, rena, corça, veado e javali) e as de criação (cordeiro, porco e vitela) usadas na preparação tanto de pratos como de salames, linguiças e outros embutidos. Em seguida vêm os legumes de raiz adaptados aos solos frios da região: batata (muitas variedades), beterraba, nabo, rabanete, aipo e cenoura, além do repolho. Por fim, frutas e frutos silvestres, como maçãs, peras, pêssegos, ameixas, morangos, framboesas, cerejas, diferentes tipos de groselhas (vermelhas e negras, *lingon, tyttebær, vinbär, blåbär, åkebær* etc.) e a amora-silvestre, considerada o "ouro da floresta".

Já as técnicas escandinavas foram aperfeiçoadas ao longo dos séculos com uma evidente preocupação de conservar os alimentos para consumo durante os meses de inverno. São particularmente utilizadas na cozinha nórdica: a marinada (de peixes e legumes, em vinagre, sal e diferentes pimentas), a defumação (técnica famosa em todo o mundo para o salmão, mas também utilizada para outros peixes e presuntos), a fermentação (no caldo do próprio peixe), o embutido (também para carnes e miúdos de alce e rena) e o ressecamento (ao ar livre).

Devido a seu isolamento, a Islândia preservou o gosto por preparações culinárias identificadas com o passado viking, como o *thorramátur*, composto de todo tipo de alimento em conserva que podia durar os meses de inverno ou de navegação em mar aberto. Como me foi dito em Reykjavík, aquela era, nos velhos tempos, "uma comida absolutamente necessária para alguém sobreviver na Islândia": cordeiro defumado, fatias finas de bacalhau e de tubarão secos (muito vendidos como *snacks*), salsichas de fígado de ovelha, morcela (pudim de sangue), testículos de carneiro em conserva e pão de centeio, de cor negra e de sabor um pouco açucarado.

SALMÃO

O que ordinariamente associamos ao produto defumado, como o salmão, envolve, na tradição escandinava, modalidades diversas de preparação em função da temperatura – a quente (80ºC a 120ºC) ou a frio (15ºC a 30ºC) –, do tempo, da lenha e dos condimentos inseridos no processo de fumagem. Também existe o *gravlax* ("salmão enterrado"), que antigamente era enterrado na areia da praia para marinar numa mistura de sal grosso, açúcar e endro (*dill*).

A "Butique do Salmão" nas cercanias de Gotemburgo oferece o peixe-rei da culinária escandinava em nove diferentes modalidades de defumação, além de seu caviar, patês, terrinas e sopas.

Uma parada obrigatória a caminho da casa de minha sogra no sul da Suécia é a *Laxbutiken*, restaurante e loja com 75 variedades de pratos de salmão, o que dá ao visitante uma excelente ideia da cultura gastronômica local.

Hoje considerado um alimento refinado nos melhores restaurantes do mundo, o salmão nem sempre gozou da mesma reputação dentro da Escandinávia: sua abundância e baixo custo levavam os empregados das fazendas a negociar com os patrões um limite para o número de refeições preparadas no trabalho à base de salmão – quem diria, comida de pobre!

SMÖRGÅSBORD

Apesar do nome complicado, a grande mesa de iguarias suecas tende a ser a refeição mais identificada pelos estrangeiros com a culinária escandinava. A apresentação farta e variada da *smörgåsbord* contribui decidamente para sua fama. O costume teria começado no século XIX, nas festas de casamento celebradas por todo um povoado no campo, quando os convidados traziam travessas de comida caseira e, para facilitar, cada um se servia dos petiscos colocando-os sobre uma fatia de pão (*smörgås* se traduz por sanduíche).

Hoje em dia, dadas a fartura e a diversidade dos pratos servidos, praticamente somente os hotéis e restaurantes mais tradicionais têm condições de apresentar uma seleção completa da *smörgåsbord*. O Grande Hotel de Estocolmo tem reputação de servir o mais requintado bufê de iguarias suecas, desde 1874, com vista para o Palácio Real e a Cidade Velha. Pode-se tranquilamente discernir um não sueco apenas pela maneira como cada um enche o prato na primeira visita à mesa (parecida com a experiência de um estrangeiro ao comer pela primeira vez numa churrascaria rodízio). Como em quase tudo na Escandinávia, também há uma regra não escrita para os comensais se servirem da grande mesa de *smörgåsbord*:

- 1º prato – arenque marinado, defumado, no molho de mostarda, no molho de vinagre, anchovas, caviar de bacalhau, ovos mexidos, cebola roxa picada, pão crocante e pão preto;
- 2º prato – salmão cru, marinado, defumado a frio e a quente, camarões, mexilhões, ostras, maionese e salada de batatas;
- 3º prato – enguia defumada, rosbife fatiado, presunto cru, cozido e defumado, salsichinhas, patês diversos, conservas de beterraba, pepino e rabanete;
- 4º prato, de comidas quentes – *janssons frestelse* ("a tentação de Jansson": anchovas, batatas cortadas em palitos, cebolas e creme de leite, ao forno), *köttbullar* (almôndegas de carnes bovina, suína e ovina), *biff à la Lindström* (mini-hambúrgueres), *kalvbräss* (timo de vitela), omelete e legumes;
- Sobremesa – salada de frutas, creme *bavaroise*, *savarin* (bolo-esponja do tipo babá ao rum) e tortas.

BACALHAU

Como vimos anteriormente, o bacalhau une brasileiros e nórdicos pela culinária há quase duzentos anos. Graças à nossa herança cultural portuguesa, o Brasil é um dos maiores compradores mundiais de bacalhau salgado e seco. Somos o segundo mercado comprador da Noruega e da Islândia, em volume de bacalhau, depois de Portugal. O que chamamos genericamente de bacalhau inclui o *gadus morhua*, legítima variedade atlântica, e os tipos *saithe*, *ling* e *zarbo*, menos valorizados.

As águas frias e profundas do mar de Barents entre a costa norueguesa e a Islândia abrigam os maiores cardumes de bacalhau atlântico. A cidade de Ålesund, no litoral oeste da Noruega, costuma ser chamada de capital mundial do bacalhau, em função de seu grande porto pesqueiro e do grande número de indústrias de processamento desse pescado. Ali vivem descendentes de portugueses e de bascos, que durante séculos participaram da pesca ou do comércio do bacalhau. Vale dizer que os povos da península ibérica foram pioneiros no uso do sal para a conservação do bacalhau. À época dos vikings, o peixe era secado ao ar livre e, até hoje, a região costeira de Lofoten, norte da Noruega, exibe um panorama de milhares de cortes de bacalhau pendurados de pitorescas armações de madeira, como nos velhos tempos.

Ao contrário do Brasil, em que todo bacalhau se apresenta salgado e seco – e sem cabeça! –, na Escandinávia o mais comum é cozinhar o bacalhau fresco, geralmente no forno, ou na grelha, em grandes postas carnudas.

ARENQUE

O arenque fermentado ou *surströmming* é menos conhecido fora da região, mas possui seu lugar de destaque na tradicional mesa escandinava, sobretudo em temporadas de festa. Há muitas anedotas envolvendo a ingestão dessa iguaria, cujo método de preparação varia do levemente curtido ao, digamos, peixe podre.

Basicamente, o arenque fresco pescado no mar Báltico, na primavera, menor do que a variedade atlântica (15 cm), é colocado em tonéis com uma solução com

Entre dois e seis meses, o arenque banhado no sal adquire diferentes graus de fermentação, até o limite em que exalam um odor... característico!

sal apenas suficiente para corrigir o processo de fermentação do peixe por dois a seis meses. Os preparados de curta e média duração adquirem um sabor suavemente ácido e, nos meses de agosto e setembro, são servidos em barraquinhas para consumo nas ruas e praças, fritos ou empanados, com batatas, cebola, salsinha e pepinos picados sobre uma fatia de pão crocante.

Atenção, porém, com as conservas de *surströmming* fermentados por seis meses! Não apenas pelo inchaço da lata, devido à pressão que vem de dentro, mas, sobretudo, pelo fedor que elas exalam quando são finalmente abertas. Normalmente, isso é feito ao ar livre, longe dos convivas e das crianças, que sairão correndo de casa fazendo caretas. Para os corajosos marinheiros de primeira viagem, um conselho: fechar bem o nariz com os dedos antes de ingerir o peixe. O fedor é extremamente forte, de fermentação, mas o sabor é muito menos ofensivo, bastante picante devido à acidez.

No Brasil, estamos mais habituados à sardinha, levemente temperada em azeite e enlatada, dentro da tradição da culinária ibérica. A sardinha é uma espécie menor da cavala, do carapau e do arenque, cujo nome aportuguesado deriva do germânico *hering*, como a conhecida marca de têxteis que tem em seu logotipo dois arenques cruzados.

LAGOSTINS

Outra iguaria sazonal, o lagostim virou símbolo do auge do verão escandinavo, a contar da primeira semana de agosto, quando era permitido pescar o lagostim adulto (antes das facilidades trazidas pelo comércio internacional). A tradição requer que o lagostim seja preparado de maneira bem simples, a fim de resguardar o seu sabor natural, com leves toques de endro (*dill*). Para acompanhamento, apenas limão e creme de maionese.

O mais surpreendente, porém, é a atmosfera festiva da refeição (*kräftskiva*), que deve ser organizada sempre ao ar livre, com amigos e vizinhos, em mesas longas e com toda a parafernália normalmente presente nos aniversários: bandeirolas, serpentinas, apitos, línguas de sogra e chapéus. Como o almoço é bem regado de *aquavit*, em pouco tempo aqueles nórdicos sensatos e comedidos por décadas de planejamento social-democrata soltam suas amarras e se transformam em grandes fanfarrões carnavalescos entoando em uníssono ridículas canções de beber (*snapsvisor*):

> *Um pequeno lagostim disse à sua irmã:*
> *Garota, seja um pouco mais paciente.*
> *Quando crescer, vai ficar vermelha como uma romã*
> *E ainda vai poder mergulhar na aguardente.*

Gastronomia nórdica | 211

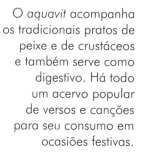

O *aquavit* acompanha os tradicionais pratos de peixe e de crustáceos e também serve como digestivo. Há todo um acervo popular de versos e canções para seu consumo em ocasiões festivas.

A PAUSA-CAFÉ

Enquanto o bacalhau seco e salgado atravessava o equador a bordo de navios cargueiros do século XIX, o café brasileiro refazia o trajeto no sentido oposto e conquistava o paladar dos escandinavos. Hoje, os nórdicos se situam entre os dez maiores consumidores *per capita* de café do mundo. Com uma característica especial, a de que é indispensável fazer acompanhar a taça de café de uma fatia de bolo, uma *pâtisserie* ou um biscoito.

A experiência do café com bolo não se limita às elegantes pastelarias da *Belle Époque*; ela soube adaptar-se aos tempos e é repetida quase diariamente nas empresas durante breves pausas do trabalho, de manhã e à tarde, as chamadas *fikapaus*.

Tendo estações muito bem definidas, os doces escandinavos apresentam maior diversidade em seus ingredientes ao longo do ano. No verão, são populares os frutos silvestres como morango, framboesa, amora, mirtilo, groselhas vermelha e preta (catadas nos jardins ou bosques antes de preparar a sobremesa); no outono, compotas de maçã, pera, ameixa, *lingon* (versão vermelha e azeda do mirtilo). Assim, uma visita a uma confeitaria nórdica traz um clássico ou uma surpresa diferente para cada estação.

212 | Os escandinavos

Os escandinavos são grandes consumidores de tortas e bolos nas várias pausas para o café durante o dia (*fikapaus*). As receitas mais tradicionais utilizam frutas silvestres, amêndoas, nozes e canela.

Durante todo o ano, os condimentos mais identificados com a pastelaria escandinava são a canela, o cardamomo, a amêndoa, cravo e gengibre, acompanhados de creme de leite fresco líquido ou batido.

Hoje em dia, todos estão muito mais conscientes dos riscos relacionados com o consumo de grandes quantidades de açúcar. No entanto, uma geração atrás, costumava-se cobrir as frutinhas com bastante açúcar. Meu sogro sempre repetia antes da primeira colherada: "tem que ficar crocante na boca". Talvez isso seja um reflexo das dificuldades passadas na Segunda Guerra – e durante alguns anos posteriores –, quando havia racionamento. Os pais dele trocavam de boa-vontade os cupons de fumo e álcool pelo equivalente em sacos de açúcar.

CERVEJA

A cerveja é uma bebida de longa tradição nos países escandinavos e de grande variedade de origens e sabores. As pequenas cervejarias centenárias sempre tiveram acesso à clientela dos bares e restaurantes locais e desse modo procuram sobreviver ao monopólio estatal até hoje vigente (exceto na Dinamarca) para a comercialização no varejo de bebidas alcoólicas.

É muito comum o consumo de tipos de cerveja "de estação", que são vendidas apenas nos períodos da Páscoa (*påskeøl*) e do Natal (*juleøl*) e que tendem a ser mais fortes, doces e escuras.

Quinta cervejaria mundial, a Carlsberg é a marca escandinava mais conhecida fora da região. Além de contribuir para a fama dos dinamarqueses de povo "mais feliz do mundo", a Carlsberg também possui uma tradição de filantropia nas artes e na ciência. Após a morte em 1914 do filho do fundador, a mansão dos Jacobsen foi legada para servir de residência honorária, com tudo pago, "ao homem ou à mulher que fosse reconhecido(a) pela sociedade por seus serviços à ciência, literatura ou arte", a critério da Academia Dinamarquesa de Ciências e Letras. De 1931 a 1962, essa honra coube ao físico Niels Bohr e sua família. O dinamarquês Bohr foi uma grande mente científica do século XX, Prêmio Nobel de Física de 1922, um dos fundadores da Física Quântica e protagonista de laboriosos duelos intelectuais com Albert Einstein. Sendo que Bohr ainda contava, em sua residência, com o privilégio de uma reserva caseira e inesgotável de boa cerveja!

Ao todo, cinco eminentes pesquisadores dinamarqueses habitaram a residência honorífica da cervejaria: o filósofo Harald Høffding (1914-1931), o físico Niels Bohr (1931-1962), o arqueólogo Johannes Brøndsted (1963-1965), o astrônomo

Bengt Strømgren (1967-1986) e, por último, o sinólogo Søren Egerod (1988-1995). Em 1996, a Fundação Carlsberg transformou a mansão em local de conferências científicas e acomodação temporária para pesquisadores convidados.

SAÚDE! *SKÅL!*

O brinde, à mesa, representa não apenas uma tradição como uma prática ainda seguida nos dias de hoje com a mesma regularidade por todas as gerações. O brinde mais comum, que dispensa o discurso, é o *skål* (*saúde!*), que, na Suécia, segue um ritual conhecido por todos:

- o anfitrião sempre faz o primeiro brinde, antes de tocar no prato;
- ele levanta a taça de vinho e dirige o olhar para a convidada de honra e diz *skål!* (pronunciado "skôl");
- todos bebem um gole de vinho enquanto mantêm fixos os olhares para seus respectivos parceiros de brinde;
- sem baixar a mirada, o anfitrião aguarda que a convidada de honra deposite sua taça na mesa;
- todos iniciam a refeição.

Em refeições com até oito pessoas, o anfitrião fará a volta da mesa, propondo semelhante brinde a todos. Os demais convidados também podem variar as pessoas com quem brindam durante o jantar, mantendo o mesmo ritual. É raro na Escandinávia o *tim-tim*, em que os copos se tocam.

COMIDA NO DIA A DIA

O alto padrão de vida dos países nórdicos se vê refletido nos supermercados da região. Tendo em vista o poder aquisitivo da clientela, os mercados dão preferência à comercialização de produtos de maior qualidade, com nítido destaque para as marcas locais (apesar do acesso livre para os fabricantes europeus). A gama de alimentos e bebidas é muito ampla, mas no cotidiano, os menus preparados em casa tendem a ser simples, como resultado da proporção relativamente maior na Escandinávia de casais em que ambos os cônjuges trabalham fora do lar e, também, da ausência de servidores domésticos.

Nas suas rotinas de alimentação os escandinavos apresentam diferenças básicas entre si. Dinamarqueses e noruegueses tendem a comer com frequência sanduíches

A quantidade de pães finos e crocantes, feitos com grande variedade ou mescla de farinhas e sementes, sem fermento, é característica da região escandinava e ganham diferentes formas. Ao lado, pão polar (em folhas), torrada *vasa* (triangular) e pão preto de centeio; abaixo, pão integral torrado em formato de disco.

frios no almoço (geralmente sanduíches abertos: duas fatias de pão com salmão, atum, queijo ou presunto com alface, tomate e legumes em conserva). Suecos e finlandeses dão preferência ao almoço executivo de pratos quentes, por exemplo, os clássicos do dia a dia como variedades de salsichas e salsichões com purê de batata, salmão com salada de batata, almôndegas, escalopes de carne de alce com legumes e bife com molho de cogumelos.

Desnecessário dizer que o costume de comer sanduíches no almoço deixa a grande maioria dos brasileiros frustrados em visitas e reuniões de trabalho na Dinamarca e na Noruega. Ouvi, repetidas vezes, a sugestão de "procurar um restaurante para comer" após um "almoço" norueguês. Em sentido oposto, mais de um norueguês se espantou com a fartura do almoço executivo nos centros das cidades brasileiras.

No tocante ao jantar, as sociedades nórdicas se dividem também em pares: as famílias suecas e dinamarquesas costumam sentar à mesa entre 18h e 19h, enquanto noruegueses e finlandeses jantam cedo, entre 17h e 18h. Basta verificar o horário do principal jornal televisivo em cada país para confirmar essas diferenças.

Segundo estudos feitos nos quatro países escandinavos, a maioria das refeições quentes são preparadas com dois ou três ingredientes: um principal (costeletas de porco, almôndegas, salsichas, bolinho ou filé de peixe fresco), um acompanhamento (na maioria das vezes, batatas, cenouras ou ervilhas) e, em muitos casos, um prato lateral de salada. Tais alimentos são frequentemente pré-preparados e só precisam ser assados ou aquecidos em casa. A carne aparece com mais frequência no prato do dinamarquês, do sueco e do finlandês, enquanto o pescado ocupa posição dominante na dieta do norueguês.

O pão, na Escandinávia, serve tanto de alimento básico no café da manhã e nos sanduíches quanto de complemento à refeição quente, com manteiga ou com algum tipo de conserva. Há uma variedade muito grande de pães, que pouco deixa a desejar às *boulangeries* francesas, desde o crocante *leksand* (fino e redondo como um antigo LP) ao *rúgbraud* islandês (assado próximo a uma fonte vulcânica), passando pelos *lefse*, *flatbrød* e *polarbrød* (pães sem fermento das províncias do norte da Escandinávia).

Um hábito antigo, que sempre surpreende os estrangeiros, é o consumo de leite nas refeições, tanto por crianças como pelos mais velhos. Não deixa de ser cômico ver um bando de adultos de 1,90 m com um copo de leite desnatado na mão, de segunda a sexta, para logo em seguida se deleitar com muitas taças de vinho e de aguardente no fim de semana!

ESCANDINÁVIA E BRASIL

ESCANDINAVOS NO BRASIL

Costuma-se dizer que São Paulo é a segunda cidade industrial da Suécia após Gotemburgo. Com efeito, o Brasil tem sido, há várias décadas, um polo de produção e um importante mercado para as maiores companhias nórdicas: Ericsson, Electrolux, Nokia, Scania, Volvo, Sandvik, Tetra Pak, Trelleborg, SKF, Atlas Copco, Arla, Danfoss, Lego, Maersk, Novozymes, Vestas, Statoil, Aker Solutions, Det Norske Veritas, DOF, Farstad, Kongsberg, Jotun, Yara, Wärtsilä e Stora Enso, entre outras.

Quase ninguém sabe que a vinda de escandinavos para nosso país remonta aos tempos da chegada da corte portuguesa ao Rio de Janeiro. Sua história é parcamente documentada e, segundo os pesquisadores e biógrafos que se dedicaram ao assunto, a imprecisão relativa às nacionalidades dificulta a identificação dos fluxos migratórios entre povos considerados germânicos de uma maneira geral. Mesmo sendo poucos, alguns escandinavos que desembarcaram em terras brasileiras entre 1808 e as primeiras décadas do século XX desempenharam papel de relevo na ciência, na arte e na indústria nacionais, e até lutaram pela pátria.

Com D. João VI, a família real, os fidalgos e os altos funcionários do Reino de Portugal também vieram para o Rio de Janeiro representantes diplomáticos de cortes europeias amigas. Um deles foi o barão Johan Albert Kantzow, primeiro representante sueco em terra brasileira. Pode-se apenas imaginar o quão pitoresco deve ter parecido para este escandinavo o traslado e o estabelecimento de toda a administração de um reino europeu nos trópicos.

Após a independência do Brasil, com o advento das revoltas separatistas e da Guerra Cisplatina, o capitão de mar e guerra dinamarquês Johan Carl Peter Prytz ofereceu seus serviços à Marinha Imperial brasileira. Prytz era um veterano das guerras napoleônicas, havendo comandado uma flotilha de canhoneiras na defesa de Copenhague contra os ingleses, em 1811. Na década seguinte, como muitos oficiais europeus, seguiu o exemplo de lorde Cochrane (o Lobo dos Mares) e se destacou na defesa do território do Brasil independente nas campanhas navais do rio da Prata, contra a Argentina, de 1826 a 1828.

218 | Os escandinavos

Promovido a almirante, João Carlos Pedro Prytz (ele abrasileirou seu nome) ainda recebeu a incumbência de levar a Lisboa Dona Maria da Glória (a filha de Pedro I que seria, ao final, impedida de assumir o trono de Portugal) e de escoltar, no caminho de volta para o Brasil, a noiva do imperador (em segunda núpcias), a princesa da Baviera Amélie de Beauharnais. Em seguida à abdicação do trono por D. Pedro I, o almirante Prytz retornou à Dinamarca, onde manteve vínculos estreitos com o Império do Brasil na função de cônsul-geral e encarregado de negócios entre 1835 e 1848.

NATURALISTAS

Na mesma época, o também dinamarquês Peter Lund trouxe para o país outro tipo de habilidade, de natureza científica, e acabou sendo reconhecido como "pai da paleontologia brasileira". Em 1825, aos 24 anos, formado em Medicina e imbuído da curiosidade científica pelas zonas tropicais ainda pouquíssimo exploradas, Lund passou alguns meses no Rio de Janeiro com o intuito de realizar estudos botânicos e zoológicos. Três anos depois, voltou para o Brasil com o firme propósito de expandir sua área de pesquisa, em andanças pelo interior de São Paulo e Minas Gerais. Ouviu falar da existência de grutas e dirigiu-se para a região de Lagoa Santa, ao norte de Belo Horizonte.

Ao entrar na gruta de Maquiné, deixou anotado: "nunca meus olhos viram nada mais belo e magnífico nos domínios da natureza e da arte" (Maquiné e Lapinha se estendem, cada uma, por quase meio quilômetro de galerias, à profundidade de até 40 metros). Durante anos, Lund coordenou escavações, com seu auxiliar e ilustrador norueguês Peter Brandt, e encontrou uma quantidade enorme de fósseis de animais extintos como a preguiça-gigante (4 metros de comprimento e 4 toneladas de peso) e o tatu-gigante (3 metros de comprimento e 1,5 metro de altura). Na gruta do Sumidouro, o dinamarquês desenterrou crânios e ossos humanos de características específicas, distantes dos indígenas das Américas e datados de 11 mil a 8 mil anos. Esses vestígios ficaram conhecidos nos estudos de paleontologia como o Homem de Lagoa Santa.

Além do conjunto de grutas e cavernas estudadas pela primeira vez por Lund e Brandt, o estado de Minas Gerais abriga o município com o curioso nome de Catas Altas da Noruega. A "cata" se refere, compreensivelmente, à procura e ao garimpo do ouro, pelos idos do século XVIII, quando o povoado pertencia à administração de Vila Rica de Ouro Preto. Mas é forçoso reconhecer que o complemento "da Noruega" não terá sido uma alusão ao país nórdico, mas um conceito dele derivado (provavelmente pelos pescadores portugueses de bacalhau). Segundo o dicionário Houaiss, *noruega* significa "terra úmida e sombria na encosta sul da montanha que recebe pouco sol".

IMIGRANTES

Poucos emigrantes escandinavos decidiram rumar ao sul e refazer sua vida no Brasil. A cidade de Joinville foi fundada por cerca de cem famílias alemãs, suíças e escandinavas, quando ali se instalou a Colônia Dona Francisca, em 1849. As listas de desembarque no litoral catarinense relacionam cerca de 400 suecos e noruegueses, mas alguns seguiram viagem para a Argentina. O Rio Grande do Sul recebeu cerca de 50 famílias de pioneiros suecos, que passaram aos descendentes brasileiros os sobrenomes Hellström, Sundström, Anderson, Danielson, Petterson, Olsen, Pettersen, Hansen, Nilsson. Os finlandeses, por sua vez, fundaram sua colônia em Penedo, perto do Parque Nacional de Itatiaia, na divisa do Rio de Janeiro com Minas Gerais. Chegaram em período mais recente, por volta dos anos 1930-1940.

Quem diria que as Casas Pernambucanas, com este nome, tinham em sua gênese a participação de um jovem empreendedor sueco que desembarcou no Recife em 1855? Herman Lundgren fundou uma fábrica de pólvora e uma manufatura têxtil, que seu filho Frederico Lundgren transformou, graças aos baixos custos do algodão nordestino, numa das mais importantes plantas industriais do Brasil, sob a denominação de Companhia de Tecidos Rio Tinto. A partir de 1908, os tecidos fabricados pela Rio Tinto passaram a ser distribuídos pelas Pernambucanas, uma rede comercial varejista que rapidamente se expandiu por todo o país. Um descendente da quarta geração de Lundgren ainda controla a empresa que, curiosamente, já não possui filiais em Pernambuco.

A Companhia Antarctica Paulista foi outro importante empreendimento de origem escandinava. Fundada em 1891, a fábrica de gelo e cerveja (com câmaras frias para armazenagem de alimentos perecíveis) tinha entre seus acionistas o dinamarquês naturalizado brasileiro Adam Ditrik von Bülow, proprietário de uma importadora de máquinas e equipamentos industriais. Em poucos anos, Bülow e seu parceiro alemão, naturalizado brasileiro, Antônio Zerrenner, assumiram o controle da companhia. A Antarctica, cuja cerveja adquiriu o rótulo com a imagem do pinguim em 1935, disputou durante décadas o gosto do consumidor brasileiro com a Brahma. Até a fusão das duas empresas no grupo AmBev (hoje InBev, terceiro fabricante de cerveja do mundo), a família Bülow detinha 38% das ações da companhia cervejeira.

Quando, em 1919, a Ford norte-americana decidiu tornar-se o primeiro fabricante de veículos a se estabelecer no Brasil (com capital inicial de 25 mil dólares da época), o gerente da primeira filial no bairro do Bom Retiro, em São Paulo, foi o dinamarquês Kristian Orberg. No primeiro ano de operações, foram vendidos

2.447 dos históricos automóveis Modelo T e caminhões TT. Dois anos depois, eram montados na fábrica da rua Solon 4.700 automóveis (40 por dia) por cerca de 120 operários. O dinamarquês Orberg permaneceu na gerência da Ford Brasil até 1953.

Na seara artística, o pintor norueguês Alfred Andersen, que chegou ao estado do Paraná na virada para o século XX, passou para a História como o iniciador da pintura paranaense e seu protagonista até o ano de 1935. O navio em que Andersen viajava fez escala no porto de Paranaguá por problemas mecânicos e ele decidiu não reembarcar. Durante mais de trinta anos, retratou as autoridades e a burguesia de Curitiba, bem como as paisagens do estado, com predileção para os panoramas de montanhas e pinheirais – quadros que guardam nítida relação com o cenário de sua Noruega natal, porém com mais luminosidade e com o colorido brasileiro.

MONARCAS NO BRASIL

A princesa Ragnhild nasceu no Palácio Real de Oslo em 1930, sete anos antes de seu irmão Harald (rei da Noruega desde 1991). Quando os nazistas invadiram a Noruega em abril de 1940, tinham por objetivo capturar o rei Haakon para forçar a rendição das tropas norueguesas. O monarca e sua família escaparam, junto com ministros do governo e representantes parlamentares para o norte do país. Em junho, a família real partiu para o exílio na Inglaterra, onde permaneceu até 1945. Ragnhild também passou dois anos de exílio nos Estados Unidos.

O noivado e o casamento da princesa Ragnhild, em 1953, com o empresário Erling Lorentzen gerou intensa comoção na sociedade e na mídia norueguesas. Lorentzen era filho de um importante armador de navios e tinha sido instrutor de navegação a vela dos jovens príncipes reais. Também havia participado da resistência ao nazismo, organizando, treinando e liderando combatentes em ações de sabotagem no caminho de Oslo a Bergen. Porém, não tinha título de nobreza; era um plebeu. À época, esta condição obrigou a princesa a abrir mão de seu direito ao trono, em linha sucessória após o irmão Harald.

O casal Ragnhild e Erling Lorentzen escolheu o Brasil como nova residência. O Rio de Janeiro funcionava como importante centro de negócios para a companhia de navegação de Lorentzen nos portos da América do Sul. Lorentzen diversificou seus investimentos em 1974 ao participar da fundação da grande fábrica de celulose Aracruz, no Espírito Santo. Com o passar do tempo, tornou-se o decano dos investidores noruegueses no país, até a venda do controle acionário da Aracruz, em 2009, para a Votorantim. Com o falecimento da princesa, em 2012, Erling Lorentzen decidiu transferir a condução dos seus investimentos no Brasil ao filho Haakon Lorentzen.

A rainha Silvia, retratada ao lado do marido, o rei Carlos Gustavo, e do filho, o príncipe Carlos Filipe, é filha de mãe brasileira e pai alemão e viveu em São Paulo parte da sua infância.

Se tivemos uma princesa norueguesa em pleno Rio de Janeiro, há, por outro lado, uma "brasileira" que entrou para realeza sueca. Filha de mãe brasileira e de pai alemão, Silvia Renata Sommerlath nasceu em Heildelberg, na Alemanha, e viveu em São Paulo quando tinha entre 4 e 13 anos, na década de 1950. Retornou com seus pais à Alemanha em 1957 para completar o estudo médio em Düsseldorf e especializar-se em idiomas e interpretação na cidade de Munique. Quando trabalhava como anfitriã no cerimonial do Comitê Olímpico Internacional em 1971-1973, conheceu o herdeiro do trono sueco durante os Jogos de Verão de Munique e a preparação dos Jogos de Inverno de Innsbrück. O noivado foi anunciado três anos mais tarde, na primavera de 1976, quando Carlos XVI Gustavo já era rei da Suécia.

No final dos anos 1960, a monarquia sueca havia perdido muito de seu apelo junto às camadas mais jovens da população, muito menos tolerantes à autoridade familiar e às tradições políticas de seus antepassados. Por um lado, o Estado de bem-estar alcançava seu apogeu e o igualitarismo social-democrata parecia não ter limites. Ao mesmo tempo, um espírito de rebeldia contagiava estudantes, movimentos feministas, *hippies* e grupos radicais que conseguiram fazer repercutir na esfera

222 | Os escandinavos

política e na grande mídia – em quase toda a Europa Ocidental, basta relembrar maio de 1968 – suas ideias *anti-establishment*, isto é, contra a ordem estabelecida.

Passados muitos anos, a impressão generalizada na Suécia é de que a escolha da rainha foi mais do que oportuna e adequada. Como vimos no capítulo "Nem oito nem oitenta", nos anos 1970 a monarquia sueca passou por um período crítico, em que o primeiro-ministro social-democrata Olof Palme não escondia sua antipatia pelo antigo costume. Silvia possui carisma e em pouco tempo fez ressurgir no povo sueco a sensação de que a Coroa tinha razões históricas e constitucionais para se manter como símbolo da nação, por cima das escolhas políticas e programas partidários. A rainha desempenhou papel determinante na revitalização da Coroa e na adaptação da imagem e das funções da realeza aos tempos contemporâneos. Antes das demais casas reais europeias, a família real sueca soube ser realmente popular, no bom sentido, e, ao mesmo tempo, obteve o reconhecimento da sociedade por sua missão histórica e institucional, como símbolo da nação, independente das simpatias político-partidárias de cada parcela da população.

O casal real tem três filhos: a princesa herdeira Victoria, nascida em 1977, que assumirá o trono em função de uma reforma constitucional que autorizou a coroação da filha primogênita – igualdade de gênero também no nível da nobreza –, o príncipe Carlos Filipe (n. 1979) e a princesa Madeleine (n. 1982).

BRASILEIROS NA ESCANDINÁVIA

A Escandinávia sempre atraiu estrangeiros com a expectativa de ver a terra "onde o sol brilha à meia-noite". Do Brasil, alguns visitantes ilustres do passado, outros exilados e um número de artistas – da bola e da voz – decidiram tomar a direção do extremo norte da Europa, movidos pela curiosidade, profissão ou pelos revezes políticos no tempo do regime militar. Os números oficiais mostram que em 2015 havia 7.600 compatriotas na Noruega, 6.000 na Suécia, 3.200 na Dinamarca, 870 na Finlândia e 90 na Islândia. Números modestos comparados aos de outros países, mas nada desprezíveis.

Imperador em visita ao norte

No verão de 1876, por ocasião do centenário da independência dos Estados Unidos, D. Pedro II visitou a Exposição Mundial organizada na Filadélfia e, em seguida, estendeu seu périplo internacional, mais uma vez, à Europa. Além de Londres e Paris, deslocou-se a Bayreuth, cidade da Baviera onde assistiu ao ciclo

A edição de 27 de agosto de 1876 do jornal dinamarquês *Illustreret Tidende* relatou, em primeira página, a visita do imperador D. Pedro II ao parque Tivoli, em Copenhague.

operístico d'*O anel do Nibelungo*, de Richard Wagner, e, pela primeira vez, realizou uma curta viagem pelos reinos nórdicos da Dinamarca e da Suécia.

Infelizmente não conhecemos suas impressões sobre esses países. Na Biblioteca do Museu Imperial, em Petrópolis, uma carta do imperador à sua filha, a princesa Isabel, apenas indica a intenção do monarca de relatar, quando possível e "de memória", sua viagem àquelas "regiões menos conhecidas" do hemisfério ocidental.

Por outro lado, os jornais locais da época registram bem a passagem de D. Pedro II pelas duas capitais nórdicas, apesar de o imperador ter manifestado o desejo de deslocar-se "no mais absoluto incógnito", o que era, obviamente, impossível. Entende-se que o monarca brasileiro queria, sobretudo, dedicar mais tempo às visitas aos parques, museus e teatros do que aos compromissos protocolares inerentes a uma visita oficial. A edição de 27 de agosto de 1876 do *Illustreret Tidende*, de Copenhague, traz na capa uma gravura de D. Pedro II e sua comitiva em visita aos Jardins do

224 | Os escandinavos

Tivoli, elegante parque inaugurado em 1843, com teatro e sala de concerto. D. Pedro II permaneceu três dias inteiros na capital dinamarquesa, tendo percorrido os museus da cidade e admirado uma coleção de quadros de Albert Eckhout sobre cenas do Brasil holandês, a ponto de encomendar a um pintor local a cópia das obras, em miniatura, para envio ao Brasil. O príncipe regente, futuro rei Frederico VIII, ofereceu-lhe um banquete no palácio de Charlottenlund, próximo da capital.

Em poucos dias, o monarca brasileiro visitou coleções, academias, palácios, torres, castelos, minas, observatórios e, ainda, passou um dia na Universidade de Uppsala, onde viu a enorme coleção do botânico Carl von Linné e manteve animada conversa com o renomado professor de Medicina, Dr. Olof Glas, que o conduziu à famosa sala de anatomia da instituição.

O imperador e sua comitiva também passearam de barco pelo Mälaren, terceiro maior lago da Suécia, que banha a capital, até a ilha de Kungshatt. A caminho de São Petersburgo, D. Pedro II ainda chegou a pôr os pés na Finlândia, no porto de Hanko, a 130 km de Helsinque.

Família musical noruego-brasileira

Alberto Nepomuceno (1864-1920), pianista, regente e compositor cearense é considerado um pioneiro do movimento nacional da música clássica brasileira, que mais tarde iria abrir o caminho para a obra de Heitor Villa-Lobos. Durante seus estudos na Europa, Nepomuceno conheceu a pianista norueguesa Walborg Bang, com quem se casou em 1893.

Nessa época, Nepomuceno se hospedou na casa de Edvard Grieg, em Troldhaugen, na cidade de Bergen. É muito possível que a estada com o mestre nacionalista norueguês tenha influenciado ainda mais o jovem regente no sentido da valorização das melodias e dos ritmos do folclore brasileiro em suas composições eruditas.

No Brasil, Alberto Nepomuceno e Walborg Bang formaram uma família noruego-brasileira de destaque nos meios artístico-culturais do Rio de Janeiro republicano, junto a seus filhos Eiving, Sigurd, Sigrid e Astrid, todos com prenomes nórdicos.

Campeões do mundo

Dia 29 de junho de 1958 – Estádio de Råsunda, Estocolmo – Brasil 5 x 2 Suécia – gols de Liedholm 4', Vavá 9' e 32', Pelé 55', Zagallo 68', Simonsson 80' e Pelé 90' – a seleção brasileira vence pela primeira vez a Copa e, com as duas mãos, o capitão Hideraldo Luís Bellini ergue a taça Jules Rimet. A equipe do técnico Feola entra para a História do futebol mundial.

O antigo estádio de Råsunda (demolido em 2013), situado ao norte de Estocolmo, abrigou 50 mil torcedores na final da Copa de 1958 em que a seleção brasileira venceu a equipe da Suécia por 5 x 2, com gols de Vavá (2), Zagallo e Pelé (2).

A seleção brasileira chegou à final em ótima forma: 16 gols marcados e apenas 4 gols sofridos. Até então, nenhuma equipe sul-americana havia vencido uma Copa do Mundo realizada em país europeu. A presença da equipe sueca na partida decisiva não foi uma inteira surpresa, após o ouro nos Jogos Olímpicos de 1948 e a terceira colocação na Copa do Mundo de 1950, no Brasil.

Contudo, na final, contra o Brasil, a alegria dos suecos durou apenas cinco minutos. Assim registrou, com admiração, a Federação Sueca de Futebol o momento da virada brasileira:

> Com apenas três minutos de jogo, Simonsson tomou a bola na zaga brasileira, tentou um drible mas decidiu fazer um passe para Liedholm. O atacante sueco conseguiu liberar-se da pressão exercida por Zito, colocou a bola no pé direito e deu um chute alto para a meta brasileira. Gilmar se esticou bastante, mas não alcançou a bola. Um a zero para a Suécia, e o público local sentiu o cheiro da vitória! Mas não tardou para que os torcedores se dessem conta do erro. A seleção brasileira não se deixou abater e decidiu jogar o seu jogo. Como um réptil, Garrincha dominou uma bola difícil e passou como um fantasma por Sven Axbom.

> Cinco minutos depois, a partida estava empatada graças a um gol de Vavá, com passe de Garrincha. O ataque brasileiro foi tão ágil que Gustavsson, Parling e Axbom nem se moveram. A festa sueca nas arquibancadas calou-se de vez, quando o Brasil roubou a bola, logo de saída, Pelé chutou de longe e colocou a bola na rede. A partir daí, o Brasil dominou a partida. [...] "O gato brincou com o rato", este foi o veredito da imprensa internacional após o jogo.

Garrincha ainda retornou à Suécia no ano seguinte, com o time do Botafogo, como parte de uma turnê do clube pela Europa. Em *Estrela solitária*, o biógrafo Ruy Castro narra o episódio da escapada amorosa do jogador com uma jovem sueca, que, nove meses mais tarde, entregou seu filho para adoção. Ulf Lindberg, "o filho sueco de Garrincha", nunca conheceu o pai biológico. Tampouco herdou o talento futebolístico, num país em que a prática do futebol, durante o longo inverno, depende da existência de 630 campos de grama artificial, 76 dos quais com aquecimento subterrâneo do gramado.

Revolucionário no exílio

Fernando Gabeira saiu para o exílio como revolucionário e foi a Suécia que acabou revolucionando o seu pensamento.

Preso por sua participação no audacioso sequestro do embaixador norte-americano Charles Elbrick, nos "Anos de Chumbo" da ditadura militar, e trocado, com outros presos políticos, pelo embaixador alemão Ludwig von Heolleben, Gabeira partiu para Argel, Havana e Berlim, antes de se fixar, entre 1972 e 1979, em Estocolmo. Nessa época, a Suécia recebeu numerosos militantes de esquerda perseguidos pelos governos militares que proliferavam na América Latina.

Como asilado político, Gabeira aprendeu o idioma sueco e obteve empregos inferiores em cemitério e hospital público, antes de trabalhar como condutor de metrô e jornalista na Rádio Suécia. Formou-se em Antropologia na Universidade de Estocolmo. O jovem militante de esquerda pôde observar, em primeira mão, a "terceira via" proposta pelo modelo escandinavo de social-democracia, equidistante tanto do capitalismo liberalizante dos norte-americanos quanto do ideário marxista com que se havia familiarizado em suas leituras e na sua passagem por Cuba.

A leitura de *O que é isso, companheiro?*, *O crepúsculo do macho* e *Onde está tudo aquilo agora?* revela a desilusão do ex-militante com o socialismo revolucionário, o processo de revisão de muitas de suas convicções de esquerda e, ao poucos, a defesa de novas aspirações políticas, derivadas de sua vivência das transformações então em curso na sociedade escandinava. Em entrevistas, explicou que a Suécia lhe fez ver "que o socialismo não era suficiente" e que "havia outras questões relevantes".

Ao retornar ao Brasil, após a Anistia, Fernando Gabeira procurou introduzir algumas daquelas novas ideias no debate na sociedade e, logo num segundo momento, na política nacional. Provocou grande comoção ao ir à praia de Ipanema vestido com uma tanga minúscula de crochê lilás. Discutia abertamente as questões de gênero, como o aborto, a homossexualidade e o casamento gay. Defendia a descriminalização da maconha. Em 1986, integrou o grupo de fundadores do Partido Verde (PV), o primeiro partido ecológico do país. Gabeira elegeu-se deputado federal pelo PV, pela primeira vez em 1994, e tornou-se, em 2006, o deputado mais votado no estado do Rio de Janeiro.

O MODELO ESCANDINAVO PODE SER EXPORTADO?

É difícil conceber o sistema social-democrata escandinavo como um modelo capaz de ser "exportado" além das fronteiras da Europa do norte, menos ainda para a realidade brasileira. Mas é preciso saber de que modelo estamos efetivamente falando: daquele que culminou com o Estado de bem-estar vigente no período pós-guerra ou do regime atualmente implementado pelos países nórdicos?

Nos últimos anos do século XX, todos esses países passaram, em maior (Dinamarca) ou menor grau (Noruega), por uma agenda de reformas importantes nos seus respectivos modelos de Estado-providência. Algumas delas foram introduzidas por governos de centro-direita, mas que nem por isso chegaram a ser revertidas quando os partidos sociais-democratas retornaram ao poder.

A realidade era incontornável: o orçamento do Estado estava inchado, o gasto público atingia níveis insustentáveis no longo prazo e os altos custos do trabalho erodiam a competitividade da indústria escandinava. Durante pouco mais de uma década, limites e condições foram adotados na concessão de benefícios como o auxílio-desemprego; hospitais e clínicas particulares foram autorizados a operar dentro do sistema universal de saúde pública; creches e escolas privadas abriram suas portas – acima de tudo, as regras para concessão de aposentadoria sofreram mudanças impensáveis e dolorosas para a geração que ingressou no mercado de trabalho na época áurea do modelo nórdico. Por motivo de crescente déficit orçamentário e de progressivo envelhecimento da população, os governos escandinavos se viram obrigados a aumentar a idade mínima para aposentadoria integral e reduzir o valor dos benefícios em função da esperança de vida do segurado. Antes 100% estatal, hoje um maior número de opções de aposentadoria privada introduz algumas distinções de renda entre os cidadãos idosos.

Para alguns estudiosos do tema, as atuais políticas de bem-estar social operam sobre princípios distintos do modelo escandinavo histórico. Para outros, o modelo soube adaptar-se às grandes mudanças geopolíticas (fim do antagonismo entre regimes capitalista e comunista) e econômicas (neoliberalismo, crise e recessão mundial de 2008-2010), sem abandonar os ideais do Estado-providência original. O fato é que o modelo funciona: o contribuinte escandinavo paga mais impostos porque ele tem um ótimo retorno para si e para a sociedade a que pertence.

Como vimos ao longo deste livro, a social-democracia e o Estado de bem-estar social de feição escandinava tiveram origem dentro de circunstâncias históricas, políticas, econômicas e sociais específicas. Mesmo os países europeus ainda hoje buscam entender as características do modelo nórdico e tentam, na medida do possível, adotar, com as necessárias adaptações, suas políticas mais significativas, nem sempre com êxito. O caso do novo trabalhismo britânico (*New Labour*) que governou o Reino Unido por 13 anos seguidos, de 1994 a 2007, é sintomático das dificuldades inerentes. O governo liderado pelo primeiro-ministro Tony Blair deveu muito de sua inspiração teórica à corrente de pensamento da *terceira via*, uma tentativa de reconciliar o capitalismo de livre mercado com as reformas sociais do socialismo democrático, inspirada no modelo nórdico. Olhando em retrospecto, o novo trabalhismo não logrou atingir esse difícil equilíbrio.

Esta tentativa por si não descarta a possibilidade de o modelo nórdico vir a ser eventualmente posto em prática em outras paragens, mas coloca em evidência o que torna este modelo excepcional, talvez único. É que a política de redistribuição de renda de tipo escandinavo se fundamenta na receita obtida pelo Estado através dos altos impostos cobrados de uma parcela significativa da população. Isto só seria possível implementar numa atmosfera de confiança no cumprimento das atribuições e responsabilidades por todas as partes envolvidas.

Não me refiro exclusivamente a um espírito de solidariedade dos mais ricos para com os mais pobres, com vistas à construção de uma sociedade com justiça social, para o bem de todos. A experiência escandinava demonstra que é igualmente fundamental a relação de confiança da sociedade civil para com o Estado – as instituições políticas e administrativas que têm a responsabilidade de avaliar, arrecadar e decidir sobre a repartição dos direitos e deveres de seus cidadãos. O nível de credibilidade da gestão pública nos países escandinavos está entre os mais elevados do mundo, sem ser contudo perfeito. Isso explica por que os escandinavos aceitam pagar os altos impostos que têm; porque confiam que o governo irá utilizar os recursos de maneira adequada, para o conjunto da sociedade, e sustentável no longo prazo. Esse é o fator decisivo que garante a manutenção do Estado de bem-estar social naqueles países.

E no Brasil?

Podemos vislumbrar o modelo escandinavo no Brasil? Será possível transplantar ao menos partes deste modelo?

A ciência política no Brasil dedicou muito pouca atenção ao exame do modelo nórdico de social-democracia e de Estado de bem-estar. A tendência sempre foi a de se aprofundar no estudo de suas variantes na Alemanha, na França, na Grã-Bretanha e na Espanha, por diversas razões, entre as quais: o maior conhecimento da história política e social desses países; a facilidade de acesso aos textos originais, nos idiomas alemão, francês, inglês e espanhol; o mais intenso intercâmbio de ideias com os centros europeus de pensamento; e, sem dúvida, pelo sentimento implícito de que a experiência escandinava se situava naturalmente a grande distância da realidade política, econômica, social e cultural do Brasil.

Conforme explica o sociólogo e ex-presidente Fernando Henrique Cardoso, a política brasileira enfrenta desafios

> de outra índole: basicamente, os da miséria e desigualdade, o da precariedade das instituições democráticas e o da urgência do desenvolvimento econômico [...]. A pobreza ultrapassa os limites da classe operária para alcançar enorme massa posta à margem do sistema capitalista-industrial: a massa rural e as periferias urbanas compostas por um sem-número de semiempregados.

Essa situação de desorganização relativa da força de trabalho prejudica o surgimento de padrões homogêneos de representação de interesses da classe trabalhadora e, consequentemente, de uma cultura de negociação – e não de enfrentamento – no país. A conjuntura brasileira dificulta a negociação de amplos convênios laborais no formato tripartite, isto é, entre uma confederação sindical forte e uma confederação igualmente robusta do setor produtivo, sob a supervisão e contando com a mediação do governo federal. A questão se torna ainda mais problemática na perspectiva de crescimento acelerado do setor de serviços, muito mais heterogêneo do que o segmento industrial em termos de remuneração e de qualidade do emprego.

Por outro lado, assistimos desde os anos 1990 à introdução de políticas voltadas para a justiça social e o rompimento do paradigma histórico de desigualdade de renda e de oportunidades. A intensificação dos programas de transferência de renda para as famílias mais pobres é um exemplo desta tendência. Pode-se argumentar que, no contexto brasileiro, a social-democracia tem por vocação desempenhar papel fundamental na esfera política com vistas à redução das desigualdades e à expansão dos direitos sociais para toda a cidadania. Num primeiro momento, nosso desafio estaria em incorporar os pobres urbanos, os pequenos camponeses e os trabalhadores informais (30% da força de trabalho) aos programas de bem-estar social existentes. Nessa perspectiva, esperamos que o futuro se construa com maior solidariedade e coesão social – justamente as condicionantes essenciais do nascimento do Estado de bem-estar escandinavo nos anos 1930.

Até certo ponto, o Estado brasileiro tem um modelo de bem-estar social abrangente na concessão de direitos e benefícios, mas nossa economia está longe da capacidade de poder financiá-los de maneira sustentada. E nosso país ainda é muito deficiente em infraestrutura de saúde, educação, água e saneamento. Vimos no capítulo "Nem oito nem oitenta" que a classe média – profissionais, servidores qualificados, trabalhadores técnicos – foi o principal promotor e também o maior beneficiário do processo de construção dos Estados de bem-estar social na Escandinávia. Como afirmou o historiador Tony Judt, "o Estado de bem-estar cria a classe média e a classe média defende o Estado de bem-estar social". Ora, há no Brasil aproximadamente 14 milhões de analfabetos absolutos e 35 milhões de analfabetos funcionais; 40% das moradias não dispõem de ligação com redes de coleta de esgoto; 79% dos trabalhadores recebem até 3 salários-mínimos; e mais da metade do eleitorado (72 milhões de brasileiros) não possui o primeiro grau completo.

Escravidão, patrimonialismo e clientelismo são fenômenos indissociáveis da trajetória social, política e econômica do Brasil, que se erguem como obstáculos que devem ser superados no caminho que nos aproxima das conquistas da sociedade escandinava. Apenas estão sendo dados os primeiros passos no sentido da boa governança, da transparência e da honestidade na gestão do interesse público, entendido como o interesse de todos e não só do governo de turno.

Isso não quer dizer que não nos seja extremamente útil estudar, compreender e incorporar algumas das "melhores práticas" que possam ser adaptadas com êxito no país. Estas são encontradas nas áreas de relações trabalhistas, educação, inovação, previdência e gestão pública, entre outras, que têm merecido o reconhecimento da História e dos fatos.

A Finlândia, por exemplo, vem surpreendendo o mundo com seus altos índices de sucesso na educação. Liderou, em três ocasiões, o *ranking* do Programa Internacional de Avaliação de Estudantes (PISA), que faz uma avaliação comparada de estudantes de cerca de 50 países na faixa dos 15 anos. Entre outros fatores, a razão dos excelentes resultados do sistema educacional finlandês reside na política de valorização dos professores do ensino primário e secundário. A formação de professores é um dos processos mais seletivos da universidade, em termos de média final, períodos de prática e qualificação permanente. Não é estranha, para os finlandeses, a semelhança de exigências na formação de professores e, por exemplo, de médicos: "as crianças são o futuro da nação e sua educação deve ser entregue nas mãos dos melhores profissionais".

Os exemplos abundam de países pequenos e médios, com enormes reservas naturais, que não conseguem desenvolver-se adequadamente e ainda sofrem a riqueza do subsolo como uma "praga" que corrompe a administração do Estado e impede o surgimento de um tecido industrial diversificado. Ao contrário, na Noruega, o petróleo no mar do Norte trouxe crescimento econômico sustentado, deu ao país uma das maiores rendas *per capita* do mundo e tem financiado a manutenção de um invejável sistema de bem-estar até para seus vizinhos escandinavos. O segredo está no sistema de gestão da riqueza gerada pelo petróleo, que se baseia na construção do consenso entre os partidos políticos sobre a estratégia a seguir no longo prazo e num elevado grau de independência política das instâncias técnico-gerenciais da administração pública. A Noruega possui um dos maiores fundos soberanos do mundo (US$ 850 bilhões), alimentado pelas receitas da atividade petrolífera (25% do PIB e 50% das exportações norueguesas). No entanto, o governo somente está autorizado a retirar em média 4% do rendimento – não do capital – auferido pelo fundo a cada ano. Essa diretriz fundamental de política orçamentária visa dissociar os gastos públicos do fluxo de receita proveniente da extração de petróleo e gás natural na plataforma continental norueguesa e tem o mérito de assegurar uma utilização gradual e sustentada das rendas petrolíferas, em benefício também das gerações futuras. Esse exemplo é de fundamental importância para o Brasil, que tem enorme dificuldade de gerir suas riquezas com visão de médio e longo prazos.

Igualmente interessante para o Brasil é o sistema de inovação posto em prática na Suécia, que ocupa o segundo lugar entre as nações mais inovadoras do mundo. Nesse caso específico, contamos com uma oportunidade concreta de intercâmbio de experiência e de cultura inovadora, a partir da cooperação aeronáutica entre os dois países, inaugurada com o histórico acordo para a aquisição e, no futuro, construção de aeronaves militares suecas, em conjunto e com transferência de tecnologia, em solo brasileiro. Os suecos conseguiram implementar em nível mais avançado o sistema de inovação aberta, pelo qual universidades, centros de pesquisa e companhias de todos os tamanhos compartilham conhecimentos e desenvolvem soluções tecnológicas em conjunto para acelerarem sua evolução. Isso torna mais frequente o aproveitamento de ideias inovadoras que surgem fora dos setores familiares à empresa. Bem ao estilo escandinavo de maior cooperação horizontal – e, portanto, não hierarquizada – do conhecimento prático.

232 | Os escandinavos

Também muito se fala da tendência ao envelhecimento da população brasileira e da necessária reforma da previdência. Ora, a experiência das reformas operadas no sistema de aposentadorias dos países nórdicos será extremamente útil para nós, porque essas nações sofreram a crise demográfica e orçamentária com antecedência e foram obrigadas a desenvolver soluções para o problema da sustentabilidade, no médio prazo, da previdência social. Não obstante a gravidade dos desafios estruturais e a dificuldade da negociação política, a Dinamarca logrou uma mudança gradual das características básicas de seu sistema previdenciário, conciliando os componentes privado e público das contribuições e das remunerações, e tornado todo o esquema mais viável para o futuro.

Em poucas palavras, o modelo nórdico pode servir, para nós brasileiros, como fonte de inspiração ou utopia, mas não como um manual de instruções.

CRONOLOGIA

- 200 – Escritura rúnica
- 793 – Ataque viking ao monastério de Lindisfarne, no norte da Inglaterra
- 872 – Harald, primeiro rei da Noruega
- 874 – Início da colonização viking na Islândia
- 885 – Rolão cerca Paris
- 911 – Rolão se estabelece na Normandia
- 930 – Althingi, primeira Assembleia Legislativa e Judicial da Islândia
- 994 – Tentativa de saque de Londres
- 1000 – Vikings em *Vinland*/América do Norte
- 1240 – *Egils saga*
- 1349-1351 – "Peste negra"
- 1397-1521 – União de Kalmar entre os reinos da Dinamarca, Noruega e Suécia
- 1477 – Fundação da Universidade de Uppsala
- 1523-1560 – Reino de Gustav Vasa
- 1536 – Introdução da Reforma Protestante
- 1618-1648 – Guerra dos Trinta Anos
- 1666 – Fundação da Universidade de Lund
- 1735 – *Sistema da Natureza* (taxonomia), Carl von Linné
- 1700-1721 – Grande Guerra Nórdica entre Dinamarca, Suécia, Polônia e Rússia
- 1803-1815 – Guerras Napoleônicas
- 1809 – Invasão russa da Finlândia
- 1814 – Constituição norueguesa e União com a Suécia
- 1818 – Marechal Jean Baptiste Bernadotte é coroado rei da Suécia e da Noruega
- 1835 – Compilação da poesia épica finlandesa, *Kalevala*
- 1835-1872 – Contos de Hans Christian Andersen
- 1843 – *Ou isso, ou aquilo: um fragmento de vida*, de Søren Kierkegaard

234 | Os escandinavos

- 1867 – Alfred Nobel obtém patente pela dinamite
- 1876 – Dom Pedro II visita a Escandinávia
- 1879 – *Casa de bonecas*, Henrik Ibsen
- 1888 – *Senhorita Júlia*, August Strindberg; *Peer Gynt Suite*, Edvard Grieg
- 1890 – *Fome*, Knut Hamsun
- 1893 – *O Grito*, Edvard Munch; *Karelia Suite*, Jean Sibelius
- 1897 – *Inferno*, August Strindberg
- 1905 – Dissolução da União e independência da Noruega
- 1906 – Grão-Ducado da Finlândia introduz, na Europa, o voto feminino
- 1911 – Roald Amundsen alcança o Polo Sul
- 1912 – Olimpíadas de Verão em Estocolmo
- 1913 – Suécia implementa o primeiro sistema de aposentadoria pública
- 1913 – Voto feminino na Noruega
- 1915 – Voto feminino na Dinamarca e na Islândia
- 1917 – Independência da Finlândia
- 1919 – Voto feminino na Suécia
- 1920 – O social-democrata Hjalmar Branting torna-se primeiro-ministro na Suécia
- 1922 – Niels Bohr, dinamarquês, Prêmio Nobel de Física
- 1922 – Fridtjof Nansen, norueguês, Prêmio Nobel da Paz
- 1927 – O Partido Trabalhista se torna o maior grupo parlamentar na Noruega
- 1935 – *Ninotchka*, de Ernst Lubitsch, com Greta Garbo
- 1936 – *Sweden: The Middle Way*, M. W. Childs
- 1939 – Invasão da Finlândia pela União Soviética
- 1940-1945 – Ocupação da Dinamarca e Noruega pela Alemanha
- 1944 – Independência da Islândia
- 1945-1951, 1955-1965 – Einar Gerhardsen, primeiro-ministro da Noruega
- 1945 – *Píppi Meialonga*, Astrid Lindgren
- 1946-1969 – Tage Erlander, primeiro-ministro da Suécia
- 1947 – Expedição Kon-Tiki por Thor Heyerdahl
- 1952 – Olimpíadas de Inverno em Oslo
- 1952 – Olimpíadas de Verão em Helsinque
- 1955 – Halldór Laxness, islandês, Prêmio Nobel de Literatura
- 1956 – *O sétimo selo*, Ingmar Bergman

Cronologia | 235

- 1956-82 – Urho Kekkonen, presidente da Finlândia
- 1957 – *Morangos silvestres*, Ingmar Bergman
- 1958 – Copa do Mundo de Futebol na Suécia
- 1958 – Primeira grande loja da IKEA
- 1959 – Volvo introduz o cinto de segurança de três pontas
- 1960 – *La Dolce Vita*, de Federico Fellini, com Anita Ekberg
- 1969 – Noruega encontra petróleo
- 1973 – Dinamarca ingressa na União Europeia
- 1974 – *Waterloo*, ABBA
- 1976 – Casamento do rei Carlos XVI Gustavo e Silvia Renata Sommerlath
- 1976-1980 – Björn Borg em Wimbledon
- 1981, 1986-1989 e 1990-1996 – Gro-Harlem Brundtland, primeira-ministra da Noruega
- 1986 – Assassinato do primeiro-ministro sueco Olof Palme
- 1994 – Olimpíadas de Inverno em Lillehammer
- 1995 – Finlândia e Suécia ingressam na União Europeia
- 2005 – *Os homens que não amavam as mulheres*, Stieg Larsson
- 2008 – Martti Ahtisaari, finlandês, Prêmio Nobel da Paz
- 2008-2010 – Crise econômica e financeira na Islândia
- 2009 – Conferência do Clima em Copenhague
- 2010 – Erupção do vulcão Eyjafjallajökull
- 2011 – Atentados cometidos por Anders Breivik em Oslo e Utøya
- 2013 – Islândia elege governo liberal do primeiro-ministro Sigmundur Gunnlaugsson
- 2013 – Noruega elege governo de centro-direita da primeira-ministra Erna Solberg
- 2014 – Suécia elege governo de centro-esquerda do primeiro-ministro Stefan Löfvén
- 2015 – Finlândia elege governo de centro-direita do primeiro-ministro Juha Sipilä
- 2015 – Dinamarca elege governo liberal, minoritário, do primeiro-ministro Lars Røkke Rasmussen

BIBLIOGRAFIA

Em atenção ao leitor não familiarizado com os idiomas escandinavos de muitos textos originais consultados pelo autor, a lista a seguir contempla uma seleção de livros e ensaios disponíveis em inglês, francês e português.

ALESTALO, M.; HORT, S.; KUHNLE, S. *The Nordic model*: conditions, origins, outcomes, lessons. Hertie School of Governance, working papers, n. 41, June 2009.
ALMEIDA MARCHESOTTI, Ana Paula. Dinamarquês das cavernas. *Revista de História*, n. 12, 2013.
ARTER, David. *Scandinavian politics today*. 2. ed. Manchester: Manchester University Press, 2008.
_____. Scandinavia: what's left is the social democratic welfare consensus. *Parliamentary Affairs*, n. 56, 2003, pp. 75-98.
BAGUS, Philipp; HOWDEN, David. *Deep freeze*: Iceland's economic collapse. Auburn: Ludwig von Mises Institute, 2011.
BATTAIL, J.-F.; BOYER, R.; FOURNIER, V. *Les sociétés scandinaves de la réforme à nos jours*. Paris: PUF, 1992.
BERMAN, Sheri. *The social democratic moment: ideas and politics in the making of interwar Europe.* Harvard University Press, 1998.
BOOTH, Michael. *The almost nearly perfect people*: behind the myth of the Scandinavian utopia. London: Vintage, 2015.
BORCHORST, A. *Nordic gender equality*: policies, discourses and paradoxes. Shanghai: Fudan University Press, 2010.
BOYER, Régis. *Histoire des littératures scandinaves*. Paris: Fayard, 1996.
BROWN, Andrew. *Fishing in Utopia*. London: Granta Books, 2008.
BUCHARDT, Mette; MARKKOLA, Pirjo; VALTONE, Heli. *Introduction*: education and the making of the nordic welfare states. Helsinki: Nordic Centre of Excellence Nordwel, 2013.
CARDOSO, Fernando Henrique. *A social-democracia*: o que é, o que propõe para o Brasil. Documento elaborado pelo escritório político do senador Fernando Henrique Cardoso sob a coordenação de Eduardo Graeff. São Paulo, 1990.
_____. *Xadrez internacional e social-democracia*. São Paulo: Paz e Terra, 2010.
DERRY, T. K. *A history of Scandinavia*: Norway, Sweden, Denmark, Finland and Iceland. Minneapolis: University of Minnesota Press, 2000.
ECONOMIST. Special report on the Nordic countries: *Northern lights*, London: The Economist, February 2nd, 2013.
EINHORN, Eric S.; LOGUE, John. *Economic and social security in Scandinavia*. Paper prepared for Council for European Studies meeting. Chicago, 2006.
FROST, Robert. *The Northern wars*: war, state and society in Northeastern Europe, 1558-1721. Harlow: Longman, 2000.
FURRE, Berge. *História da Noruega:* século XX – da independência ao Estado de bem-estar social. Trad. Kristin Lie Garrubo. Blumenau: Edifurb, 2006.
GABEIRA, Fernando. *O crepúsculo do macho*. Rio de Janeiro: Codecri, 1981.
_____. *Onde está tudo aquilo agora?* São Paulo: Companhia das Letras, 2012.
GÍSLASON, I.; EYDAL, G. (eds.). *Parental leave, childcare and gender equality in the nordic countries*. Copenhagen: Nordic Council of Ministers/TemaNord, 2011:562.
GLOVER, Nikolas; MARKLUND, Carl. Arabian nights in the midnight sun? Exploring the temporal structure of sexual geographies. *Historisk Tidskrift*, 129: 3, 2009.
GODINHO DELGADO, Mauricio; VASCONCELOS PORTO, Lorena. O Estado de bem-estar social no século XXI. São Paulo: LTr, 2007.

238 | Os escandinavos

GUIMARÃES, Argeu. *Pedro II na Escandinávia e na Rússia*. Rio de Janeiro: Livraria J. Leite, 1941.

GUNDELACH, Peter. Joking relationships and national identity in Scandinavia. *Acta Sociologica*, 2000. Scandinavian Sociological Association.

HELLER, Nathan. Northern lights: do the Scandinavians really have it all figured out? *The New Yorker*. February 16, 2015.

HILSON, Mary. *The Nordic model*: Scandinavia since 1945. London: Reaktion Books Ltd., 2008.

HOWARTH, David. *The Shetland bus*: A classic story of secret wartime missions across the North Sea. Lerwick: The Shetland Times Press, 2005.

HUNTFORD, Roland. *Fridtjof Nansen*. Trad. Jan Christensen. Oslo: Aschehoug, 2003.

_____. *O último lugar da Terra*: A competição entre Scott e Amundsen pela conquista do Polo Sul. Trad. José Geraldo Couto. São Paulo: Companhia das Letras, 2002.

INGEBRITSEN, Christine. *Scandinavia in world politics*. Lanham, Maryland: Rowman & Littlefield Publishers, 2006.

JONES, Michael; OLWIG. Kenneth (eds.). *Nordic landscapes*: region and belonging on the northern edge of Europe, University of Minnesota Press, 2008.

JUDT, Tony. What is living and what is dead in social democracy? *The New York Review of Books*, December 17, 2009.

KANGAS, Olli; SALONIEMI, Antti. Historical making, present and future challenges for the Nordic welfare state model in Finland. *Fafo-report*, n. 40, 2013.

KESSLER, Nicolas. *Scandinavie*. Paris: PUF, 2009.

LAITINEN, Katarina. *Scandinavian immigration to the United States and Canada*. Ottawa: University of Ottawa, Sose, 2006.

LARSEN, Erling Røed. The Norwegian economy 1900-2000: from rags to riches. A brief history of policymaking in Norway. *Economic Survey*, Oslo, n. 4, 2001.

LUEF, Evelyne. Low morals at a high latitude? Suicide in nineteenth-century Scandinavia. *Journal of Social History*, v. 46, n. 3, 2013, pp. 668-683.

LYRA, Heitor. *História de Dom Pedro II*. Belo Horizonte: Itatiaia, 1977, v. 2.

MARKLUND, Carl. Hot love and cold people: sexual liberalism as political escapism in radical Sweden. *Nordeuropaforum*, v. 19, n. 1, 2009.

MEARS, Ray. *The real heroes of Telemark*: The true story of the secret mission to stop Hitler's atomic bomb. London: Coronet Books, 2003.

MOUGEL, François-Charles. *L'Europe du nord contemporaine*: de 1900 à nos jours. Paris: Ellipses, 2006.

OHLSSON, Per T. *Sweden: still the middle way?* A talk presented at Columbia University in New York City on September 28, 2006.

PONTUSSON, Jonas. *Once again a model*: Nordic social democracy in a globalized world. Oslo, Jan. 2009. (Forthcoming in James Cronin, George Ross and James Shoch (eds.). *Futures of the Left*. Durham, N.C.: Duke University Press)

PYLKKÄNEN, Anu. *Scandinavie: la femme et la famille dans les pays scandinaves*. IEE-Université Paris VIII, mai 1998.

RUIN, Olof. O desenvolvimento do modelo sueco. *Lua Nova: Revista de Cultura e Política*, São Paulo, n. 24, 1991.

SAGAS LÉGENDAIRES ISLANDAISES. Textes traduits et présentés par régis Boyer, avec le concours de Jean Renaud. Toulouse: Anacharsis, 2012.

SAWYER, Peter (ed.). *The Oxford illustrated history of the vikings*. Oxford University Press, 1997.

SEJERSTED, Francis. *The age of social democracy*: Norway and Sweden in the twentieth century. Princeton, NJ: Princeton University Press, 2011.

SIEGEL CORREA, Amelia. *Alfredo Andersen (1860-1935)*: retratos e paisagens de um norueguês caboclo. São Paulo, 2012. Tese (Doutorado), Universidade de São Paulo.

STEWART, Hunter. *South*: Scott and Amundsen's race to the pole. New Word City, Inc., 2015

SVERIGES RADIO. Are Swedes more suicidal than most?, 28 jul. 2014. Disponível em: < http://sverigesradio.se/sida/artikel.aspx?artikel=5924063>. Acesso em: 3 maio 2016.

THE CIRCLE MAGAZINE. Peoples of the Arctic: human response to Arctic change. Oslo, n. 2, 2010. (WWF International Arctic Programme)

TIME MAGAZINE. Foreign news: sin & Sweden. By *Time* Correspondent Joe David Brown from Sweden. Monday, Apr. 25, 1955.

WADE, Robert; SIGURGEIRSDÓTTIR, Silla. Lessons from Iceland. *New Left Review*, v. 65, sep-oct. 2010.

 O AUTOR

Paulo Guimarães é diplomata de carreira, com formação em Direito pela PUC do Rio de Janeiro e Curso de Altos Estudos no Instituto Rio Branco, Brasília. Durante sua juventude, entre os anos 1970 e 1980, residiu e estudou em Estocolmo, de onde iniciou uma série de visitas regulares aos demais países nórdicos. Trabalhou nas embaixadas brasileiras na Inglaterra, Uruguai (ALADI), Holanda, Noruega, onde também se ocupava das relações com a Islândia, e está desde 2016 na embaixada do Brasil na Dinamarca. Defendeu tese sobre a Noruega, publicada em livro pela Fundação Alexandre de Gusmão. Casado há 25 anos com sua esposa sueca, tem três filhos.

GRÁFICA PAYM
Tel. [11] 4392-3344
paym@graficapaym.com.br